CONVIVIAL CITY

コンヴィヴィアル・シティ

生き生きした自律協生の地域をつくる

株式会社日本総合研究所｜井上岳一・石田直美 編著

高坂晶子・齊木大・立岡健二郎・段野孝一郎・蜂屋勝弘・藤波匠・前田直之・山崎新太 著

学芸出版社

はじめに

本書は「自律協生」をテーマにしている。

「自律」は「他律」の反意語で、誰にも強制されず自分自身で決めること、自分の価値規範に従って自由に生きることを意味する。自分の意志や判断に基づいて自発的に行動することを主体性と言うが、自律は主体性とも重なる言葉である。

一方の「協生」は、力を合わせて生きることを意味する。「協える」は「かなえる」とも読むが、力を合わせて自分1人ではできなかったことを協えるのが協生である。

自律は他者からの自由を意味するが、協生は他者との協調を前提とする。一見、相矛盾するような言葉の組み合わせからなるのが「自律協生」である。

後述するが、自律協生は、コンヴィヴィアリティ（Conviviality）の訳語でもある。コンヴィヴィアリティは、半世紀前の1973年に出版された思想家イヴァン・イリイチの著書『コンヴィヴィアリティのための道具』で知られるようになった言葉だ。「共に生きる」「共に祝う」を原義とするコンヴィヴィアリティを、イリイチは、人が人や環境と自律的・創造的に関わり合うなかで感受する自由や祝祭の感覚、くらいの意味で用いている。産業化や専門分化が進むと人はシステムに依存するようになり、コンヴィヴィアリティは失われてしまう。生産性の追求はコンヴィヴィアリティを奪うが、コンヴィヴィアリティが失われると、かえって生産性が落ちるともイリイチは述べている。現代社会において、どうすればコンヴィヴィアリティが失われないようにできるのか。いかにすれば人と人、人と環境（この中には自然も技術も含まれる）とが自由に、創造的に響き合うような社会（Convivial Society）をつくることができるのか。それがイリイチの問いだった。

四半世紀前に出会って以来、小骨のようにずっと自分の中に突き刺さっていたこの問いと改めて向き合うきっかけをくれたのは、コロナ禍だった。コロナ禍は、私たちがいかに普段、システム依存的に生きているかを思い知らされるきっかけとなった。また、人との飲食の機会や対面で向き合う機会が強制的に断たれることで、いかに人と過ごすことが貴重な時間であったかも痛感した。その一方で、手に入らないから、暇だからという理由で手づくりをする機会も増え、つくることがいかに本質的な愉悦と祝祭に満ちた行為であったかに気づかせられもしたのである。

また、リモート会議が普及したおかげで、それまでは現地に行かなければ話をできなかった地域に根ざして活動するプレイヤーたちとオンラインで話をする機会が急増した。北は北海道から南は沖縄まで、土地土地に根ざして活動する人々に共通していたのは、彼・彼女らが土地の人や自然ととても豊かな関係を結びながら生きているということだった。

これらの体験を通じて自分の中から浮かび上がってきた言葉がコンヴィヴィアリティだった。システム依存からの自由。人と会うことの歓び。つくることの愉悦と祝祭。さらに、人や自然との創造的で本質的な交わり。イリイチがコンヴィヴィアリティという言葉に託して語ろうとしたすべてがそこにあったからだ。

そして思った。長く目標を見失って生きてきた私たちの社会、本格的な人口減少が始まり、自信も拠り所も失って、何を目指して生きていけばよいのかわからなくなってしまっているこの国の人々が目指すべきはコンヴィヴィアルな社会であり、まちなのではないか、と。

ただ、コンヴィヴィアリティという言葉は、あまりに日本人に馴染みが薄い。英和辞典では「宴会」とあるから、誤解も招きやすい。そこで、自律協生という造語でコンヴィヴィアリティを捉え直した上で、目指す社会のビジョンとしての自律協生社会（Convivial Society）を唱え始めたのである。

自律協生社会とは何か。それを具体のまちのあり方も構想しながら解き明かしていくのが本書だが、結論を先取りして言えば、すべての存在が、自由に主体的に生きながらも、他と調和し、力を合わせることで、個と全体とがその本領を発揮できる社会。人間だけでなくテクノロジーや自然も含めた生態系全体が調和し、それぞれの本領発揮をかなえる世界。このような状態が実現している社会を自律協生社会と考える。とはいえ、自律協生社会に完成形はなく、絶えざる自律協生化＝コンヴィヴィアリゼーションのプロセスを回し続けるのが、自律協生社会である。

自律協生社会を抽象的なコンセプトではなく、具体のまちのあり方に即して考えてみたい。それが本書の狙いである。本書では、生き生きとした自律協生のまちや地域をコンヴィヴィアル・シティと呼び、そのありようを以下の構成で描いてゆく。

第1章では、なぜ自律協生なのか、自律協生社会、コンヴィヴィアル・シティとは何かを整理した。

第2章では、官民連携の歴史を振り返りながら、産（企業）と官（行政）と民（市民）の協生という側面から自律協生社会のありようを考えた。

第3章では、地域を舞台に、食やエネルギーやモビリティや教育など、地域社会を成立させるために必要な要素を切り口にして、コンヴィヴィアル・シティの具体像を描いた。

第4章では、自律協生化を実現する社会変革のシナリオと変革を支える人材、場、組織、メディアのありようを描いた。

第5章では、自律協生の地域づくりを支える制度とビジョンのあり方に加え、自律分散型の社会を目指すべき理由を問うた。

第6章では、自律協生社会、コンヴィヴィアル・シティの実現に向けて何をすべきか、何ができるのかを、私たち1人1人に向けて書いた。

本書は、自律協生社会がどのようなものかを構想しながら、各地を訪ね歩き、土地の人の話を聞き、手足を動かしつつ議論を続けてきた経過の記録である。不十分で不完全なことは承知しているが、この本をきっかけに、共にこれからのあり方を考え、形にしてゆけたらという思いで書いた。

日本総合研究所では、「次世代起点でありたい未来をつくる。傾聴と対話で、多様な個をつなぎ、共にあらたな価値をつむいでいく」をパーパスに掲げている。本書が、多様な個をつなぎ、共に新たな価値をつむいでいくための対話、とりわけ次世代との対話の契機になればと思う。

井上岳一

目次

CHAPTER

第 1 章

自律協生社会の構想とコンヴィヴィアル・シティ

1-1

なぜ「自律」と「協生」なのか

なぜ「自律」なのか

「この市をどのようにしたいのか。この市のビジョンは何か。そう尋ねても、市の幹部職員の誰一人、答えられなかったんです」。人口10万人に満たない自治体の副市長を務めた経験のある知人は、副市長時代を振り返ってそう語った。民間企業を経て副市長に就任したその人は、「自分がいた企業ではビジョン、ビジョンと言われ続けてきて、『ありたい姿』があるのは当たり前だと思っていたけれど、市役所には『ありたい姿』がないんだと知って、とても驚きました」と続けた。

筆者の1人（井上）は、発災直後の2011年4月から東日本大震災の被災地に通い続けたが、そこで知ったのは、ほとんどの人が、まちがなくなって初めて、「どんなまちにしたいか」「どうありたいか」という問いと向き合うことになったという事実だった。失ってみないと、あるいは、このままでは失われるという存続の危機に直面しないと、自分たちの暮らすまちのことを真剣に考えはしないのだろう。だから、「こうありたい」「こういうまちにしたい」という内発的な動機、主体的な意志がまちを動かしているケースは、極めて稀だ。主体性の欠如。これが今の自治体や地域社会が抱える問題の根本にあるものだと思う。

主体的な意志がないとどうなるか。自治体は、国や県から下りてくる事業や業務に対応するだけの中央依存で他力本願的な態度で仕事をするようになり、民間企業も公共事業や補助金をアテにするので、行政依存型の地域経済になる。施策の企画や実施が、外部のコンサルタントや代理店やディベロッパーに丸投げされることも日常茶飯事だ。地域の未来に責任を持たない外部の人間に丸投げしてもうまくいくはずはなく、たいていは税金の無駄遣いになる。

主体性とは、自分の意志で決めて行動することだ。つまりは自律的に振る舞うことである。主体的に生きている人は自律の重要性を知っているから、他人の主体性＝自律も尊重する。逆に、そうでない人は平気で他人の自律を踏みにじる。その犠牲になってきたのが、女性と若者だ。主体性の乏しい地域には上意下達・男尊女卑の慣習や文化が残存し、女性や若者には発言権も選択肢も与えられない。そんな地域が女性や若者にとって魅力的であるはずはなく、若者、特に若い女性は高校卒業と同時にまちを出ていき、戻らない。

こうして主体性のない地域からは魅力が失われ、若い人が出ていってしまう。だから、地域を持続可能にする上で重要なのは何よりも主体性であり、自律なのだ。そして、誰もが自律的な振る舞いが許される風通しのよい社会になる必要がある。

「自律」を支える「協生」

ただし、個々の自律が勝ると、バラバラな社会になる危険性もある。自他の自律がぶつかることもあるだろう。皆が自律的に生きるためには、それぞれが納得し、協力し合うなかで最適なバランスを見出していくほかない。そのために必要になるのは、何よりも対話であり、力合わせである。すなわち、自律は他者との関わり合いを前提とするのである。

子どもの発達過程を思い浮かべればいい。子どもは先生や他の大人や友達など、親以外のいろいろな人と関わり合うなかで、心や意志が育ち、自分の世界をつくるようになる。自他の折り合いもつけられるようになる。人と関わり合うからこその主体性であり、自律・自立なのだ。

関わり合う相手は人間とは限らない。車椅子が下肢に障害を抱えた人の自由な移動を可能にするように、道具や技術の力で協《かな》えられることもある。人でも技術でも、頼りにできるものを増やすことが、自律を育み、自立を促すのである。[※1] なお、都市部であれば、自律を支える協生の対象は人や技術になるが、自然豊かな地域では自然の存在も大きい。山野河海の恵みを活かす技術があれば、それだけで生きていけるだけの包容力が自然豊かな地域にはあるからだ。[※2]

このように、他の存在と力を合わせること、人や技術や自然の力を借りることが、自律の前提となる。本書では人や組織が他の存在と力を合わせて生きることを「協生」[※3]と呼ぶが、「協生」が「自律」を支えるのである。

そして、「自律」とともに「協生」は、今後、地域や自治体が生き残っていく上での鍵になる。なぜなら、人口減少と高齢化で税収は減るのに支出は増えるなか、住民にとって必要な公共サービスを維持していくには、官も民も関係なく皆で力を合わせること、すなわち官民協生が不可欠になるからある。また、技術の力、とりわけデジタル技術との協生も欠かせない。自然の力を借りること（自然との協生）も重要なテーマになる。公共サービスに関して言えば、縦割りに横串を通す部署間、業界間の協生や、自治体の枠を超えた協生も必要だ。すでに一部の自治体では消防などで広域連携を進めているが、今後、自治体間の協生は公共サービスを存続させる上で不可欠になるだろう。

1-2 自律協生とコンヴィヴィアリティ

コンヴィヴィアリティとは何か

自律協生がコンヴィヴィアリティ（Conviviality）の訳語でもあることは「はじめに」で書いたが、ここで改めてコンヴィヴィアリティ[※4]について述べておこう。

図1　イヴァン・イリイチ『コンヴィヴィアリティのための道具』（ちくま学芸文庫、2015年）

コンヴィヴィアリティは、1973年のイヴァン・イリイチの著作『コンヴィヴィアリティのための道具』［図1］で知られるようになった言葉である。「共に生きる」「共に祝福する」を原義とするが、英和辞書を見ると、宴会、懇親、陽気さ、友好的な態度というような訳語で説明される。英語圏よりラテン語圏で馴染みのある言葉のようで、メキシコでは原義に近い意味で、今でも日常的に使われているという。[※5] ダンテの『饗宴』の原題は“Convivio”である。

イリイチはコンヴィヴィアリティを「人々の間の自律的で創造的な交わりと人格的な相互依存のうちに実現される個人の自由と喜び[※6]」という意味で用いた。人が人や環境と自律的・創造的に関わり合うなかで感受する自由や祝祭の感覚。他者や自然や技術との関わりのなかで、それぞれの能力や創造性を開花させ、本領発揮して生きること。異質なもの、相反していたものが何かを共有したり、力を合わせたりしたときに生まれる心躍る時間と空間。愉悦。和気藹々《あいあい》とした交歓。これらを包含する言葉としてコンヴィヴィアリティは使われている。

産業化が進み、標準化やシステム化、専門分化が進むと、コンヴィヴィアリティは失われる。人の自律や主体性、自由で創造的な他者や自然や技術との交わりが殺《そ》がれるからだ。経済は社会からコンヴィヴィアリティを奪いながら成長をする。『コンヴィヴィアリティのための道具』の中でイリイチが一番に問題視したのは、産業化された道具（「道具」は、イリイチ独自の用語で、この中に制度も含まれる）が人の自律や主体性を奪うものになっているという現実だった。システム依存的に生きるようになった私たちは、いかにしてコンヴィヴィアルな社会を取り戻すことができるのか。人と人、人と自然、人と技術とが自由に、創造的に響き合うような社会（Convivial Society）をいかにすればつくることができるのか。そのための道具や制度のあり方とはどのようなものか。それがイリイチの投げかけた問いだった。

半世紀前に唱えられたこのコンヴィヴィアリティという言葉が、ここのところ再び注目を集めている。直接的には、コロナ禍で物理的に人と共にいることが制限されたことが大きかった。共食や宴会の機会が奪われ、人と過ごす時間がいかに大切で貴重なものかを皆が実感し始めたとき、失われたものの内実をコンヴィヴィアリティと名指す人々が出てきた。[※7]

コロナ禍により既存のシステムがダウンしたことも引き金になっている。巣ごもり生活中、少なからずの人々が料理や部屋の模様替えや作品づくりなど、つくることに向かった。そして、消費者としてシステム依存的に生きるより、つくる側に回ること、専門家に任せきりにせず、家族や親しい仲間と小さな自治を行い、創造と共にある日常や暮らしを送ることが、いかに楽しく、喜びに満ちているかを知ったのである。そこに根源的な愉悦や祝祭性を感じとった人は少なくなかった。これこそがイリイチの言っていたコンヴィヴィアリティではないのか。そういう文脈でコンヴィヴィアリティを持ち出す人々もいた。[※8]

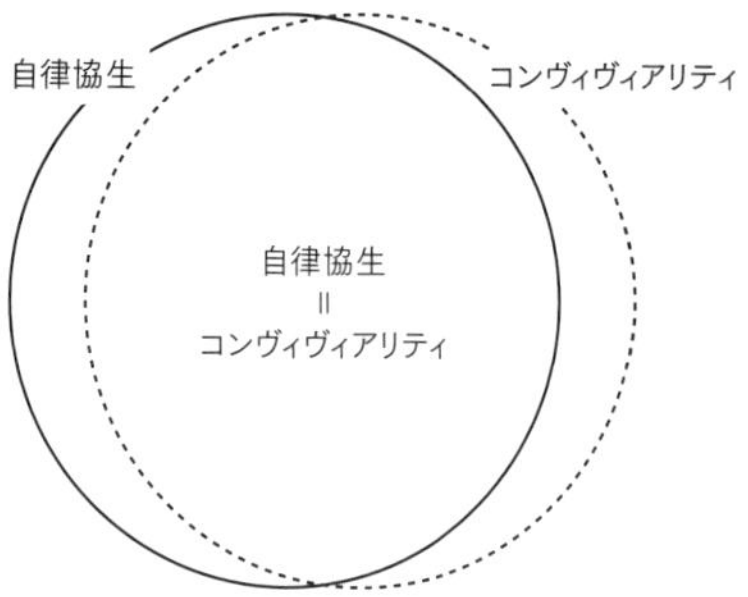

図2　自律協生とコンヴィヴィアリティ

さらにつけ加えるならば、ＡＩ（人工知能）の進化により、道具であったはずの機械が人間を脅かすようになり、人間と機械（道具）の関係が改めて問い直されるようになるなかで、イリイチを参照する人たちが出てきていたという背景もある。[※9]

コンヴィヴィアリティの訳語としての自律協生

このように、半世紀ぶりに注目が集まっているイリイチのコンヴィヴィアリティを私たちなりに解釈する良い言葉はないかと試行錯誤するなかで辿り着いたのが、「自律協生」である。

実はConvivialityには定訳がない。『コンヴィヴィアリティのための道具』では、「自立共生」と訳されているが、これは明らかに誤訳だ。イリイチは、産業化された道具が人々から自律的な判断や行動を奪いとっている現実を問題視していたから、自立（Independence）は違う。自律（Autonomy）の方がイリイチの意図に近い。「共生」もしっくりこない。

イリイチの下で学んだ経験のある哲学者の山本哲士氏は「自律共働」の訳語を当てている。[※10]「自律」としている点はさすがだが、「共働」が強すぎる。たとえば、山本氏は、メキシコの民がよそから来た客人と楽しく学びに満ちた時間を過ごせたときに「今日はコンビビアルだった」と言うエピソードを紹介しているが、[※11] この束の間の交ざり合いには「共働」というほどの積極的な関わり合いはない。気持ちのいい対話や宴、セッションは、互いの気遣いや思いやり、呼吸やリズム、応答がうまく噛み合ったときに実現する。それは間違いなくそこにいる人々の力で協《かな》えられる場ではあるので、「協」の字を活かし、「協生」はどうだろう。そういう思いから「自律協生」と訳すこととしたのである。

ただ、「自律協生」はいかにも硬い。コンヴィヴィアルという言葉の持つ、和気藹々とした雰囲気や生き生きとした喜びの感じが全然伝わってこない。それにイリイチの言葉をインスピレーションの源としているものの、イリイチの言説に100%納得しているわけでもない。自律協生はコンヴィヴィアリティとほぼ同義だが、重ならない部分もある[図2]。そこで、基本は「自律協生」としつつ、和気藹々とした雰囲気や生き生きとした感じを強調したいときには「コンヴィヴィアリティ」を使うこととした。本書もその方針に従っている。

1-3 当事者がボトムアップで実現する自律協生

多様な主体が参加する開かれた自治

自律協生社会とは、結局のところ、どのような社会なのだろうか。社会の成員や地域の住民ら当事者の目線で考えると、それは四つの言葉で特徴づけられよう。第一が、「多様な主体が参加する開かれた自治」だ。自律協生社会は、何よりも自分たちの頭で考え、自分たちで決めたことを、仲間と力を合わせて実現するような、自律的・主体的な個人と組織と地域とがベースになった社会である。「自治の社会」と言い換えてもよい。

自治の社会の問題は、当事者だけの閉じた自治になりがちなことだ。それこそ、近代化以前は村落共同体でたいていのことが自治されていたが、これはいわば「閉じた強固な共同体」による自治で、メンバーはそこに暮らす人たちに限定されていた。これに対し、自律協生社会で言うところの自治は、住民以外もメンバーとする「開かれた緩い共同体」（これを「協生のネットワーク」と呼ぶこととしよう）による自治である。大学、企業、NPO、その場所に住んではいないが関わりたいと言ってくれている人たちなど、多様な主体が参加することで実現する、アップデートされた共同性（＝協生）による自治が自律協生社会を特徴づける。

主客の融解

開かれた自治においては、提供する側（主体）と提供される側（客体）の主客の分離構造が融ける。この「主客の融解」が、自律協生社会を特徴づける第二のキーワードである。

たとえば、道路・防災・公共施設などのインフラや、ガス・電気・水道・通信・公共交通・医療・教育などの公的サービスは、従来、行政や企業が整備し、提供するものだった。整備し、提供する側と、それを享受し、利用する側との間に、明確な線引きがあったのがこれまでのやり方だ。主体と客体が明確に分かれた、主客分離のやり方と言ってもいい。

主客分離の問題は、提供する側に任せきりになってしまって、利用する側が運営に関与せず、ただ便益を享受するだけの存在になることだ。それで何が困るのか。すでに過疎地では、学校・病院が消え、鉄道・バスも廃線・減便されてきたが、今後は電気・ガス・水道などの維持もままならない。実際に経済産業省と東京電力は、全国一律の料金での電気の提供が難しくなると予測している。僻村の電気料金は都市部の2倍という事態が起きうるのである。[※12]

そのような未来を避けるための一つの方策が、利用する側が運営に参加することである。たとえば、電気なら、変電所から先、個々の住戸に供給する配電は、電力会社に任せず、住民が共同組合をつくって受け持つ。あるいは、小水力やバイオマス、太陽光、風力など、地域の再生可能エネルギー資源を利用した発電所を住民組織で立ち上げて運営するやり方もある。

電気に限らず、人口密度の少ない地域で暮らしを維持していこうと思ったら、利用する側が提供する側にも回るほかなくなる。主体と客体の区別はなくなり、官も民もなく、それぞれがそれぞれにできることを持ち寄りながら、地域に必要なことをみんなの力で協《かな》え、維持していく。そういう主客の融解が進むのが、自律協生社会である。

手づくりの公共

人口が減るのだから、自治で何とかしろ、利用する側が提供する側に回れ、と言われたら、突き放された感がするのではないだろうか。為政者が自治や自律を語ることの難しさがここにある。自律協生も、為政者の言葉である前に当事者の言葉であるべきだ。そして、当事者の目線で自律協生を捉える際に重要なのは、それが楽しさにつながることだ。「多様な主体の参加による開かれた自治」や「主客の融解」は、楽しくなければしんどいだけになる。それでは少数の、責任感の強い人だけが頑張る世界になって先細りだ。多くの主体が参加するには、何より楽しさが必要になる。

そのためには、まずは身近な世界で、気楽に自治に参加したり、提供側に回れたりする機会があるといい。たとえば、子育て環境に不満があれば子育てサークルを立ち上げて遊びや学びの場をつくってみる、集える場所がないなら空きスペースと空き時間を活用して、カフェや居酒屋的なスペースをつくってみる。祭りやイベント、マルシェやフリーマーケット、上映会や音楽祭をやるという手もある。地域特化型の雑誌やラジオなどのローカルメディアを立ち上げたり、映像や演劇作品を皆でつくったりしてもいい。

要は、みんながつくる側に回ればよいのである。仲間と、あるいは同志を募り、多少しんどいことも、皆で和気藹々とやっていれば楽しさが勝る。重要なのは、それほど身構えずに参加できる場、練習的に参加できる機会が自分のまちに存在することだ。最初は簡単なことから始め、徐々に難しいことに挑戦するステップバイステップなら無理がない。そのうち電気や公共交通などの公的サービスも自分たちで担えるようになるだろう。

こうして、つくる側に回る人が増えると、それに感染して、自分も何かやってみようという人が増える。「地域のために」と肩肘張る必要はなく、「楽しいから」でいい。それでもそこには公共性が宿る。これを私たちは「手づくりの公共」と呼んでいる。手づくりの、和気藹々とした公共が至るところに埋め込まれていることが、自律協生社会の第三の特徴である。

人と社会の本領発揮

手づくりの公共は、多様な人に居場所と出番をつくる。居場所とは、その人が安心して自分自身でいられる場所のことであり、物理的な空間だけでなく、自分の存在を受け入れてくれる人間関係があることが求められる。そして出番とは、持てる能力を使って自分が他者や組織などに貢献できる機会、活躍できる機会のことを指す。手づくりの公共は、主催する人にとってはもちろん、参加する人にとっても居場所になり、出番となる。至るところに手づくりの公共が埋め込まれた社会は、それだけ多様な人にとっての居場所と出番がある社会を意味する。

多様な人にとっての居場所と出番ができることは、とても大きな意味を持つ。というのも、今の社会の問題は、人口が減っていることより、人口が減っているのに居場所と出番をうまくつくれない人がたくさんいるということの方にあるからだ。文部科学省の調査では不登校の小中学生が30万人以上いて、[※13]内閣府の調査では引きこもりは146万人と推計されている。[※14]躁うつ病を含む気分（感情）障害に悩む人は、2008年に100万人を超えて以降うなぎ登りで、最新の2020年の調査では170万人を超えている。過去10年あまりで2倍近くになった計算だ。[※15]

不登校、引きこもり、気分障害などには陥っていなくても、差別や格差の中で居場所と出番を奪われ続けてきた人々もいる。そういう問題とは無縁で、端から見れば何不自由なく生きているように見える人でも、自分には居場所も出番もないと思っている人も少なくないはずだ。

なぜ殊更に居場所と出番のことを取り沙汰するのかと言えば、それが人の本領発揮のためには不可欠だと思うからだ。居場所は、人が第一歩を踏み出すのを助けてくれる。温かい人間関係があり、何者でもないありのままの自分を受容・肯定してくれ、失敗しつまずいても戻れる場所。疲れたときには休み、充電できる場所。そういう居場所があることが、人が未知のことに向けて第一歩を踏み出し、挑戦するためには絶対的に重要になる。そして、出番は、自分の力を試す絶好の機会となる。出番があるからこそ人は挑戦しようと思うし、うまくできれば達成感を得ることもできる。そこで自信がつけば、より難しいことに挑戦しようという気にもなる。このように、居場所と出番があるからこそ人は挑戦をし、その中でまだ見ぬ自分の能力と出会い、それを十全に開花させることができるようになるのである。

つまり、居場所と出番は、人の本領発揮に決定的に重要な役割を果たすのだ。みんなが本領発揮できる社会。一個人が開花するだけでなく、人と人が力を合わせることで1＋1＞2となるシナジーが生まれる社会。そして人と自然、人と技術の間にもシナジーが生まれる社会。そうなって初めて、人と社会の双方が本領発揮できるようになる。自律協生社会が究極において目指すのは、「人と社会の本領発揮」である。これが自律協生社会の第四の特徴であり、目指すビジョンである。

1-4 トップダウンでアプローチする自律協生

当事者の目線、市民の目線から見た自律協生社会は、「多様な主体が参加する開かれた自治」「主客の融解」「手づくりの公共」「人と社会の本領発揮」の四つで特徴づけられる。では、国や自治体の目線からは自律協生社会はどう条件づけられるだろうか。すでに述べたように、「自治」や「主客の融解」は為政者が押しつけるべきものではない。トップダウンのアプローチでは、違う表現が必要になる。それをここでは、「持続可能性（循環）」「自律分散」「自由と寛容」「みずみずしい関係」の四つに整理する。以下、それぞれがどう自律協生社会と関係するのか見ていこう。

持続可能性（循環）

まず、「持続可能性（サステナビリティ）」は自律協生社会の大前提になるものだ。日本は今、人口減少に苦しんでいるが、本格的な人口減少期においても持続可能な社会のあり方を考えるなかで辿り着いたのが自律協生の概念だから、持続可能性は第一の条件となる。

とはいえ、持続可能性が何を意味するかは、それほど自明ではない。

持続可能性（サステナビリティ）は、1987年の国連ブルントラント委員会におけるSustainable Developmentという言葉から始まったものだ。持続可能な開発（あるいは持続可能な発展）と訳されるこの言葉は、「将来の世代の欲求を満たしつつ、現在の世代の欲求も満足させるような開発（発展）」と定義された。この定義から、現在世代の活動が将来世代の活動を制限することにつながらないこと、すなわち将来世代の選択肢を奪うようなことにつながらないようにすることが持続可能性の本義だということがわかる。

2015年9月の国連サミットで採択されてから一気に人口に膾炙した「SDGs（Sustainable Development Goals：持続可能な開発目標）」は、2030年までに達成すべき国際目標を17個に整理してい

図3　SDGsの17の目標（出典：日本ユニセフ協会のウェブサイト）

る［図3］。その第一は「貧困をなくそう」、第二は「飢餓をゼロに」で、貧困や飢餓の撲滅がSDGsにとって何よりも優先度の高いものであることがわかる。

　貧困が第一に掲げられているのは、人から選択肢を奪う最悪のものが貧困だからだ。職業の選択、居住地の選択、結婚相手の選択など、貧困はあらゆる局面で選択肢を奪う。それは自律の対極にあるものだ。このように、現在世代と将来世代の選択肢を奪わないようにとの観点から設定されたのがSDGsの17の目標である。その意味では、そのすべてが自律協生社会にとっても大切な目標となる。

　ただ、それではあまりに多岐にわたるし、何が本質かもわからない。そこで持続可能性をもっとシンプルで本質的な言葉で

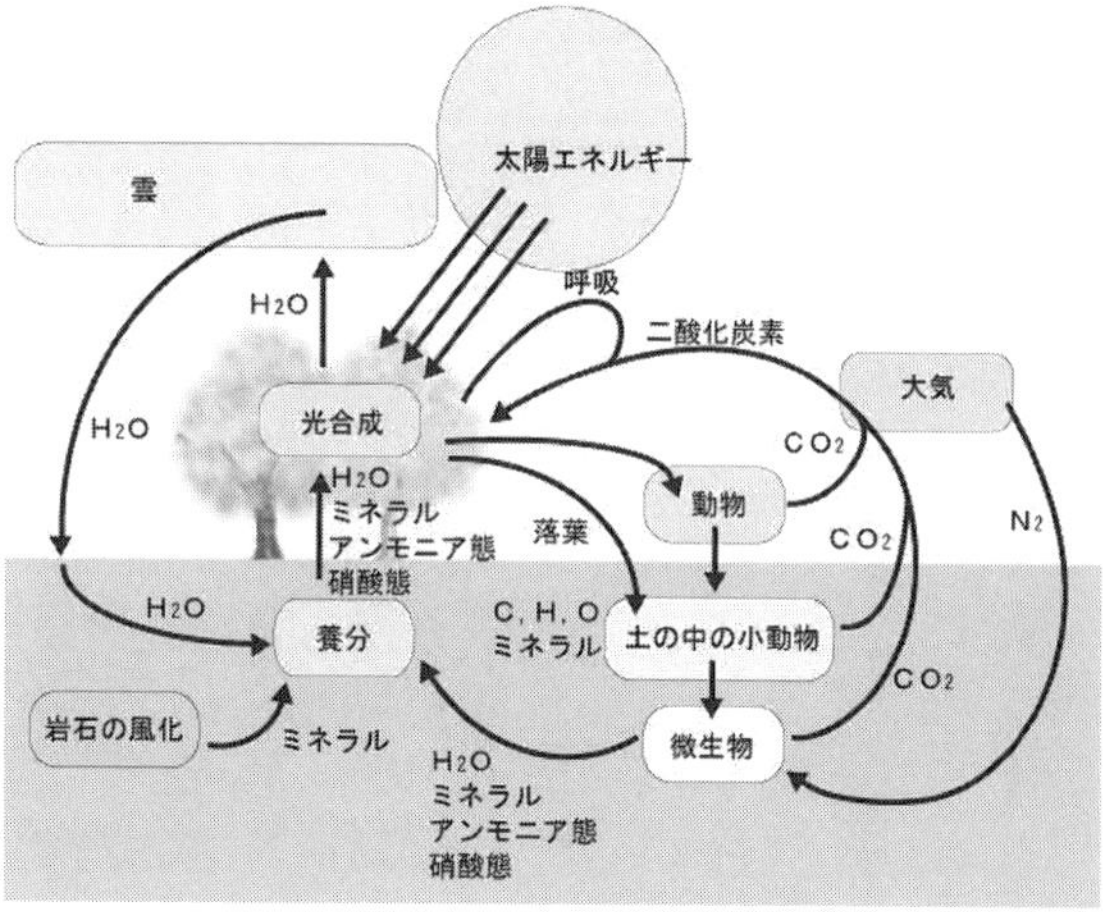

図4　生態系の物質循環（出典：北海道森林管理局のウェブサイト）

言い換えてみたいと思う。それは「循環」である。なぜ循環かと言えば、循環が生態系の根本原理だからだ。生態系は、太陽エネルギーを駆動源に、エネルギーと物質が循環を続ける壮大な循環系と定義できる［図4］。個々の生物も、世代を超えて生命や遺伝情報をつなぐ循環的存在だ。生態系では、すべての生物が、誰に命令されることもなく、自律的に振る舞っている。自律的に振る舞いながらも、全体として調和している。完璧な自律協生の系。それが生態系である。生態系は、理想的な自律協生社会のモデルと言ってよい。

　この完璧な循環系であり自律協生の系である生態系に比べると、人間の社会はあまりに未熟だ。同種間で無益な争いを繰り返し、極端な貧富の格差があり、自然界で処理できないほどの排泄物や廃棄物を生み出して、エネルギーや物質や水の循環を破壊している。この人間社会の未熟さが生み出してきた社会的な不均衡と自然環境の破壊をいかに回復し、生態系のような循環系に近づけていくかという観点から体系化されたものがSDGsだ。だから、SDGsの本質は「循環」にある。

ＳＤＧｓの17の目標は壮大で、地球規模で２０３０年までに実現するのは不可能だろう。だが、身近なところ、自分の地域でできることから循環を取り戻すことはできる。だから、まずは自分の地域でできるところからアクションを起こす。その上で、たとえば水循環など、流域での協調が必要な場合は、流域を単位に自治体間での協生のアクションを起こす。地球規模での協調が必要なことは政府や国連によるトップダウンに任せ、ボトムアップで循環の回復を目指すアクションを起こしていること。それが自律協生社会の第一の条件となる。

自律分散

第二は、「自律分散」である。自律協生社会は、多様な個に居場所と出番がある社会だが、それは地域にも当てはまる。列島とは多くの島の連なりという意味だが、日本では、陸の孤島と言われるような地域も含め、多くの「島《シマ》」に分かれて人が暮らし、それぞれの地域で多様な暮らしと文化を成立させてきた。日本列島は、そもそも自律分散的だったのだ。

だが、20世紀に都市部への大規模な人口移動が起き、その結果、現在では三大都市圏と福岡など数百万人規模の地方大都市に人口が集中する少極集中社会になっている。そこに人口減少が加わった。このまま人口移動と人口減少が続くと、２０５０年には現在人が住んでいる地域のうち約２割が誰も住まない土地になると国土交通省では予測する。北海道、四国、中国地方で特にその傾向が

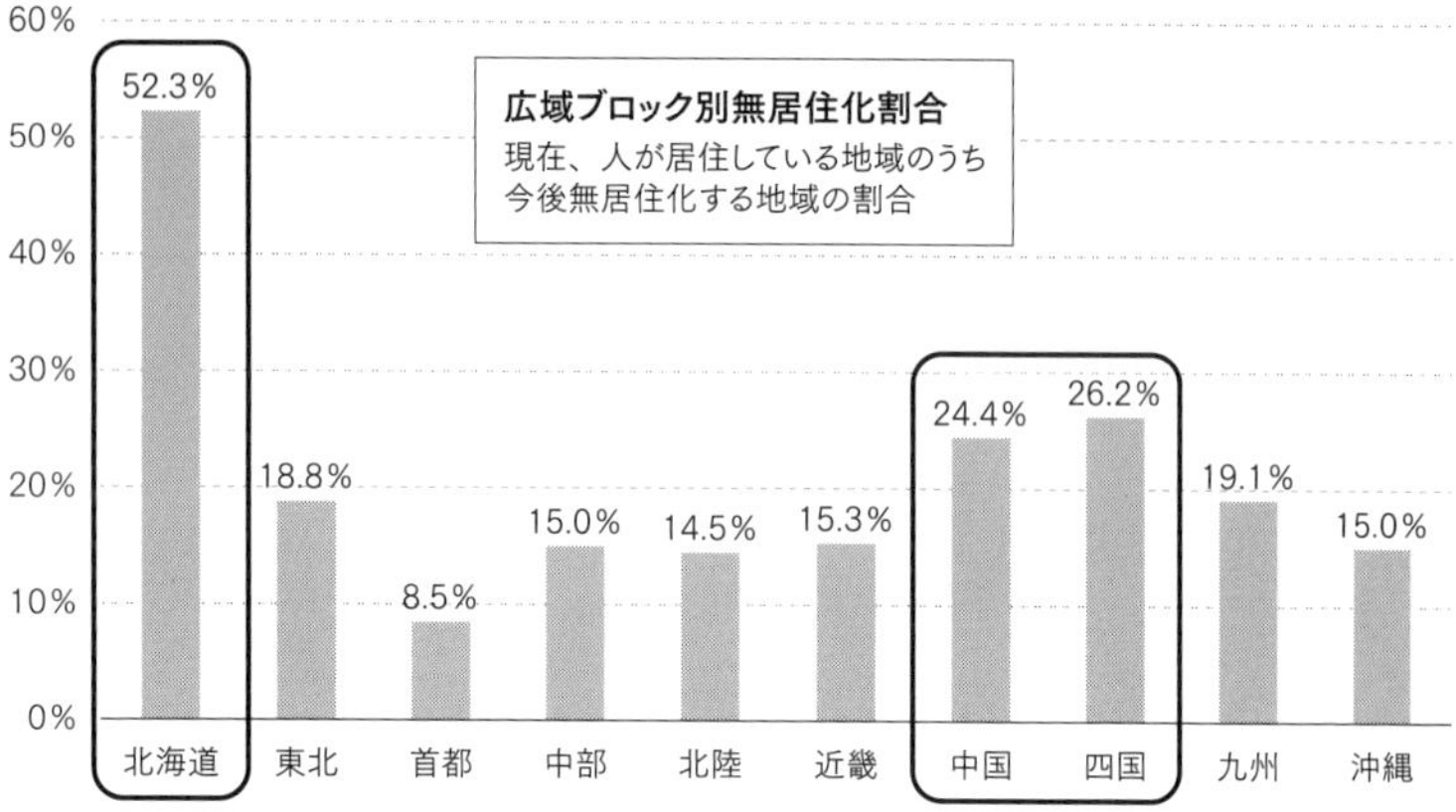

図5　2050年までに無居住化する地域の割合

（出典：国土審議会政策部会長期展望委員会「『国土の長期展望』中間とりまとめ」平成23年2月21日をもとに筆者作成）

強く、北海道では5割以上が無居住地化する［図5］。

　このような事態を見越して国がとってきた政策が、「規模拡大」と「集約化」である。その象徴的な例が、市町村合併だ。1999年の改正合併特例法を機に推進された「平成の大合併」では、1999年3月31日時点で3232あった市町村数は2010年3月31日時点で1727へとほぼ半減（47％減）した。市町村別では、市が670→786（16％増）、町が1994→757（62％減）、村が568→184（68％減）と、小規模な自治体（町村）ほど統廃合が進んだことが見てとれる。

　合併して規模を拡大する一方で、自治体の機能は中心部に集約された。その結果、合併された旧町村部（郡部）では、合併により財政基盤が強化され、これまでになかった行政サービスが受けられるようになるなどのメリットがあった一方で、機能集約により元の役場は支所に格下げされ、人も権限も奪われ、独自性のある政策ができなくなるという負の影響も強く出てしまった。それは、より一層の郡部の周縁化を進め、それがまた郡部を住みにくくさせるという悪循環を招いた。結果、郡部から市の中心部へ、市の中心部から近隣の中核都市へ、近隣の中核都市から大都市へという、より大きく、より集約された都市への人の流れが強まることとなった。そのとどのつまりが、一番大きな都市である東京への一極集中の進展である。集約の論理を突き詰めれば、最後には一極集中になることは理路だ。規模拡大・集約化という政策は、自律分散の基盤を毀損する結果を招来したのである。

一方で、自律分散への追い風となる変化も生まれている。その一つが、インターネットという自律分散と親和性の高いテクノロジーの普及だ。自律分散型ネットワークとして構築されたインターネットの登場は、自律分散型の社会や国家への可能性を開くものと、やや理想主義的に語られてきた。その理想はまだ実現していないが、Web2.0を経てWeb3.0の時代になり、IoTも進展するなど、情報通信技術はより自律分散的な方向に進化している。これまで大規模集中型が当たり前だったエネルギーや水処理などの分野においても、自律分散型システムを可能にする実用的な技術が生まれている。デジタル工作機械の普及により、これまで工場でしかつくれなかったものをセルフビルドすることも可能になった。少なくとも技術面では、自律分散社会の基盤は確実に整ってきており、それを活かして自律分散の地域づくりを実践する人々も若い世代を中心に登場し始めている。

このように、マクロでは少極集中化が容赦なく進行しているが、ミクロに目を凝らせば自律分散の芽はあちこちに育っている。この自律分散の芽を育て、多様な地域で多様な暮らしと文化が成り立つ自律分散型の社会へとマクロのトレンドもシフトさせること、すなわち自律分散のムーブメントを起こすことが、自律協生社会の第二の条件となるのである。

自由と寛容

自律協生社会の第三の条件は、「自由と寛容」である。自律協生社会は、多様な個人に居場所と出番があり、それぞれが本領発揮できる社会である。そこでは、個人が自由と創造性を感じながら生きることが可能になるはずだ。そして、そうあるためには、第一に個人の表現や創造を後押しするような仕組みがあることが重要になる。たとえば、幼少期から芸術・文化に触れさせ、表現や創造に関するモチベーションを涵養するとともに、必要なスキルを開発することなどがそれにあたる。

第二に、個人が自由で創造的に生きることを良しとするような寛容性が社会の側にあることも求められる。日本社会は同調圧力が強く、出る杭は打たれる社会だとしばしば言われる。それは、自分らしく生きたい個人にとっては、不自由で不寛容な社会である。不自由や不寛容は、自律協生の芽を摘んでしまう。

LIFULL HOME'S総研は、2021年に公表した研究報告書『地方創生のファクターX 寛容と幸福の地方論』において、寛容性の高い地域ほど人が出ていきにくく、またUターンで人が戻ってきやすい傾向があることを明らかにした。ここで言う寛容性の高い地域（都道府県が単位）とは、「女性の生き方」「家族のあり方」「若者信頼」「少数派包摂」「個人主義」「変化の受容」の六つの項目に関して、リベラルな考え方や行動をする人が相対的に多いと捉えられている地域のことを言う。[※16]寛容性の高い地域では、首都圏に暮らしている当該都道府県出身者（18〜39歳）のUターン意向が高く、逆に当該都道府県在住者（18〜39歳）の離脱意向（その都道府県を出たいという意向）が低いという相関関係が見られた。寛容性は都市部で高く、地方部で低い傾向があることもわかった。つまり、若者が都市を目指し、地元に戻らないのは、雇用や所得、インフラなどの生活環境面もさることながら、実はこの寛容性の問題が大きいのではないか。そうこのレポートは問いかけたのだった。

社会の寛容性は何によって育まれるのか。『地方創生のファクターX』では、芸術や文化の拠点があり、芸術・文化の行動者比率（芸術・文化に参加する人と芸術・文化を鑑賞する人の割合）が高い地域ほどUターン意向が高いという相関関係が見られたことから、芸術・文化が寛容性を育むのではないかという仮説が提示されている。

なぜ、芸術・文化なのか。おそらく、二つある。一つは、芸術・文化には、多様な価値観や人生観、生き方や表現の方法があり、それらに触れることは、我が身を振り返り、自分のあり方を問い直す機会になるからだ。それは、人間や社会や自分に対する解像度を高め、多様性に対する耐性を育てるとともに、人間のダメさやどうしようもなさを含めて受容できるようにする。すなわち、寛容性を育むのである。

もう一つは、芸術・文化に触れたり、作品をつくる側に回ったりすることで、正解は一つではないことを知ることができるからだ。人の生き方に正解があると思っていると、自分の思う正解と違う正解を生きる人を認められない（すなわち、不寛容になる）が、芸術・文化はこの「正解信仰」を破壊する。正解は一つではなく、自分の正解は他人の正解とは同じではないと認め、正解がないからこそ正解がわからなくとも一歩を踏み出し、自己を表現して生きることを良しとする。そういう自由で寛容な態度を芸術・文化は身につけさせてくれる。

大人が自由で寛容になると、若い人たちも自由に創造性を発揮し始める。当然、失敗もあるし、試行錯誤もある。だが、その失敗や試行錯誤が、自由と寛容を育むものとして称揚される。結果、第一歩を踏み出す人が増えるから、人が開花し、本領を発揮する可能性も高まる。すなわち、より自律協生的になる。こうして自由と寛容は、自律協生社会の前提となり、目標となるのである。

みずみずしい関係

自律協生社会の四つ目の条件は、「みずみずしい関係」である。みずみずしい関係とは何か。何をもってみずみずしいと言うのか。実は、「みずみずしい関係」は、故・大平正芳首相が構想した「田園都市国家構想」の中に出てくる言葉である。大平首相が有識者たちの研究会に策定させた田園都市国家構想の報告書には、「みずみずしい」という言葉が頻出する。娘婿で大平首相の秘書を務めた後に政治家となった森田一氏（元・運輸大臣）に確認したところ、これは大平首相自身が好んで使っていた言葉だったという。事実、報告書が出る以前の1979年1月の施政方針演説でも、

「緑と自然に包まれ、安らぎに満ち、郷土愛とみずみずしい人間関係が脈打つ地域生活圏が全国的に展開され、大都市、地方都市、農山漁村のそれぞれの地域の自主性と個性を生かしつつ、均衡のとれた多彩な国土を形成しなければならない」と述べている。とはいえ、大平首相自身も、それ以上に詳しい説明は述べていない。何をみずみずしいと思うかは、個人に委ねるということなのだろう。

「みずみずしい」を辞書で引けば、生気がある（生き生きしている）と、生っぽい（フレッシュで若々しい）の二つの意味がある。すなわち、関係自体が生き生きと若々しく潤っていて、水のように流れていて淀まず、自由に出入りがあり、融通無碍で、人に生きる力や喜びを与えるような関係がみずみずしい関係なのだろう。

大事なことは、生き生きと楽しそうに生きている人で溢れ、その生き生きや楽しさが、多様で上下関係のない平等な関係の中から生まれていることである。自由と寛容にもつながるが、みずみずしい関係があるところには、笑顔があり、楽しさがある。それは「遊び心」があるということでもある。遊びは遊びそのものが目的で、純粋に内発的なものだから、遊びが豊かなところには内発的で自律的なエネルギーが満ちる。自由と寛容、みずみずしい関係が満ちた場所は、遊び心に満ちた、コンヴィヴィアルな場なのである。[※17]

なお、みずみずしい関係は、人間同士のものとは限らない。人と自然、人とテクノロジーの間にもみずみずしい関係はありうる。いや、むしろ自然やテクノロジーとの間にもみずみずしい関係が築かれることが、これからの社会では極めて重要になる。なぜなら、自然とのみずみずしい関係が、その土地に生きることの意味につながるし、そこから、その土地ならではの価値も立ち現れてくるからだ。一方のテクノロジーについては、テクノロジーがますます私たちの生活を覆い始め、かつ、それが不可視（インタンジブル）になっているからこそ、テクノロジーとのみずみずしい関係を構築することが求められている。さらに言えば、都市と地方、自治体と自治体、あるいは自治体と企業との間にも、みずみずしい関係はありうる。個人から法人（企業・国家）まで、あらゆるプレイヤーが力を合わせ、みずみずしい関係を構築している。そんな社会が自律協生社会である。

1-5 いかにすればまちはコンヴィヴィアルになるのか

以上見てきたように、自律協生社会とは、「多様な主体が参加する開かれた自治」「主客の融解」「手づくりの公共」「個と社会の本領発揮」を特徴とし、「持続可能性（循環）」「自律分散」「自由と寛容」「みずみずしい関係」を実現する社会だ。いずれも定性的だから、どうしたら自律協生と言えるのか、その判断基準を明確に示すことは難しい。仮にできたとしても、その基準をもって、これは自律協生的だが、こちらはそうでない、などと判断することに意味はない。自律協生社会のコンセプトは、他を評価するためでなく、自分たちが向かうべき先を見定め、そこに向かって具体的な手を打つためにあるからだ。たとえて言えば、それは地図というより、コンパスに近い。客観的な見取り図というより、どの方向に進むべきかを指し示してくれる羅針盤のイメージだ。

本章の冒頭で、自分たちのビジョンを持っていない市役所のエピソードを紹介した。自律協生は、自治体や地域に対して、自分たちが向かうべき方向性を指し示す。ただし、具体的にどんな自律協生社会を目指すかは、自分たちのまちが置かれた状況に照らし合わせ、自分たちで描く必要がある。自分たちはどんな自律協生社会を実現したいのか。そのためにどこから手をつけるべきなのか。評価指標（ＫＰＩ：Key Performance Indicator）は何にすべきか。第3章で見るように、食やエネルギーやモビリティなどの分野ごとにできること、やらなければいけないことは地域によって異なるはずだ。これが正解という、理想のモデルがあるわけではない。そういう意味では、完成形がなく、自律協生を目指して変化し続ける社会、つまり、絶えざる自律協生化（コンヴィヴィアリゼーション）のプロセスを回し続ける社会が、自律協生社会だと言える。

では、自律協生化のプロセスはいかにすれば回り始めるのか。生き生きとした自律協生のまちや地域を本書ではコンヴィヴィアル・シティと呼ぶが、それは具体的にどのような姿をしているのか。いかにすればまちや地域はコンヴィヴィアルになるのか。以下で考えてゆく。

補論

アンコンシャス・バイアスとジェンダーギャップ

LIFULL HOME'S総研のレポートにおいて、地域の寛容性（都道府県別）を測る指標として、「女性の生き方」に対する認識が一つの指標になっていることを述べた。この寛容性指標を導出するための質問に対する回答結果（在住者調査の全体集計結果）を『地方創生のファクターX』から転載したものが図6である。これを見ると、今、自分が暮らす地域では、「結婚して子どもを持つことこそ女性の幸福だと考える人が多い」と「女性は家庭や子育てを最優先するべきだと考える人が多い」という質問に「あてはまる」と答えた人が5割を超えている。過半数の人が、このような保守的な価値観が自分の地域では根強いと考えているのである。「この地域では女性向けの求人は補助的な仕事ばかりだ」という項目にも5割近くの人が「あてはまる」と答えている。

この三つの項目に特徴的なのは、男女差が大きいことだ。特に「結婚して子どもを持つことこそ女性の幸福だと考える人が多い」という項目に関しては、59.7％の女性が「あてはまる」と答えているのに対し、男性は50％に満たない。女性の置かれた状況に対して男女での認識差が大きいという事実は、生まれながらの性別による固定的な役割を無意識に思い込んでしまうアンコンシャス・バイアスを男性が有していることを示唆する。

ジャンル別寛容性指標【女性の生き方】:「あてはまる・計」（在住者調査，全体／各単一回答）

あなたがお住まいの都道府県の県民気質や社会の雰囲気にどのようなイメージをお持ちですか。
それぞれについてあてはまるものを一つずつお選びください。

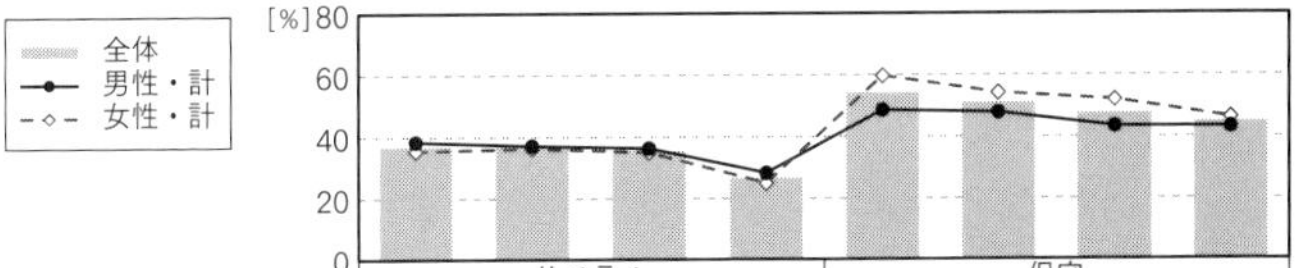

			リベラル				保守			
			女性の頑張りを積極的に応援する社会の空気がある	自分の意見や考えを堂々と主張する女性が多い	古い考え方に縛られないで自由に生きている女性が多い	政治や経済の場面で活躍している女性が多い	結婚して子どもを持つことこそ女性の幸福だと考える人が多い	女性は家庭や子育てを最優先するべきだと考える人が多い	この地域では女性向けの求人は補助的な仕事ばかりだ	出世したり責任ある立場に就くことを望まない女性が多い
全体		(n=18800)	36.9	36.7	35.6	26.7	54.1	51.0	47.6	44.7
性・年代別	男性・計	(n=9400)	38.4	37.1	36.3	28.3	48.6	47.8	43.3	43.2
	男性・30代以下	(n=3760)	42.5	43.0	41.0	34.7	45.8	45.8	40.7	42.8
	男性・40～50代	(n=3760)	36.4	34.3	32.4	25.5	47.4	46.9	42.7	41.5
	男性・60代以上	(n=1880)	34.3	31.3	34.6	21.1	56.6	53.6	49.8	47.3
	女性・計	(n=9400)	35.4	36.2	34.9	25.0	59.7	54.2	51.9	46.2
	女性・30代以下	(n=3760)	39.1	40.7	38.9	29.9	57.7	53.8	47.0	44.4
	女性・40～50代	(n=3760)	31.9	33.6	30.6	21.8	59.8	53.2	53.4	46.0
	女性・60代以上	(n=1880)	35.1	32.5	35.5	21.7	63.2	57.0	58.6	50.4
性・未既婚別	既婚・計	(n=10346)	38.4	37.3	36.1	26.7	57.2	53.1	49.7	46.6
	未婚・計	(n=7771)	35.9	36.6	35.5	26.9	51.9	49.7	46.0	43.5
	男性・既婚	(n=4808)	40.1	37.8	37.1	28.7	52.3	50.2	46.0	46.2
	男性・未婚	(n=4202)	37.6	37.3	36.2	28.2	46.3	46.8	41.4	41.2
	女性・既婚	(n=5538)	36.9	36.8	35.2	24.9	61.4	55.6	52.9	47.0
	女性・未婚	(n=3569)	33.9	35.9	34.7	25.3	58.5	53.3	51.3	46.3

注：全体値より10pt以上高い数値■／5pt以上高い数値▒／5pt以上低い数値□／10pt以上低い数値□で網掛け

図6　ジャンル別寛容性指標「女性の生き方」に関する回答の集計結果

（出典：LIFULL HOME'S総研提供のデータをもとに筆者作成）

アンコンシャス・バイアスは、女性に対し抑圧的に働くから、その存在に気づき、そこから自由になる努力をすることが、特に男性側には求められる。

そのような取り組みの一環として、近年、国内においてもジェンダーギャップの地域別の状況を「見える化」する取り組みが各所で動き始めている。その皮切りとなったのが、2022年1月に九州経済連合会が公表した「九州ジェンダーギャップ指数」である。同年3月には共同通信社が中心となって立ち上げた「地域からジェンダー平等研究会」（主査：三浦まり上智大学教授）が「都道府県版

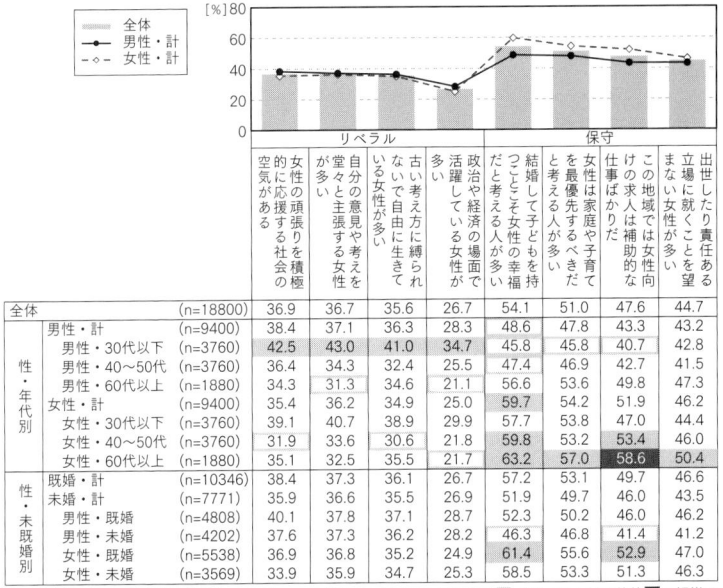

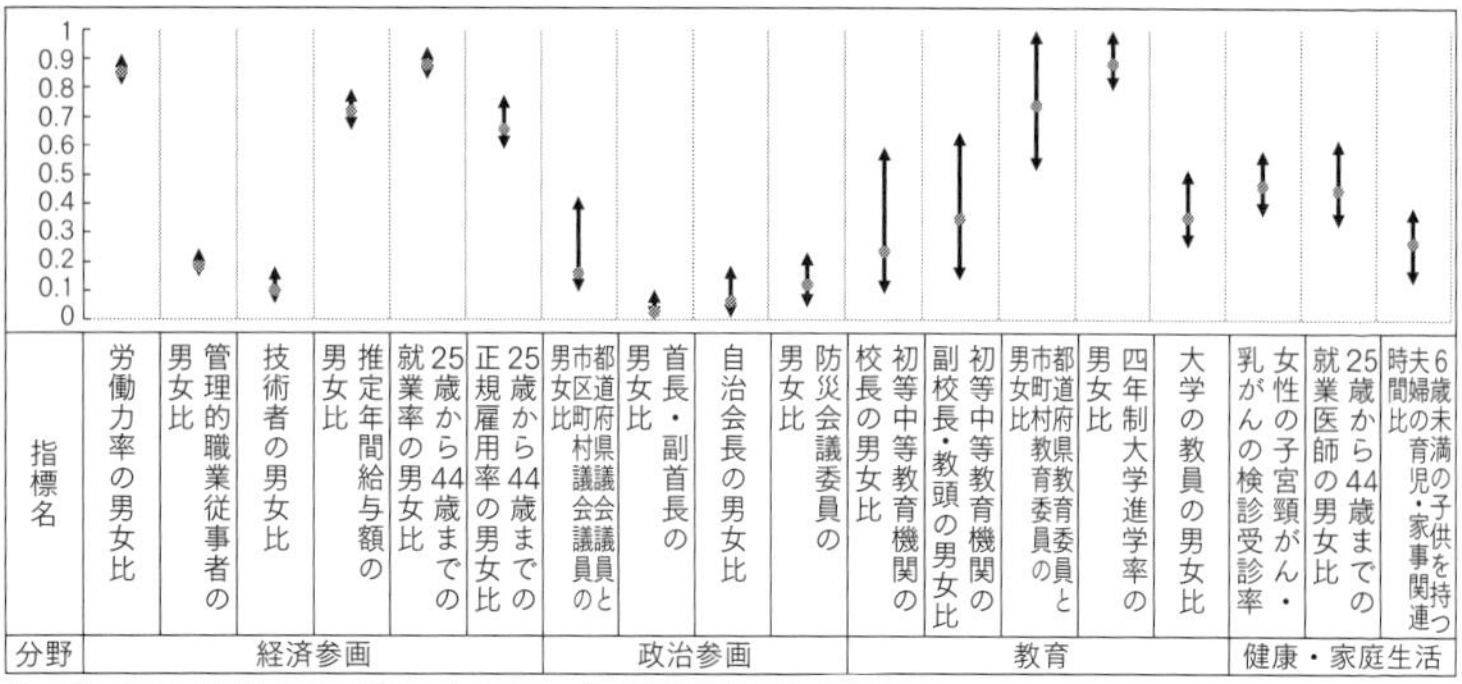

注：棒の長さが都道府県のばらつきを表し、●が都道府県平均を意味している。

図7　都道府県ごとの男女共同参画の状況（男女平等であれば1に近づく）

（出典：内閣府男女共同参画局資料をもとに筆者作成）

ジェンダー・ギャップ指数」を公表。さらに12月には、内閣府男女共同参画局も「都道府県ごとの男女参画状況の可視化」として、都道府県別のジェンダーギャップについて試算値を公表した。

いずれも世界経済フォーラムが毎年公表している「ジェンダーギャップ指数」（日本は概ね120位前後）の評価手法に準じ、男女が同水準であれば1、女性参画がなければ0と評価する点が共通している。ここでは内閣府男女共同参画局の「都道府県ごとの男女参画状況の可視化」を例に、ジェンダーギャップの現状と課題について見てみる［図7］。

まず、どの都道府県でも女性参画が進んでいない（矢印が下方にある）職業は、「技術者」「首長・副首長」「自治会長」で、都道府県平均がいずれも女性は男性の1割にも満たない。特に「首長・副首長」で女性参画の割合が低く、最も女性参画が進んでいる東京都でも女性の首長・副首長の数は男性のそれの10.6%に過ぎない。「管理的職業従事者」においても、都道府県の別なく女性参画が進んでいない。

一方、都道府県によって男女比に違いが出ている（矢印が長い）職業は、「議員」のほか、初等中等教育に携わる要職である「校長」「副校長・教頭」「教育委員」である。

分野別に見ると、「経済参画」は都道府県による違いが小さいが、「政治参画」や「教育」は違いが大きい。「経済参画」は、自治体の政策より企業の経営戦略に左右されるためか、都道府県による違いが出にくいのだろう。逆に、都道府県によって違いのある「政治参画」や「教育」では、自治体や地域の取り組み次第で状況は変えうるということだ。たとえば、首長が議会の同意を得て任命する教育委員などは、ジェンダーギャップの改善が比較的容易なものだろう。

女性の高学歴化が進む昨今、最新の2023年のデータによると、大学・短大への進学率は男性が61.6%、女性が60.6%で[※18]、もはや学歴面での男女差は消失している［図8］。しかし、この事実を認識できていない人が、特に地方には多い。地方では、「女性の仕事は事務」「女性に学歴は不要」という思い込み（アンコンシャス・バイアス）が根強く、高学歴の女性の仕事観と相反している。

高学歴の女性は企画やマーケティングなどの知的な仕事を求めるが、そういう仕事は地方には十分にないため、彼女たちは仕事を求めて東京を目指すほかない。実際、東京圏（埼玉県、千葉県、東京都、神奈川県）の転入超過者数[※19]は、2009年を境に女性の転入超過者が男性のそれを上回るようになり、2010年以後は女性の転入超過者が1万人以上も男性より多い状態で推移している［図9］。明らかに女性の方が多く東京を目指しているのである。

ジェンダーギャップの改善を図る取り組みは、人々が抱えるアンコンシャス・バイアスの修正に

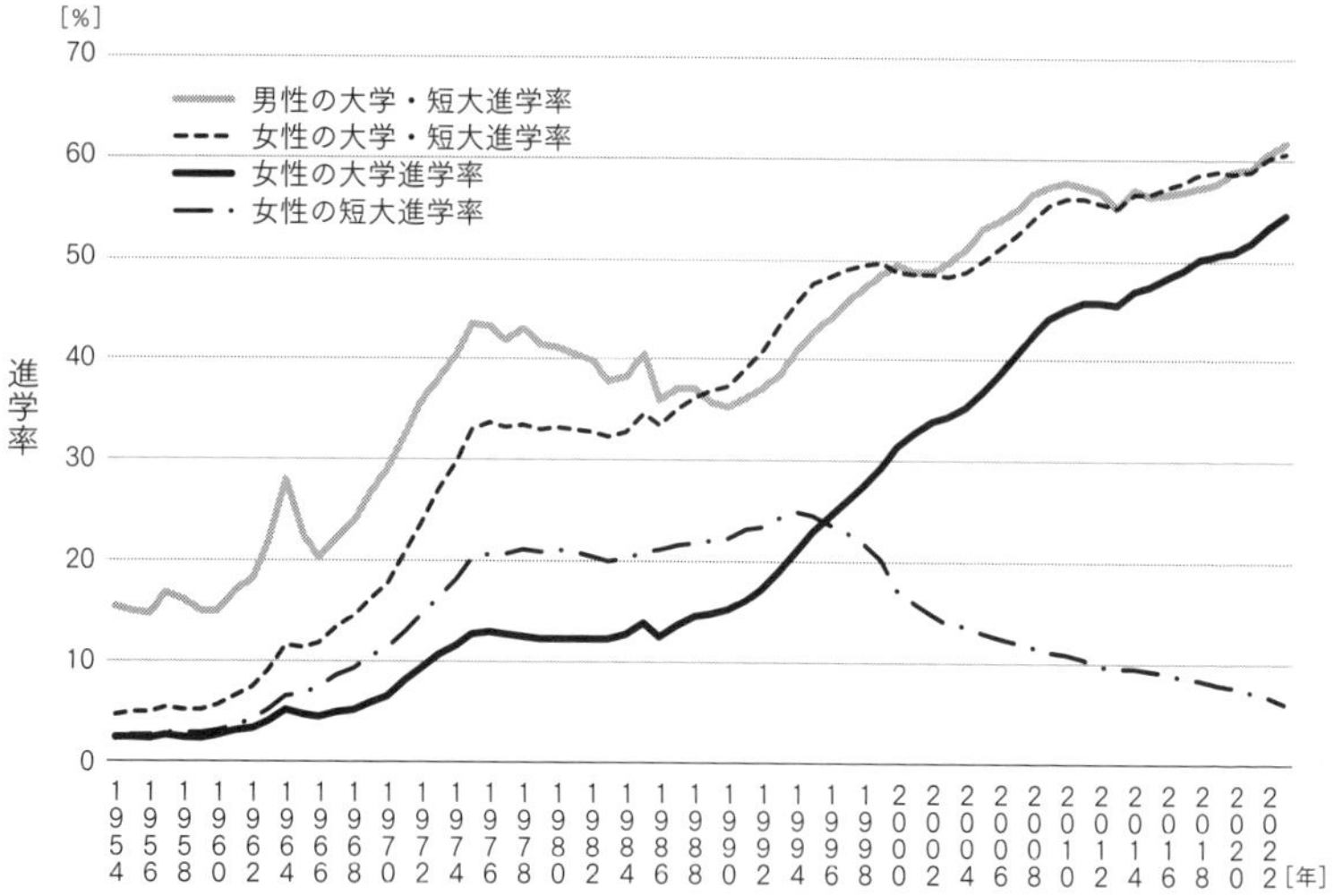

注：大学は学部、短大は本科への進学者とし、過年度高卒者（浪人生）を含めて進学率を算定している。

図8　女性の高学歴化の進展（出典：文部科学省「学校基本調査：年次統計」のデータをもとに筆者作成）

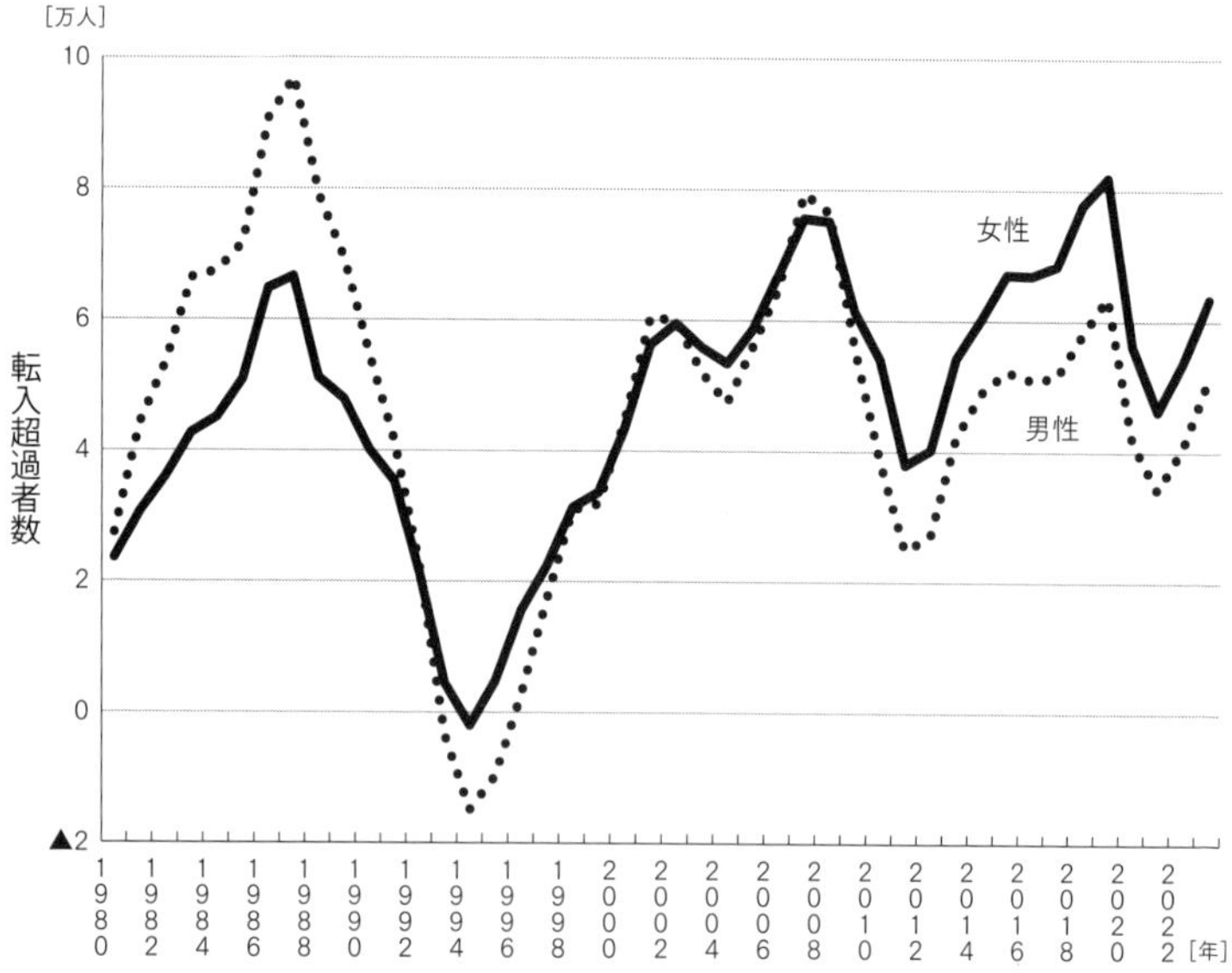

図9　東京圏の転入超過者数の推移（男女別、日本人のみ）

（出典：総務省統計局「住民基本台帳人口移動報告」のデータをもとに筆者作成）

寄与するだけでなく、高学歴女性が働きたいと思える職場の創造につながるはずだ。そうなれば、若い女性の流出を防ぎ、高学歴女性のUターンも期待できる。また、ジェンダーだけでなく、高齢者や障害者、外国人などに対するアンコンシャス・バイアスに意識的な人々を増やすことにもつながるだろう。結果として、多様な主体の社会参画のハードルを低くする効果が期待される。

皆に居場所と出番があり、それぞれがそれぞれに本領発揮できる自律協生社会をつくるには、アンコンシャス・バイアスから自由になることが重要な鍵になるだろう。

※1 ここまで「自立」と「自律」を特に断りなく使ってきたが、「自立（Independence）」は独り立ちすること、「自律（Autonomy）」は自ら決めて動くことを意味する。自立しているから自律的になれるという側面があるし、自律の結果として自立があるとも言える。したがって、この二つの言葉は明確に切り離せるものではないが、主体性により関係するのは自律であるため、本書では自律という言葉にフォーカスする。

※2 井上岳一『日本列島回復論 この国で生き続けるために』新潮選書、２０１９年

※3 「協生」は聞き慣れない言葉だが、文字通り協力して生きることを意味する。この「協生」の印象的な使い方として、ソニーＣＳＬの舩橋真俊氏が提唱する「協生農法」（英名：Synecoculture）がある。協生農法とは、地球の生態系がもともと持っている自己組織化能力を多面的・総合的に活用しながら有用植物を生産する農法のことだ。通常、農業生産性と生物多様性とはトレードオフの関係にあるが、不耕起、無施肥、無農薬に加え、生態特性を踏まえた植物の混植を通じて、生物多様性と農業生産性の両方を実現することが可能となる。生態系内の協生を促す農法だから協生農法と言うのだろう。

※4 名詞形であるコンヴィヴィアリティよりも、形容詞のコンヴィヴィアル（Convivial）の方が人口に膾炙しており、コンヴィヴィアリティに替えて、コンヴィヴィアルがしばしば名詞的に用いられる。

※5 山本哲士『イバン・イリイチ』文化科学高等研究院出版局、２００９年

※6 イヴァン・イリイチ『コンヴィヴィアリティのための道具』ちくま学芸文庫、２０１５年

※7 コロナ禍でコンヴィヴィアリティに注目が集まった理由の一つに、幅広い世代に影響力を持つ研究者、メディアアーティストの落合陽一氏の発言があるが、落合氏がコンヴィヴィアリティを言い出したのは、主としてこの文脈による。

※8 日常や暮らしの中にある創造や祝祭という観点からコンヴィヴィアリティに光を当てた論考集が、松田素二編『集合的創造性 コンヴィヴィアルな人間学のために』世界思想社、２０２１年である。また、２０２１年には、公益財団法人日本デザイン振興会がGOOD DESIGN Marunouchiで「山水郷の

デザイン―自立共生のためのナラティブ」展を開催している。副題の「自立共生」はConvivialityの訳として用いられている。日本の各地で自律的・創造的に生きる人々のあり方をConvivialityという言葉に託して表現した展覧会であった。

※9 緒方壽人『コンヴィヴィアル・テクノロジー 人間とテクノロジーが共に生きる社会へ』BNN、2021年では、進化するコンピュータやAIとどう向き合うかという問題意識から、コンヴィヴィアリティの概念を問い直している。なお、この中で、緒方氏は、1995年にWindows95が発売され、パソコンとインターネットが普及したときに、コンヴィヴィアリティという言葉が、コンピュータ・インターネット界隈で注目された歴史を述べている。テクノロジーの進化が社会を揺り動かすたびに、イリイチは繰り返し参照されてゆくのだろう。

※10 山本哲士『学校・医療・交通の神話〈定本〉現代産業社会批判―コンビビアルな世界へ』文化科学高等研究院出版局、2021年

※11 山本哲士『イバン・イリイチ』文化科学高等研究院出版局、2009年。なお、山本氏は「コンヴィヴィアル」を「コンビビアル」と表記しているので、ここでも「ヴィヴィ」ではなく「ビビ」とした。

※12 竹内純子編著、伊藤剛・岡本浩・戸田直樹著『エネルギー産業の2050年 Utility3.0へのゲームチェンジ』日本経済新聞出版社、2017年

※13 文部科学省初等中等教育局児童生徒課「令和5年度 児童生徒の問題行動・不登校等生徒指導上の諸課題に関する調査結果について」（令和6年10月31日公表） https://www.mext.go.jp/content/20241031-mxt_jidou02-100002753_1_2.pdf

※14 内閣府政策統括官（政策調整担当）「こども・若者の意識と生活に関する調査報告書」（令和5年3月公表）

※15 厚生労働省「令和2年（2020）患者調査（確定数）の概要」（令和4年6月30日公表）

※16 それぞれの項目に関して、リベラルな考え方や行動と保守的な考え方や行動を四つずつ質問し、リベラルな考え方や行動を支持する人がより多い地域を「寛容性が高い地域（都道府県）」としている。例えば、「女性の生き方」という項目については、「女性の頑張りを積極的に応援する社会の空気がある」「自分の意見や考えを堂々と主張する女性が多い」「古い考え方に縛られないで自由に生きている女性が多い」「政治や経済の場面で活躍している女性が多い」が〈リベラル〉質問で、「結婚して子どもを持つことこそ女性の幸福だと考える人が多い」「女性は家庭や子育てを最優先するべきだと考える人が多い」「この地域では女性向け求人は補助的な仕事ばかりだ」「出世したり責任ある立場に就くことを望まない女性が多い」が〈保守〉質問である（リベラル、保守は便宜的な用法とされている）。女性の生き方、ジェンダーと地域の問題については、本章の補論も参照のこと。

※17 「みずみずしい」を掲げて地域づくりをしてきた自治体に香川県三豊市がある。2006年に合併して誕生した三豊市の初代市長となり、その後3期にわたって市長を務めた横山忠始氏（元・大平正芳氏の秘書）は、施政方針に「みずみずしい地域主義」を掲げていた。因習に囚われた閉鎖的な地域主義を克服し、コミュニティへの帰属意識がありながらも、寛容でさまざまな選択が可能な「みずみずしい地域主義」を目指すことで、三豊市を若者が住みたくなる田園都市にする。それには「市民自身が自立して他力本願から脱却すること」が重要という認識から、地域づくりの権限と財源を市民に移譲する「地域内分権」を推進した（横山忠始『地域内分権で地方消滅を跳ね返せ!』ぎょうせい、2016年）。今、三豊市は、様々な新しい試みが内発的に生まれるまちとして注目されているが、その源流には「みずみずしい」を冠した地域づくりがあったのだ。三豊市の中核的なプレイヤーの1人である浪越弘行さんは、横山市長に言われた「みずみずしい」という言葉に導かれながら、地域活動を続けてきたと教えてくれた。

※18 いずれも浪人生も含めた進学率を示している。

※19 他の道府県から転入してきた者と他の道府県に転出した者の差。東京一極集中の指標としてよく用いられる。

CHAPTER

第2章

求められる産官民の新たな協生

第1章で述べたように、本格的な人口減少期を迎えた日本で、自分たちのまちや地域の暮らしを守ろうと思ったら、官か民かでなく、官も民もというアプローチが必須になる。世に言う「官民連携」だが、使い古されてきた感のある言葉だけに注意が必要だ。

岸田前総理は就任後初の施政方針演説で、「新たな官民連携」を謳った。「新たな官民連携」として言及されたのは、コンセッションの一層の活用、NPOや社会的企業への支援、社会的インパクト投資である。これらが「新たな」とされているのは、従来の上意下達ではない官民の関係を前提としているからだ。

国が計画を立て、企業、自治体、国民がそれに従って動く、上意下達で、中央集権的なやり方がうまく機能した時代が、確かにあった。だが、とうの昔にそういう時代は終わっている。また、官民連携の「民」には企業のみならず、市民も含めて考えなければならない時代になっている。これまで以上に複雑で難しい連携が求められており、産（企業）と官（国や自治体）と民（市民）とが知恵と力を持ち寄らなければ、社会を維持し、未来を切り拓くことができなくなっている。

こうした問題意識のもと、本章では、官民連携の試行錯誤の歴史を振り返り、異なる行動原理とメンタリティを持つ産官民の各主体がどう自らを変革・進化させてきたのかを確認する。それを通じて、自律協生社会のベースとなる産官民連携に関しての示唆を得ることが本章の狙いである。

2-1

官民連携1.0

コスト削減型PFIの始まり

官民連携という言葉が広まったきっかけは、1999年にPFI法[※1]が施行されたことである。これを機に、それまでの上意下達な官と民の関係の見直しが本格的に始まった。PFIは、Private Finance Initiativeの略で、民間企業の資金と経営能力・技術力（ノウハウ）を活用し、公共施設等の設計・建設・改修・更新や維持管理・運営を行う公共事業の手法である。これまでに累計1千件以上のPFI事業が企画されている。

PFIでは、官民のリスク分担を明確化すること、経営能力のある事業者を公平な手続きを経て選定すること等が基本方針とされた。たとえば刑務所のPFIであれば、まず官民双方の業務や責任の分担を明確にする。その上で、公募により選定された民間事業者と官とが共同して刑務所の運営にあたるという方法である。また、PFIの導入により事業者のリスクや責任が明確化されたことで、官の実施する公募に対して事業者が応募しないケースも見られるようになった。事業実施前に責任分担を明確にすることで、事業者側も意思表示ができるようになったのである。

このように、PFIを通じて、官民の関係に変化が生じた。官の言うことに民間事業者が従うだけでなく、お互いの考えを述べ合いながら一つの事業を実施する関係が始まったのである。

ＰＦＩの特徴として、性能発注への転換がある。官は必要とする性能を定めるが、具体の方法は定めない。民間事業者は、自らの技術やノウハウを活かし、官が提示する性能を満たしつつ、それを効率的に実施する方法を考える。性能発注は、民間事業者ならではの創意工夫を引き出す上で良いやり方だが、実態として創意工夫の中心はコスト削減に向かった。発注者である官は、財政負担が減るためそれを喜んだが、その分、地域経済は縮小した。また、提案力に勝る東京の大企業が受注し、その外注先に地域の企業が入るという構造が常態化したことも、地域経済の縮小に拍車をかけた。さらに、効率性を重視する大企業は、一つの仕組みで多地域展開することを目指したため、似たようなＰＦＩ事業が地域の特性に関わらず全国展開される事態も招いた。

2-2 官民連携2.0

稼ぐＰＰＰへのシフト

コスト削減型から始まったＰＦＩは、ＰＦＩ法施行後10年程度で踊り場を迎えた。ＰＦＩの実施

仙台空港　　　　　　　道の駅 保田小学校

- 旅客数について、現在（2017年）の324万人から、5年後に410万人、30年後に550万人に増やす目標値を掲げている
- 路線増による航空需要の喚起や空港活性化と設備投資の実施等も提案されている

- 2014年3月に廃校となった千葉県鋸南町立保田小学校を、直売所・飲食店・宿泊所・日帰り浴場などを備えた複合施設に転用
- 年商約6億円、年間来場者数100万人に達している

図1　稼ぐPPPの例

（出典：東急前田豊通グループ「仙台航空 特定運営事業等提案概要」2015年7月および農林水産省「廃校再生プロジェクト」『aff』2022年6月号に筆者加筆）

方針公表件数は２００２年をピークに頭打ちとなり、２０００年代後半には減少傾向が鮮明となった。コスト削減型ＰＦＩでできることはやり尽くし、官民双方の意欲も減退していた。

この状況を打開するため、２０１３年に政府が打ち出したのが、外部収入獲得型の官民連携である。官民連携がＰＦＩに限定されるものではないことを明確にすべく、官民連携をＰＰＰ（Public Private Partnership）と総称し、これを推進することとしたのである。

外部収入獲得を目指す〝稼ぐＰＰＰ〟の代表がコンセッションである［図1］。空港で言えば、ターミナル等の建設や維持管理の部分を切り出して民間に委ねるのがPFIだとしたら、空港の運営そのものを民間に委ねるのがコンセッションである（この場合、空港の所有権は公共に残す）。運営を担うとなれば、空港の利用客を増やすために地域に目を向けざるをえなくなる。地域にどのような観光施設があるか、観光施設と空港を結ぶ交通網をどう構築するか、魅力的なホテルをどう増やすか等、地域の価値を掘り起こし、それを収入に変えていくことがコンセッションでは重要になる。

未利用の公有財産の活用も推進された。使われなくなった土地や学校等の公共施設を民間事業者に活用してもらい、収益を上げてもらおうという目論見である。ここでも、地域の暮らしや産業を理解し、ニーズにあったサービスを企画することが重要になる。廃校を活用した道の駅、歴史的建物を活用した宿泊施設等の整備が民間により実施されている。

地域特性を考慮せずに進められたコスト削減型のPFIとは異なり、稼ぐPPPでは、地域特性に応じた事業の企画が重要になるため、地元企業が主体的に事業に参加するようになった。また、運営の巧拙により外部収入が変動するため、利用状況に応じたマーケティングやサービス改善を継続的に行う必要がある。このため、PPP事業遂行のために設立されたSPC（特別目的会社）は実体をもつ事業会社となり、継続的に人や資金が投じられる等、民間事業者が地域にコミットするようになった。

稼ぐPPPは、コスト削減型PFIに比べ、参加する側にリスクはあるものの事業の面白みが増すメリットがあった。地域経済の活性化にも資するから、自治体にとっても願ったりかなったりだ。このため、稼ぐPPPは官民双方に支持され、そのトレンドは今も続いている。国は2013

年度からの10年間でPPP／PFIの事業規模を21兆円にする目標を掲げたが、2020年度には26・7兆円まで拡大し、前倒しで目標を達成した。コンセッション以外の事業も安定して実施されており、PPPは定着しつつあると評価できる。

民間提案の拡大

PPPの普及を支えた背景に、民間提案の広がりがある。PFIの導入以前は、官が策定した事業計画に民間が意見をすることは憚られる雰囲気があったが、PFIでは「マーケットサウンディング」と呼ばれるプロセスが設けられ、官が実施方針を公表した後、事業主体となる民間側が官の計画に意見を述べたり、代替案を提示したりすることが可能になったからだ。

2011年のPFI法改正では、民間事業者がPFI事業を企画し自治体に提案する「民間提案制度」が設けられた。この制度を利用し、東急電鉄（現・東急）は、川崎市に等々力緑地の再編整備事業を提案、コンセッションによりスタジアム、アリーナ、駐車場を整備するほか、陸上競技場や広場等を整備することとなり、提案した東急を代表とするグループが577億円（税別）で落札した。[※2]千葉県君津地域でも、日本製鉄がBOO方式[※3]を活用したPFI事業を提案、これを踏まえて7自治体の広域ごみ処理事業が企画され、やはり提案した日本製鉄グループが820億円（税込）で契約する等、[※4]大型事業にも広がっている。このように民間側のアイデアを出発点にする民間提案制度は、稼ぐＰＰＰと親和性が高い。民間提案がない場合も、稼ぐＰＰＰを成功させるには、事業の初期段階から民間側と対話し、民間ならではのアイデアや感覚を事業計画に取り込むことが重要になる。

ＰＦＩ法に拠らない民間提案の受け入れも、今では多くの自治体が行っている。民間提案制度のパイオニアとも言える千葉県我孫子市では、２００６年に1千以上の市役所の事業を対象に、事業内容や事業費等を公表し、民間から自由に提案を求め、2年間で37件の事業において提案のあった手法を採用した。横浜市では民間からの提案窓口となる共創フロントを設け、民間企業と各部局の対話が円滑に進むようサポートをしている。

こうした民間提案型の事業では、提案企業にどのようなインセンティブを付与するか、提案企業の知財やノウハウをどう守るか、透明性のあるプロセスをどう設計するかといった課題は残る。公平性や平等性を担保しながらも、民間側が提案するインセンティブを引き出すには、皆が納得できるルールが必要である。国は、対話プロセスのガイドや、インセンティブの付与の方法等について整備を進め、提案企業の公募時の加点措置の考え方も示している。こうしたルールを踏まえながら、官民双方が対話の経験値を上げていくことで、事業内容がさらに良くなることが期待できる。

民営事業に対する公的関与の強化

稼ぐＰＰＰが普及する一方で、地域を支える民営の公的サービスが存続の危機に直面し、公的関与を強めざるをえないケースが続出している。

顕著なのは公共交通である。日本では民間企業が鉄道やバスを営む地域が多いが、人口減少、高齢化等により、民間による経営ではもはや公共交通が立ちいかないケースが増えている。

鉄道では、2007年に、自治体が地域の公共交通を維持するために主体的な役割を果たすことを求める地域公共交通活性化再生法[※5]が施行されたのを機に、民営だった福井鉄道が第一号の認定を受け、いわゆる上下分離[※6]により再建を果たした。バス事業も、以前から地方部を中心に民営乗合バス事業者に補助金が支払われていたが、それでも立ちいかないケースが増えてきた。こうしたなか、松本市では、2023年4月から、民間会社が運営するバス路線も含め地域のバス事業をすべて公営化した上で、路線を再編し、運行・運営を民間に委託する公設民営方式に移行した。もはや個別路線への補助金では経営を支えられないことから、市が主導して路線やダイヤ・料金等を決定し、そのもとで民間が効率的な運行を行うことにしたのである。

民営だった事業に公共が関与するケースは、交通事業に留まらない。地方部では生活に欠かせないガソリンスタンドの廃業が増加、地元自治体が施設を取得して運営を域内企業等に委託するケースが増えている。また、北海道中央部に位置する北竜町では、町内唯一のスーパーが撤退した後に、町が施設を整備、コープさっぽろの協力を得て町の公社が運営するスーパーを開業している。

以上に共通することは、民営だった事業に自治体がコミットすることで、サービスを持続可能なものとしていることである。ここで言う「自治体のコミット」とは、体力のない民間企業には負担

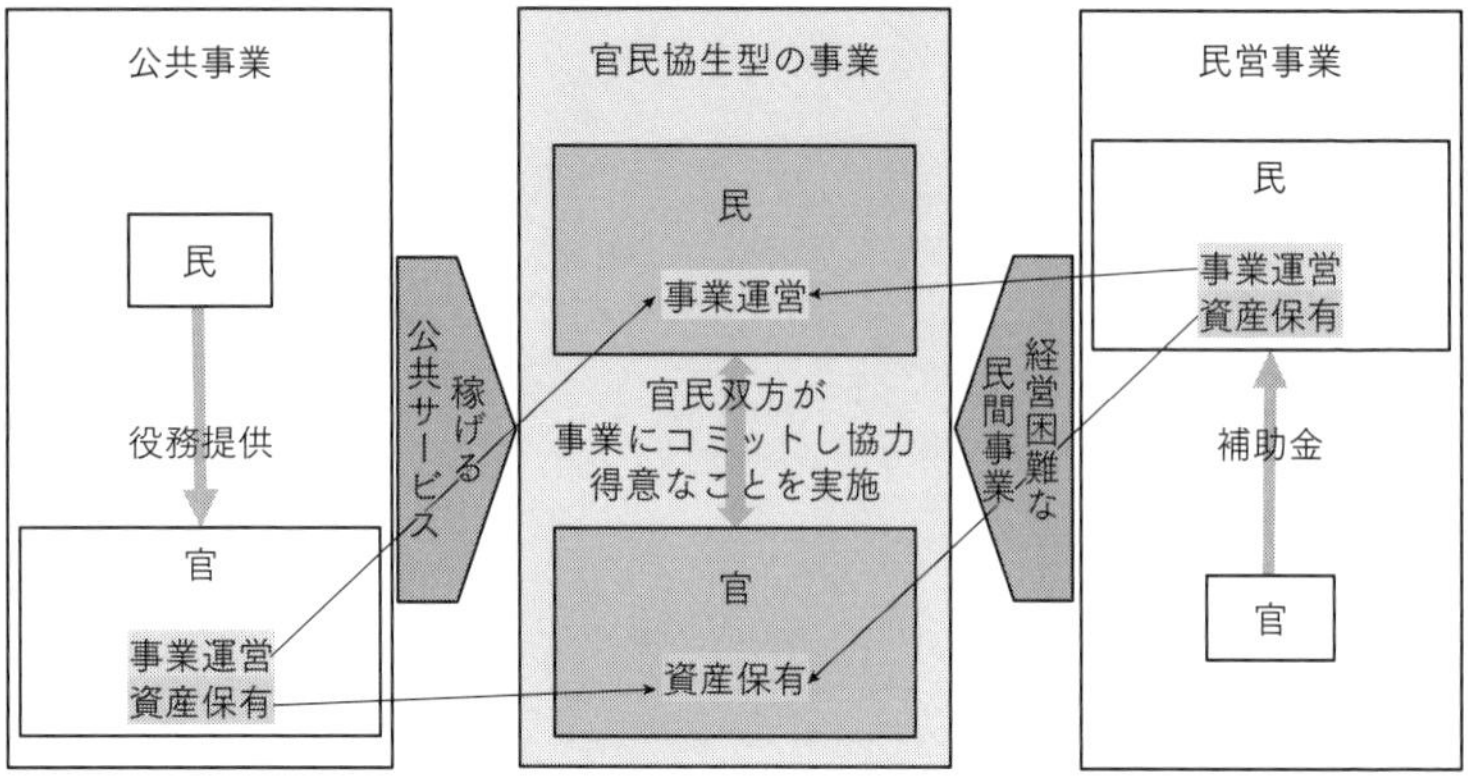

図2　官民連携の進化による官民協生型の事業

しにくい設備投資をしたり、収益が変動するリスクを負担したり、関係機関との合意形成を担ったりなど、多岐にわたる。また、従来は民営事業の赤字を補填するために補助金を出していたものを、収入や利用者の増加に応じて委託費を増やすといった、経営努力を促すための工夫も見られる。官民が一緒になって、事業活動が困難な地域で必要なサービスの維持・向上を図っているのである。

このように見ると、公共事業のコンセッションや公有地活用のような稼ぐPPPと、もともと民営だった事業を上下分離や公設民営にするスキームは、取り組みの経緯はまったく異なるものの、できあがった事業形態は類似して見える。官と民の両方が事業にコミットし、役割分担しながらも協力して事業を持続的に改善していく官民連携の形である。

公共サービスといっても官だけで良質なサービスを継続することはできず、民営事業だからと公共が手を差し伸べなければ撤退せざるをえない状況のなかで、官と民とがお互いにやれることを持ち寄って、一緒になって地域に必要なサービスを維持しようという実践が各地で生まれている。これらは互いに力を合わせるという意味で、「官民連携」というより「官民協生」と呼ぶ方が適切だろう［図2］。ＰＦＩ実施から20年近くが経過し、官と民の関係はここまで進化を遂げたのである。

2-3 官民連携3.0
社会的インパクトを生み出す官民協生

収益を生まない領域での官民連携

一方で、官民連携の進化が見られない領域も残されている。たとえば福祉・ケアの領域である。障害者支援、子ども支援、生活困窮者支援等は、民間企業には収益が見込みにくい。老朽化し更新が必要となる道路や橋梁等が、今後、膨大に出てくるが、これらはビジネスの対象になりにくく、更新費用を支払うインセンティブは民間企業には存在しない。発電所や送配電網、上下水道も更新が必要になるが、人口が減るなか需要増は見込めず、それゆえ企業も更新費用は出しにくい。

事業名	大腸がん検診等受診率向上事業	非行少年への学習支援事業	ずっと元気！プロジェクト
委託者	八王子市	法務省	豊田市
受託者	キャンサースキャン	公文教育研究会等	ドリームインキュベータ
事業目的	がん検診の受診率を向上することで、早期発見し、健康寿命を延伸する	少年院出院者に継続的な学習支援をすることで、再犯・再非行を防止する	高齢者の社会参加機会・社会活動量を増加し、介護リスクを低減する
支払額	0円～976万円	1424万円～7120万円	1億5000万円～5億円
ポイント	日本初のSIB事業の一つ。がん検診受診率は目標を超過達成	国が行う初のSIB事業。NPOも含めたサービス提供体制を構築	大規模なSIB事業。中間支援組織が大きな役割を果たしている

表1　国内SIB事業の事例（出典：内閣府PFS事業事例集の詳細資料をもとに筆者作成）

工夫次第で収益増の可能性がある空港や集客施設に比べ、これらの分野での官民連携は進んでいない。こうした収益を生まない領域での官民連携のあり方を考える上で参考になるのが、イギリスで2010年から始まったソーシャル・インパクト・ボンド（SIB）である。SIBは、再犯防止や貧困地域の健康づくり等、社会的なアウトカムを創出する事業に対して、再犯率がどれだけ低下したか、貧困層の主観的健康観がどれだけ改善したか等を指標に成果を測定し、その達成度に応じて公共から対価が支払われる仕組みである。これもまた新しい官民連携の手法と呼んでいいだろう。日本でも、2017年度に八王子市と神戸市が医療分野でSIB事業を実施している。その後、豊田市が介護分野で、法務省が少年院出院者に対する学習支援で活用するなど、SIB事業は広がりつつある［表1］。

SIB事業で目指すのは、官民で合意した社会的なインパクトの創出であり、料金収入のような経済的な指標ではない。しかし、たとえば再犯率が低下すれば、治安が良くなって、警察官が減る等により公的支出が下がるかもしれない。介護予防の成果が出て要介護になる人が減れば、介護にかかる給付費が減るので、保険者が支払う介護保険料も国や自治体の公費負担分も低減するほか、元気なシニアによる消費の活発化や家族の介護離職の防止につながれば、経済にも好影響が出るだろう。高齢化により介護分野の社会的費用は増加しているから、状況を改善できたときのインパクトも潜在的には大きい。たとえば、認知症の社会的費用は年間約14・5兆円（医療費：1・9兆円、介護費：6・4兆円、インフォーマルケアコスト：6・2兆円）に上るとの推計もある。[※7] 官民が協力して認知症予防に取り組めば、こうした社会的費用を軽減することが期待できるのだ。社会的費用が軽減できれば、そのメリットは社会全体が享受する。また、それに付随して公費負担を軽減できれば、国や自治体の財政も恩恵を受ける。SIB事業により達成された社会的インパクトに応じ、財政メリットの範囲内で民間に対して報酬を支払えば、全体として社会的費用を削減しながらも、官民双方にメリットのある関係をつくることができる。

こうした期待はあるものの、SIB事業はまだ取り組み例も少なく、実施のハードルも高い。まず、事業の社会的なアウトカムを評価するのに必要な成果指標や実務的な評価方法が確立していない。また、SIB事業では、成果に応じて国や自治体が支払う報酬が変動するが、予算通りの執行を良しとする考え方が根強い日本の行政システムでは、理解が得られにくいという課題もある。

「歪んだインセンティブ」への対処も考えなければいけない。社会的な事業が生み出す成果は本来多面的なものだが、SIB事業では計測可能な成果指標に支払いが連動されるため、成果につながりにくい対象者への支援が後回しにされたり、見た目の成果指標の改善だけに注力されたりといった「歪んだインセンティブ」を生む可能性があるからだ。

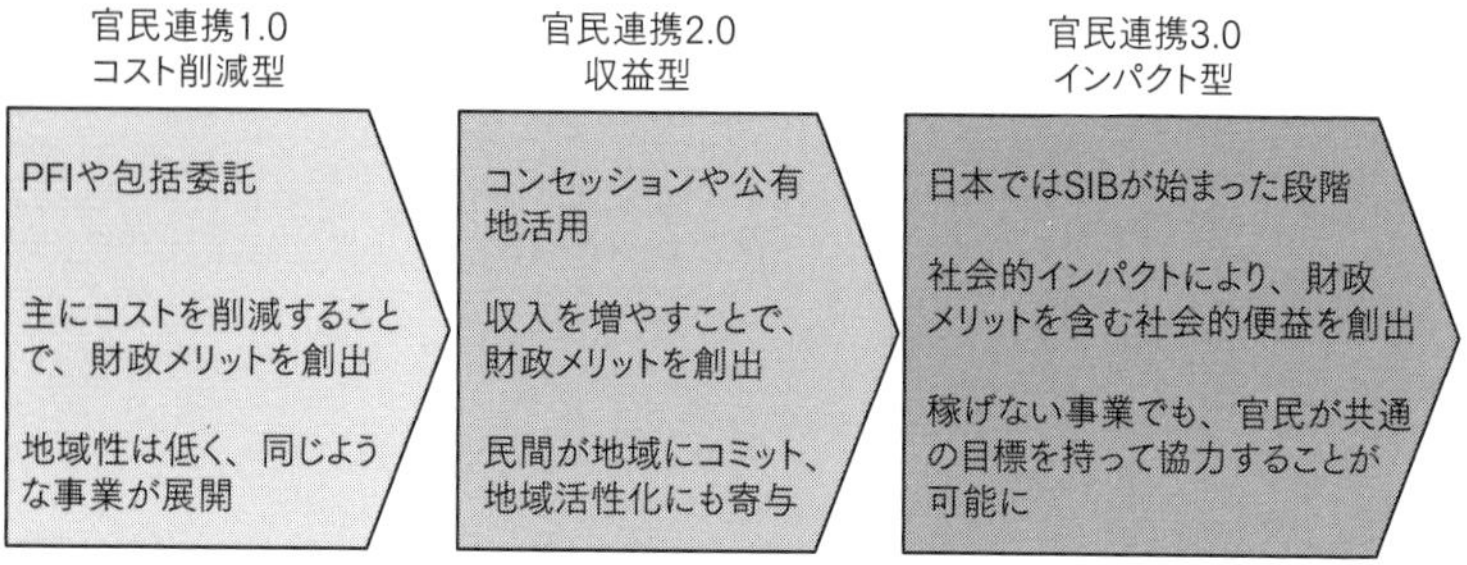
官民連携1.0
コスト削減型
PFIや包括委託
主にコストを削減することで、財政メリットを創出
地域性は低く、同じような事業が展開
官民連携2.0
収益型
コンセッションや公有地活用
収入を増やすことで、財政メリットを創出
民間が地域にコミット、地域活性化にも寄与
官民連携3.0
インパクト型
日本ではSIBが始まった段階
社会的インパクトにより、財政メリットを含む社会的便益を創出
稼げない事業でも、官民が共通の目標を持って協力することが可能に

図3　官民連携の変遷

こうした課題はあるものの、これまでの官民連携と同様、事例が蓄積され、官民双方で経験値を上げていくことで、日本社会に適した方法が見出されていくはずだ。

インパクトに応じた民間事業への支援

ＳＩＢ事業は、公共サービスにおける民間活用の文脈に位置づけられることが多いが、逆に民間事業を官が支援する場合にも適用できる。たとえば、子どもの居場所づくりや学習サポート、生活困窮者の就労支援、孤立しがちな単身高齢者の外出促進等は、ＮＰＯが担い手となっているケースが多い。活動の資金源は寄付金や官からの補助金を充てているが、創出されたインパクトに関係なくその金額は決まっていることが普通だ。活動の生み出す成果をインパクト評価できれば、より多くのインパクトを生み出している団体に対し、補助金を上乗せしたり、成果指標を公表することで寄付金が集まりやすくしたり、といったことが可能になる。こうすることで、ＮＰＯ側にはより高いインパクトを生み出そうというモチベーションが生まれ、寄付金の出し手側には寄付を拡大・持続させようという気持ちや、新たな寄付の出し手が増えるといった効果が期待できる。

前述した公共交通が成り立ちにくい地域での交通事業や、過疎地域での小売り事業などを官がサポートする際にも、SIBの考え方を応用できる。具体的には、交通や小売りの売上だけでなく、外出支援による健康増進や買い物難民の減少、移住・定住者の増加等の社会的インパクトを評価し、その程度に応じて官が追加的な報酬を支払うような方法である。この場合、官民が目指すべき社会的インパクトを共有し、協力関係をつくることが前提になる。

稼ぐPPPが一巡し、今後の官民連携に期待されるのは、収益を生み出しにくいがゆえに官民連携が進んでいなかった領域での事業創出である。官と民が社会的インパクトを創出するという共通目標を掲げ、それを目指してお互いが役割を発揮していく形を目指すのが、官民連携3.0＝新しい時代の官民協生だろう［図3］。

2-4 市民と連携する産官民協生の時代

官民連携事業と市民との関係の推移

ここまで、企業と国や自治体の関係にフォーカスして官民連携の発展過程を辿ってきた。この間、市民との関係はどのように変化してきたのだろうか。

初期のPFIでは、市民はPFI等で整備する公共施設等の利用者として関わるのみだった。ほとんどのPFI事業で、サービスの提供責任は官にあるとされ、企業はその背後で建設や維持管理を担う黒子であった。市民とはあえて関わらずに済まそうとしてきた面が、企業にはある。

だが、稼ぐPPPの段階になって、企業と市民との関係は変わった。企業にとって、市民は料金を支払ってサービスを利用する〝顧客〟になったからだ。顧客となれば、企業は放ってはおけない。マーケティングノウハウ等を活用し、顧客である市民に近づいていくようになった。こうして民間企業と市民との接点は増えたが、市民はサービスを利用する〝消費者〟に留まり、民間企業と市民とが対等の立場で関わるという関係は生まれにくかった。

これが前述した官民連携3.0の段階、すなわち民間企業と官とが協力して社会的インパクトを目指す官民協生の段階になると、市民は単なる消費者でなく、社会的インパクトを生み出すために協働するプレーヤーになりうるのだ。たとえば不採算地域の交通や小売りの事業では、市民がそのサービスを積極的に利用することで、当該事業の支えになることが求められる。産官（企業と自治体）の経営努力に対し、民（市民）が応えることが期待されるのだ。また、介護予防や健康増進を目指す

ＳＩＢ事業では、プログラムを受ける対象者自身の努力がアウトカムの達成度に影響する。市民には、サービスの受け手という受動的な立場を越え、アウトカム達成に主体的に協力する能動的なパートナーとして振る舞うようになることが期待される。

では、どうすれば市民の主体的参加や能動的振る舞いを引き出すことができるのか。事業の意義を伝えることで共感を呼び、主体的に参加しようとする市民の意欲を引き出すことが理想ではある。だが、それで動いてくれるのは意識の高い人たちだけだろう。そうではない人たちに対しては、もっと違うアプローチが必要になる。

一つのアプローチはデザインの力を使うことだ。２０１７年にノーベル経済学賞を受賞したリチャード・セイラー教授は、「ナッジ（nudge）」という言葉を提唱している。これは、環境を整えることで、人々が本人や社会にとって望ましい行動をするよう、そっと後押しをする手法のことであり、「行動デザイン」とも呼ばれる。この手法を用いることで、市民が自然に、楽しく、無理なく行動変容するよう仕向けることが可能になる。公共交通であれば、公共交通に乗りたくなる環境を整える。介護であれば、歩きたくなるようなまちづくりをし、自然に外出や運動へと誘導する。それがナッジのアプローチである。

もう一つのアプローチは、資金提供を通じた市民の巻き込みである。たとえば、滋賀県東近江市では、コミュニティビジネスに取り組む民間事業者を支援すべく、市民から一口1万円の出資金を募り、それを原資として民間事業者に事業資金を提供、成果が出たら、市から出資者に元本が償還

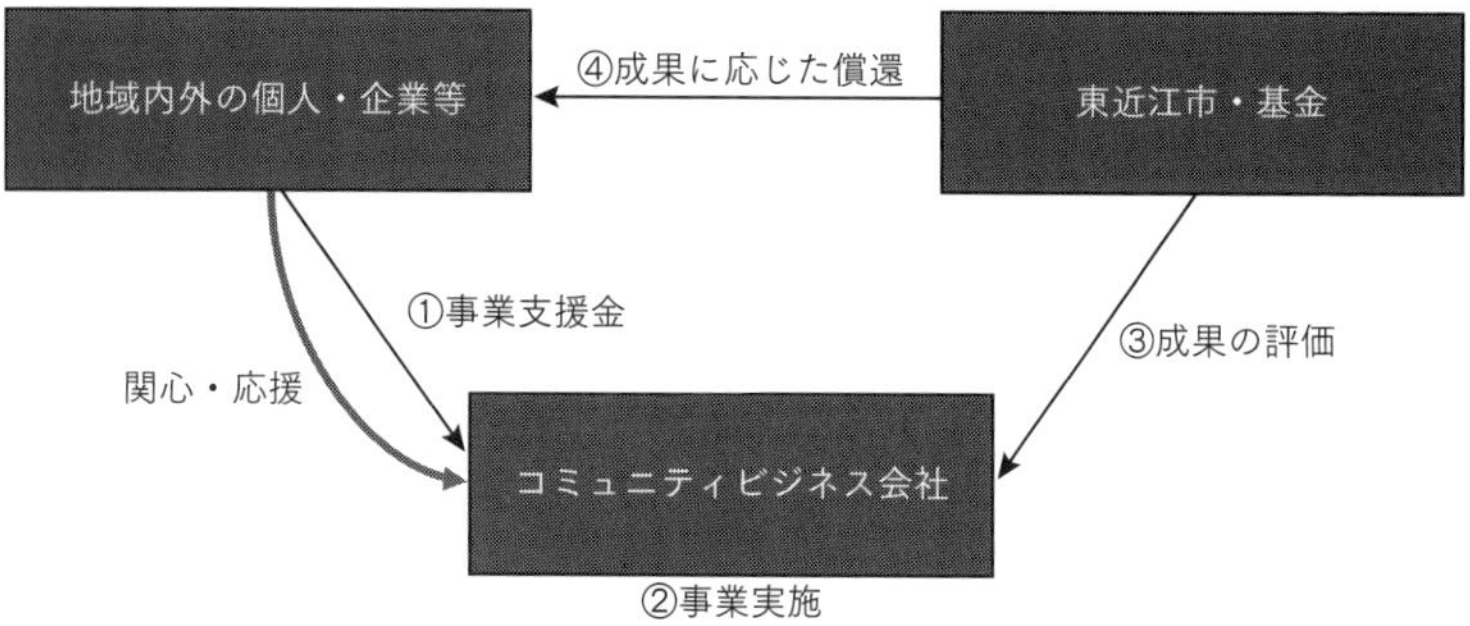

図4　市民出資ファンドを活用した東近江のSIB事業のイメージ
（出典：内閣府PFS事業事例集の詳細資料をもとに筆者作成）

されるコミュニティファンドの仕組みをつくった［図4］。ファンドに出資した市民は、自分たちの資金が投じられたコミュニティビジネスに関心を持ち、そのサービスを利用したり、周囲に紹介したり等、当事者として応援するようになる。市民も主体的に事業の成功に貢献しようとするのだ。

このように、行動デザインや市民出資ファンドは、市民が主体的に参加し、社会的インパクトを産官民で生み出していくことを可能とする。自律協生社会を実現する産官民の協生のあり方は、このような無理なく市民が参加する形が基本になるはずだ。

社会の利益を追求できる企業形態

産官民が協力して社会的インパクト創出を目指す自律協生社会においては、民間企業のあり方にも変化が求められる。株式会社は、株主のために利益を上げ続けることが宿命づけられている。これは、株主が金銭的なリターンを求めて出資しているからだ。であるならば、株主が求めるものが金銭的なリターンでなくなれば、株式会社の行動原理も変わるはずだ。

すでに欧米では、社会的インパクトの創出を目指して事業活動を行う企業が存在する。その一つの例が、ドイツ語圏に見られる「シュタットベルケ」(City Works：都市公社の意)である。株式会社の形態をとるが、多くの場合が自治体の100%出資で、電力、ガス、水道、交通、通信等、生活に不可欠な公的サービスを提供している。シュタットベルケは、従業員に地元住民を多く雇用し、発電事業では輸入化石燃料を使わず、地域の再生可能エネルギー資源を活用する等、できるだけ域内からモノを調達し、地域の経済循環に貢献しようとしている。また、安定した収益が出やすい電力や水道事業の利益を、赤字になりがちな交通事業を支えるのに使うなど、内部補助の仕組みも有している。会社全体で利益が出れば、株主への配当よりもインフラの機能維持等への再投資を優先する。このように地域に役立つ事業運営をするのがシュタットベルケで、それゆえ電気代が大手電力会社よりも多少割高であっても、シュタットベルケの電気を選択する市民が多くいる。

社会的インパクトを重視する企業のもう一つの例は、アメリカで生まれたパブリック・ベネフィット・コーポレーション(PBC)である。PBCは、株主の利益だけでなく、他のステークホルダーへの便益や地域社会等へのポジティブな影響(パブリックベネフィット)をもたらすことを目的に経営を行う会社形態で、経営陣は、経営判断に際して財務的利益より社会的利益を優先する意思決定をしやすくなる。また、株主は、パーパスに基づきパブリックベネフィットを生み出しているかどうかを監視し、できていなければ経営陣に改善を求めることも可能となる。日本ではPBCに関する法制度はまだ整備途上だが、今後の展開が期待される。

見直されるべき第三セクターの価値

シュタットベルケは株式会社だが、自治体が出資することで、株主である自治体の利益＝社会的インパクトの最大化を目指した経営を可能としている。また、官と民が対等な立場で協働するには、契約関係で縛るよりも官民共同出資会社をつくる方が自由度が高い。その意味でも、官民共同出資会社は、自律協生社会を担う主要なプレイヤーとなっていく可能性が高い。

かつて、官民共同出資会社は「第三セクター」と呼ばれ、もてはやされた時期がある。だが、その後、第三セクターの多くは放漫経営に陥り、破綻した。その失敗の歴史が特に官側の胸に深く刻み込まれているため、官民共同出資会社への忌避感が、いまだ根強く残っている。

そのような負の歴史はあるものの、産官民の協生が必須の自律協生社会では、第三セクターは、やはり中心的な担い手になっていくに違いない。総務省も、「第三セクター等の経営健全化等に関する指針」（2014年8月5日）において、「民間企業の立地が期待できない地域における産業の振興や雇用の確保」や「公共性、公益性が高い事業の効率的な実施」においては、第三セクターの活用が有効な場合があると、期待を覗かせる。ただし、かつての第三セクターの反省を踏まえ、出資者として経営状況の把握・監査・評価を適切に行い、情報公開のほか、経営責任の明確化等に留意すべきだと注記することも忘れない。総務省が指摘するとおり、経営責任の明確化は特に重要であり、能力ある経営者に事業運営を任せるとともに、経営が思わしくなくても安易な公的支援をしない姿勢を見せ続けることも重要である。こうした基本的事項に留意した上で、官民共同出資会社による事業を進めるにあたっては、以下の3点が必要になろう。

第一に、共同出資相手となる民間企業は開かれた公募プロセスで選定すること。官民共同出資会社の目標や目指すアウトカムは自治体が設定し、それに向けて協働できる事業パートナーは公募で選ぶ。審査にあたっては、外部の審査委員に委ねず、市民や地域の団体等にも入ってもらいながら、自治体自身の目でふさわしい相手かどうかを選ぶ。

第二に、官と民の役割分担を明確にすること。事業内容は官民が対等な立場で検討・計画するが、事業内容が決定したら、その実施は民間企業が主導するのが望ましい。官民共同出資会社は企画機能に限定し、事業の実施は別の事業体に委ねる方法も考えられる。企画や計画は市民とも連携しつつ共同出資会社がつくり、実施は企業の論理で合理的かつ着実に事業を推進できる体制にする。

第三に、撤退の条件を決めておくこと。難易度の高い事業であれば想定外の損害が生じることもある。たとえば、交通事業に取り組んだものの、思うように利用が伸びず赤字が続くような場合、いつまで民間企業に負担を求めるのかという問題が生じる。あらかじめパートナーとなる民間企業が負担する責任やリスクの範囲を定め、その負担を超える事態が生じた場合には撤退もやむなしとすることが必要となる。

以上見てきたように、ＰＦＩの導入以来の四半世紀にわたる官民連携の経験を通じて、官民双方は、お互いの作法を知り、付き合い方を学んできた。官民共同出資会社による事業実施についてやや詳しく述べたのは、それが長きにわたる官民連携の経験を経て辿り着いた、一つの到達点と考えるからだ。だからこそ、これまでの経験を活かし、第三セクターの失敗を繰り返さないように留意しつつ、官民共同出資会社による事業にチャレンジすることを考えたい。

答えのない時代である。国が計画を立て、上意下達に物事を進める時代は終わったが、それは産官民が対話しながら、手探りしつつ、それでも良かれと思う取り組みを進めていくほかない時代になったことを意味している。産官民が対等な立場で対話をしながら協生の方策を探り、地域を持続可能にするために必要なことを皆で力を合わせて実現する。そういう時代を私たちは生きている。

※1　民間資金等の活用による公共施設等の整備等の促進に関する法律。
※2　川崎市「等々力緑地再編整備に関する取組み」　https://www.city.kawasaki.jp/kurashi/category/26-8-5-8-0-0-0-0-0-0.html
※3　Built Own Operateの略。ＰＦＩの一方式で、民間事業者が施設の建設後も所有権を持ち続け、事業終了後に施設を解体・撤去するなどの方式。
※4　富津市「第2期君津地域広域廃棄物処理事業」　https://www.city.futtsu.lg.jp/0000006587.html
※5　地域公共交通の活性化及び再生に関する法律。
※6　官が土地や軌道等の基礎インフラを保有し、民間に無償貸与する手法。
※7　「わが国における認知症の経済的影響に関する研究　平成26年度 総括・分担研究報告書」（厚生労働科学研究費補助金（認知症対策総合研究事業））　https://mhlw-grants.niph.go.jp/project/24159

CHAPTER

第3章

コンヴィヴィアル・シティを実現する8領域の具体策

3-1

コンヴィヴィアル・シティに必要な視点

本章で取り上げるテーマとその背景

とある地方中核都市から小一時間ほどの、人口5万人ほどの市で、優秀な人はみんな外に出ていってしまうので、ロクな人間が残らないのだという話を何度も地元の人たちから聞かされた〝優秀な人〟とは、中学校・高校で成績が良かった、いわゆる〝デキる子〟のことを指す。勉強のできる子が、より良い学びの機会を求めて地元を離れるのは致し方ないことだが、問題は、地元に留まる人がデキない人と見なされてしまうことだ。人をくさすだけではない。自分自身にも誇りを持てていない。大都市に引け目を感じ、生まれ育った場所にも、そこに留まる自分にも誇りを持てない。この自尊感情、シビックプライドの低さは、多かれ少なかれ、多くの地方に共通する。

大都市、とりわけ首都・東京への劣等感と自尊感情の低さは、僻みや嫉みに転化し、自由に生きようとする個人の抑圧へと向かいやすい。自分が充足していないから、人の充実を許せないのだ。そんな状態では個人の自由や自律、ましてや地域の自律もない。だから、根っこにある劣等感と自尊感情の低さを克服し、シビックプライドを醸成していかなければならない。

劣等感と自尊感情の低さは、経済面や文化面での都市との格差に起因する。その格差を解消したいとの思いで書かれたのが、田中角栄の『日本列島改造論』（1972年）である。この骨太の国家構想は、その後の地域振興策の基本路線となっていく。交通・エネルギー・防災・文教・医療・住宅などのインフラ整備をして、地方の利便性・居住環境を改善するとともに、工業団地を造成して企業を誘致し、雇用を創出した。インフラ整備は土建の仕事を多く発生させ、それは地方の重要な収入源・雇用元となった。地方は便利で豊かになり、1人あたりにすると都市に負けないほどの施設ができ、収入格差も縮まった。だが、それでも若者は都市を目指して出ていった。

何が間違っていたのか。

都市を目指して自己改造を繰り返すなかで、地域のアイデンティティを失っていったことに問題があったのだと思う。それぞれの地域には、その土地に長く続いてきた独自の経済や文化があった。貨幣経済とは別の、物々交換・贈与による互酬経済があり、暮らしの中で紡がれてきた民衆芸術や民俗文化などの生活文化があった。これら土着の経済や文化をベースに、都市とはまた別の魅力や価値を感じられる暮らしができるような仕組みをつくっていければ良かったが、都市的な価値観で地域が染め上げられるなかで土着のものは価値を失っていった。

だとすれば、これから重要になるのは、その土地ならではの魅力や価値を再発見・再評価していくことだ。奄美の島唄の伝統を源流にしながら、現代に通じる音楽を生み出した元《はじめ》ちとせのように、土着と現代を接続する経済と文化のシステムを築き上げることが求められている。

自律協生化《コンヴィヴィアリゼーション》のプロセスは、このような土着の再発見・再評価と接続する地域づくりの営みから始まる。それは「新しい土着」の発明と言い換えてもいいだろう。

新しい土着に必要なものは何か。何より政治や経済がどうなろうが食べていける食の基盤、生きていることの豊かさと喜びを実感できる食の基盤があることが前提になる。だから最初に「食」のありようを考える。そして、安全で快適な暮らしを続けていくために必要なインフラとお金を維持・確保してゆく上で重要な「エネルギー」「モビリティ」「インフラ」、そして外貨獲得手段としての「観光」を例に考えてゆく。以上は、自律協生社会の条件である「持続可能性(循環)」と「自律分散」を実現するための重要な要素でもある。

自律の前提は協生である。人は1人では生きられない。とりわけ病気・障害・高齢などを抱えたときに、安心し、人間としての誇りを持って暮らしていけるような支え合いの仕組みがあることが重要だ。この点については、「高齢者ケア」を例に考える。また、自律協生の人づくりの観点から、「学校教育」と「アート」を取り上げる。学校教育は、どうしても「正解を教え、正解を探す」ための場所になりがちだ。それに対し、正解よりも表現を問うのがアートである。だからアートには、学校教育の結果として生まれる正解神話や正解信仰を脱臼する力があるし、それらが根づいた地域には、個人の表現を尊重し、自由で寛容な風土が育つことが期待できる。以上は、「みずみずしい関係」や「自由と寛容」を実現する上で重要な要素となろう。

これらで必要な要素を網羅できているわけではない。上下水道や通信や廃棄物関係、それに医療など、重要な要素はまだまだあるが、紙幅の関係もあり、本章ではまずはここに挙げた事項を例にコンヴィヴィアル・シティを実現する自律協生の地域づくりの方策を具体的に考えてみたい。

地域概念をアップデートする「テリトーリオ」という考え方

ところで、「地域づくり」というときの「地域」とは、何を指すのか。通常は、自治体や自治会、街区、学区などを「地域」の単位として思い浮かべるだろう。だが、コンヴィヴィアル・シティの実現には、もっと広域の、自治体の枠を超えた地域で考えることが必要になる場合もある。その際に参考にしたいのが、1980年代以後のイタリアで用いられるようになった「テリトーリオ」という地域の概念である。

テリトーリオは、文化的・経済的なまとまりを持つ一定の地域のことを言う。※1 英語のterritory（地域、領土、領域）と同義だが、もともとは衰退する地方都市の再生にあたって、周辺の田園地帯や農山漁村も一体的に扱うべきだとの考えから生まれたものだ。田園地帯や農山漁村は都市への食料その他の供給基地となり、逆に都市は、都市を目指してやってくる人々を田園地帯や農山漁村に送り出す中継点になる。そして、双方が一体的に域外から人を呼び寄せる努力をすれば、地域全体で〝外貨〟を稼ぐことができる。域内で物資や人の交流が盛んになれば、稼いだ外貨を域内で循環させることができ、地域全体が経済的にも文化的にも活気づく。一つの自治体内に閉じていては限界があるが、複数の自治体が協力すれば、こうやって広域で一つの経済文化圏を築くことが可能になる、というのがテリトーリオのベースにある考え方だ。

テリトーリオを形成するには、共通する風景や食文化、歴史など、シンボルになる文化資本が必要になる。その文化資本に磨きをかけてゆくことで、テリトーリオとしてのアイデンティティが生まれ、その魅力に惹かれてやってきた人々との交流などを通じて、そこに暮らす人々が自らが暮らす地域を再発見・再評価し、誇りを持つようになるのである。

イタリアでは、1980年代以後のテリトーリオを単位とする地域振興策により、衰退していた地方都市とその周辺の田園地帯・農山漁村が、徐々に息を吹き返していったという。

テリトーリオの考え方は、自律協生の地域づくりを考える上で示唆に富む。特に、都市とその周辺を一体的に扱うところがいい。本章で取り上げるテーマのうち、とりわけ、「食」「エネルギー」「モビリティ」「学校教育」には、自治体の枠を超えた協生が求められるが、ここにテリトーリオを援用できないかと考える。たとえば、河川の流域には都市から過疎地までが含まれるが、流域を一つのテリトーリオと捉え、その中で自治体の枠を超えた協生を図っていくのである。いわば〝流域テリトーリオ〟を単位に、コンヴィヴィアル・シティを形成していくイメージだ。

以上を念頭に置きながら、次節からはテーマごとにコンヴィヴィアル・シティを実現する自律協生の地域づくりの具体策を考えてみたい。

3-2 食

人と人、人と自然の関係を結び直す

1 ― 産地の貧しさ

海に囲まれ、水が豊かな日本列島は、食材に恵まれている。それぞれの土地に美味しいものはいくらでもある。旅先で、土地の人と共に土地の食べ物を食べると、土地の豊かさと多様性に驚かされる。食を介してその土地の自然や人々とつながる実感は、何とも言えず満ち足りた気分にさせてくれるとともに、コンヴィヴィアルな幸福感をもたらしてくれる。

しかし、日本の食を巡る現状は対極的な状況になっている。マクロに見れば、それは食料自給率の低さとして表れている。飼料・農薬・肥料・資材などの原料も、そして農機具を動かすエネルギー源も、すべて輸入に頼っている。ミクロに見れば、それぞれの土地のものがその土地で食されていない現実がある。産地に行っても、その土地の旬の食材を、その土地ならではの調理方法・食べ方で食べさせてくれるような飲食店や宿と巡り会えなくて残念に思うことはしばしばだ。そもそも産地のものを産地で流通させるという体制になっていないのである。地元の産品は、高く買ってくれる大消費地に運ぶことばかりが優先され、地元での流通は二の次になっている。

経済学的には、生産するものは、より高く、より多く買ってくれるところに〝輸出〟した方がいいし、消費するものは、より安く生産されるところから〝輸入〟する方がいい。これを比較優位と言うが、この比較優位の原則を通すと、自給率は下がり、自律的な状況は失われる。輸入に伴う炭素の排出等の環境負荷の面でも、移送中の農薬や消毒薬の安全性の面でも、食品を輸入に依存することには問題が多い。しかも、テロや戦争やパンデミックなどでグローバルなサプライチェーンが機能しなくなると、途端に生産者も消費者も窮するリスクを抱えている。

もちろん、生産者にしてみれば、地産地消だけでやっていくのは無理がある。地域外への〝輸出〟は絶対に必要になるだろう。代々地域のものを原料につくってきた伝統を守りたくても、地域の資源が枯渇し、グローバルな原料調達に依存せざるをえないという状況もあるはずだ(たとえば、伝統工芸の漆器に使う漆は、今や海外産がほとんどだ)。グローバルなサプライチェーンを無視しろと言っているのではなく、グローバルなサプライチェーンとは上手に付き合いながらも、地産地消を進め、地域に根ざした食文化の振興を図ることが重要になってくるのである。地域で採れたもの・つくられたものを地域で食べるという、当たり前の営みを取り戻していく必要があるのだ。

2 ― 食の自律協生を実現したスローフード運動

食の自律協生を進める上で参考になるのが、イタリアのスローフード運動だ。スローフードという言葉は、1986年、ローマのスペイン広場にマクドナルドが進出したことをきっかけに生まれた。この言葉の生みの親であるカルロ・ペトリーニとその仲間たちは、人口3万人に満たないピエモンテ州の小さな町ブラで、アルチゴーラ（美食倶楽部）を立ち上げた。ファストフードが象徴する食の画一化・均質化に対抗するため、多様な地域の食文化を守るというのが、活動の趣旨だった。このブラでの活動を母体に1989年に設立されたのがスローフード国際協会である。

スローフード国際協会が掲げるスローフード運動のスローガンは、「GOOD（おいしい）、CLEAN（きれい）、FAIR（ただしい）」である。GOODは、「美味しく、風味があり、新鮮で、感覚を刺激し、満足させること」、CLEANは、「地球資源、生態系、環境に負担をかけず、また、人間の健康を損なわずに生産されること」、そしてFAIRは「生産から販売及び消費にわたって、全ての関係者が適正な報酬や労働条件にある、社会的公正を尊重すること」、をそれぞれ意味する。※2

スローフード運動のミッションは、第一に、食の均質化・画一化に抗し、郷土料理や伝統食材を守ることを通じて、生物多様性を保護すること。第二に、良質な食材を提供する小規模生産者と消費者を結びつけることを通じて、グローバリズムの中で生き残るのが難しくなっている小規模生産者を守ること。第三は、子どもを含めた消費者全体に食に関する普及啓発、とりわけ味覚教育を行うこと、すなわち、地域の多様で豊かな食文化を守るために、それを支える生産者を守り、次世代も含め消費者の食に対する感性を磨くこと、である。

スローフード国際協会は、このミッションを実現するためのイベントやプロジェクトを実施しているが、スローフード運動の本質は、運動の理念に共感した人々によるボトムアップの活動にある。理念に共感した人々は、自らの地元でスローフード国際協会の支部を立ち上げ、それぞれの地域でそれぞれの活動をする仕組みになっている。
支部のことをスローフード国際協会は、コンヴィヴィウム（Convivium）と呼んでいる。コンヴィヴィウムは、コンヴィヴィアリティ（自律協生）の語源Con-vivre（他者と共に生きる）と同じ意味を持つラテン語である。コンヴィヴィウムは自律的な組織で、活動の具体はそれぞれに委ねられている。スローフード国際協会自体が、自律協生的な組織なのだ。そして、自律協生のネットワークは世界中に広がり、現在では164カ国・約10万人のメンバーを擁するまでになっている。※3
コンヴィヴィウムの活動においては、職業も暮らしぶりも異なる人が一堂に会し、顔を突き合わせて食事をし、食に関して大いに語り合うことが重視されている。コンヴィヴィアリティに宴会・饗宴の意味があることはすでに述べたが、地域の仲間たちと共食し、饗宴すること。それがスローフード運動の核をなしているのである。
ここにあるのは、豊かな食は豊かな関係を前提とし、豊かな食は豊かな関係を育てるという信念である。共に食べることを通じて、人と人、人と自然の関係を再構築し、「おいしい、きれい、ただしい」を実現する食のバリューチェーンを守り育てていくこと。すなわち、共に食べることを通じた地域の食文化の回復・創造こそが、スローフード運動の本質なのである。それは食を通じた自律協生の地域づくりに他ならない。地産地消が暗黙の前提になっているのも、スローフード運動が地域づくりそのものだからだ。食を通じた自律協生の地域づくりを、スローフード運動は30年以上かけて実践してきたのである。

3 ― スローフード運動とテリトーリオ戦略がイタリアの田舎を蘇らせた

このスローフード運動とほぼ同時期にイタリアで広がったのが、本章の冒頭で述べたテリトーリオ戦略である。出自は異なるが、この二つは、実はとても相性がいい。

スローフード運動は、「地元」に十分な数の同志がいなければ成立しない。単一の自治体では狭すぎたり、リソースが限られたりするが、複数の自治体が構成するテリトーリオを単位とすれば、この限界は乗り越えることができる。たとえば、自治体を単位に有機農家のネットワークをつくろうとしても、集まる数は知れているが、テリトーリオを単位とすれば、数は確保しやすくなる。一つの自治体に平均20人の有機農家しかいないとしても、五つの自治体で集まれば100人のネットワークになる。自治体の枠を超えて協生することの強みだ。

生産者の多様性が高まるのも、テリトーリオを形成することのメリットである。A市は米が中心だが、B町は野菜や果樹が盛ん、C村は酪農、ということはままある。このような場合、自治体単位で食の自給率を高めようにも無理がある。三市町村を一つのテリトーリオとして一体的に捉え直すことで、初めて米、野菜、果物、肉のバランスのとれた食の自給が可能になるのである。

テリトーリオを単位に食のブランドをつくり、育てていけば、生産者から流通業者までが利害関係を共有できる仲間となる。イタリア・トスカーナ州のワインのブランドとして知られるキャンティは、複数の自治体から構成されるテリトーリオだ。キャンティ地方では、自治体の枠を超えて生産者や流通事業者が連携することで強いブランドをつくり、輸出と観光で稼ぐモデルをつくっ

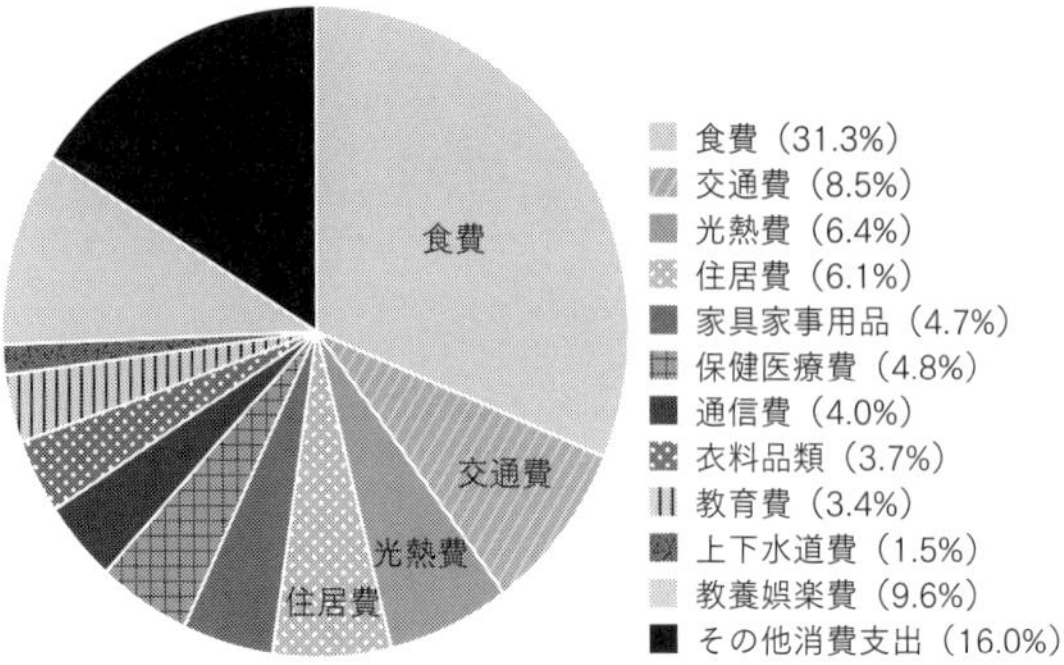

図1　家庭の消費支出の内訳（2022年平均、2人以上の世帯）
（出典：総務省「家計調査報告（2022年）」をもとに筆者作成）

た。そして、農村観光（アグリツーリズモ）に力を入れて外から人を呼び寄せ、キャンティ地方のワインと食を組み合わせて楽しんでもらう、新しい観光のスタイルを確立したのである。イタリアでは、地元のワインと食材の組み合わせを楽しむ新たな食文化観光のスタイルを「エノガストロノミア」（エノはワインの意）と名づけて振興したが、エノガストロノミアの興隆がイタリアの農村地帯の再生に寄与したと言われている。[※4]

4　地元のものを食べるべき理由

総務省の家計調査によると、親と子からなる平均的な家庭で、食費は家計の消費支出のうち3割超を占める［図1］。実は、日常的な消費の中で最も大きなポーションを占めるのが食費なのである。地元のものを食べるべき経済学的な根拠がここにある。

スーパーで売っている地域外の農産物や全国チェーンの飲食店で食べると家計から支払われた食費は地域外に流出してしまうが、地元のものを食べていれば自分の払ったお金は地元に還元され、地元でお金が回るようになる。家計の約3割を占める食費が地元から漏れ出ることなく、地元を巡るようになれば、地元の経済状況は間違いなく好転するだろう。観光客など外部から来た人が地元のものを食べたり買ったりしてくれれば、外貨も入ってくる。だから、人口減少下で経済を回すてっとり早い手段は、地元の人が地元の産品を食べ、地元以外の人に地元のものを食べてもらうことなのだ。

地元のものを食べることの意味は、経済的なものだけではない。地元で美味しいものが食べられるという事実は、地元に対する愛着を生む。美味しいものをつくってくれる人が地元にいて、そういう人と顔の見える関係でつながっている実感は、地元に対する誇らしい気持ちをつくるのである。

5 ｜ EAT LOCAL KAGOSHIMAの取り組み

2000年初頭にスローフード運動が日本に入ってきてから、食を媒介にした地域再生の取り組みが各地で生まれている。その実例の一つとして、鹿児島を舞台にした「EAT LOCAL KAGOSHIMA」（以下、ELK）の取り組みを紹介したい［図2］。

ELKは、株式会社そらのまちと株式会社無垢の代表取締役でNPO法人薩摩リーダーシップフォーラムSELF代表理事でもある古川理沙さんが進めているプロジェクトだ。

古川さんは、霧島市の日当山《ひなたやま》地域で「日当山無垢食堂」を運営している。日当山無垢食堂では、鹿児島県内の生産者との顔の見えるつながりの中で仕入れる食材だけを使う点に特徴がある。添加物や加工品を使わず、食材本来の美味しさを味わえる味付けも売りだ。盛り付けや色味も美しく、食べる前から気持ちを浮き立たせてくれる。古川さんはこの食堂を、県内の食材のショールームと位置づけている。県内にはさまざまな生産者がいて、多様な食材がある。あまり普及していない野菜や昔からあるけれど若い人は知らない食材もある。知ってもらうには食べてもらうのが一番だ。味や食

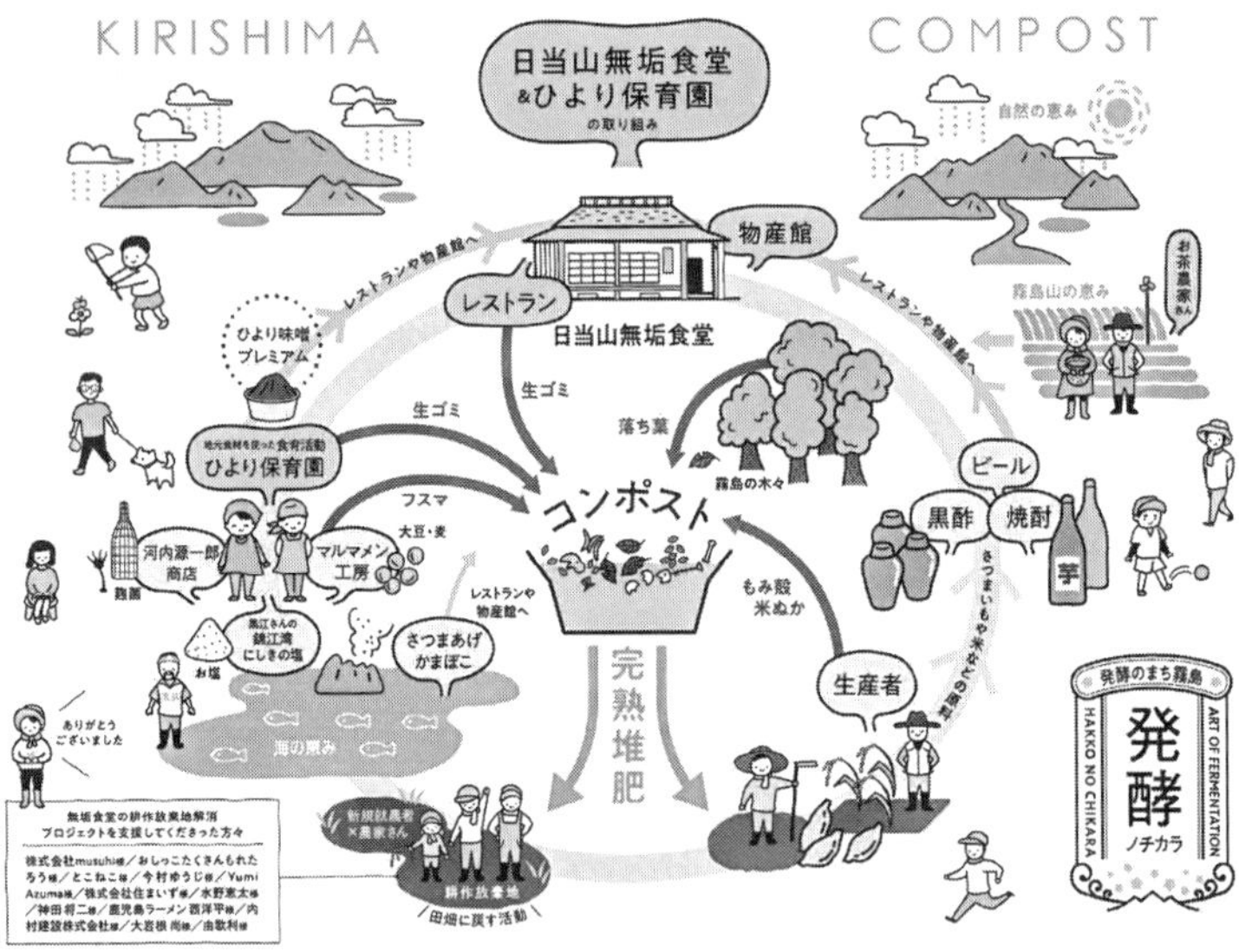

図2　EAT LOCAL KAGOSHIMAの取り組み（提供：日当山無垢食堂）

べ方がわかれば、使ってみようという気にもなる。食堂は県内の食材との出会いの場なのである。

日当山無垢食堂のレストランには食料品・雑貨を扱う物産館が併設されていて、県内各地から厳選したものを買えるようになっている。調理過程で出る食材クズや生ゴミは、地域の中から集められる落ち葉や籾殻・米ぬか・フスマ（小麦の外皮と胚芽）等と合わせてお店のコンポストで完熟堆肥化される。完熟堆肥は取引のある生産者に戻されるので、小さいけれど循環が成立している。

古川さんは、同じ霧島市で「ひより保育園」も経営している。ひより保育園は、食育を重視した保育園で、園児たちは小さいうちから包丁を持ち、自ら調理に参加し、県内の生産者たちの食材に触れ、添加物や加工品に頼らない調理方法を学ぶ。味噌などの調味料もみんなで手づくりする。もちろん、ここから出る生ゴミも食堂のコンポストに投入される。このほか、鹿児島市内の商店街の中に惣菜店と併設の都市型保育園「そらのまちほいくえん」を経営するなど、活動は広がりを見せている。

古川さんの活動を貫くのは「食べることは生きること」という信念だ。その信念のもと、食のあり方や循環をあらためて見つめ直し、県内の自給率向上や生産者・生活者・提供者のつながりや、学びの場をつくっていくためのムーブメントとしてELKに取り組んでいる。スローフード運動がやろうとしてきたことのすべてが、この小さな、しかし雄大な構想の取り組みの中に詰め込まれている。しかも、自治体に閉じずに鹿児島県全体を舞台にしているところがテリトーリオ的だ。

ひより保育園やそらのまちほいくえんでは、自律性・主体性を育むように子どもと接している。大人が教えるのではなく、共に学ぶ姿勢、共に楽しむ姿勢がスタッフにはある。食を真ん中に置きながら、自律的・主体的な子育てを行い、食を通じて県内各地の人々をつなぎ、自給率を高めて、鹿児島を盛り立てようとしている。

3-3

エネルギー

分散・協調型システムへの再編

1 — 人々の手から離れたエネルギーシステム

人が生きていく上で不可欠なのがエネルギーだ。煮炊き（調理）と暖房と照明と動力にエネルギーを用いることで、人類は多様な環境に適応して生きられるようになった。エネルギーの利用が人類の繁栄を促したと言える。長く人類が使用してきた植物性バイオマス（薪炭や草竹）や動植物の油脂、水力（水車）、風力（風車）、畜力などは暮らしと共にあるエネルギーであり、その利用にあたって、難しい理屈や専門技術は要しなかった。取り出せるエネルギーの量は限られており、天候に左右されるなど必ずしも思い通りになるエネルギーではなかったが、民衆が自分たちで生み出し、自分たちで管理できるという意味で、自律的なエネルギー源だった。

しかし、化石燃料と内燃機関の発明によって、この状況は一変する。人類はそれまでには考えられなかったほどの圧倒的なパワーのエネルギーを手に入れ、生活も豊かになったが、一方で、化石燃料の採掘にも内燃機関の製造にも資本力を必要としたため、その供給を担えるのは国家や少数の資本家たちに限られた。とりわけ、電気の時代になり、少数の大規模な発電所で発電して送電線で電気を供給するシステムが当たり前になったことで、エネルギーシステムへの依存が進んだ。このため、災害やテロ、あるいはシステム障害などで電力会社が運営する発電所や送配電網が機能しなくなると、途端に電気を使えなくなってしまう。

電化が進み、電気への依存度は高まっているが、肝心の電気自体は自分たちではいかんともしがたい。これは大きなリスクである。

そこで、自立した電力供給源を持とうと、建物や街区を単位に自家発電システムを導入するケースが増えた。いざというときにはオフグリッド（電力会社の送配電網から切り離された形）で電力が供給できるので、有事にも安心だ。たとえば、2003年に開業した六本木ヒルズは同敷地内の必要エネルギーを100％賄うことのできる自家発電設備を備えている。このため、2011年夏、その年の3月に発生した東日本大震災の影響で多くの発電所が停止し、首都圏を中心に大規模な計画停電が行われた際にも、六本木ヒルズでは終日、普段通りのオペレーションができたのである。道を挟んだ街区が停電しているときにも、明かりが煌々と灯る六本木ヒルズの姿は印象的だった。

2―分散型システム見直しの潮流

東日本大震災以降、災害などの危機に強いレジリエント[※5]な国土を実現するために、分散型のエネルギーシステムの実現が重要だという声が上がるようになった。従来の電力システムは、大規模な発電所で発電した電力を、全国に張り巡らせた送配電網を通じて需要家まで届ける集中型のモデルだった。集中型システムを追求することで、世界屈指の安価で安定的なエネルギー供給を実現してきたのが日本の電力業界だが、東日本大震災は集中型システムの脆弱性を露呈させた。

かつての日本では、地域ごとに小さな電力会社が存在し、発電や小売を担っていた。戦後、エネルギー供給の安定性を確保するため、電力会社を現在の10大電力会社[※6]に再編・統合し、小規模分散型のシステムを大規模集中型・一方向型として組織化し直したのである。確かにそれによって大量のエネルギーを効率的・安定的に供給できるようになったかもしれないが、地域の特性や需要家の都合に合わせた柔軟な運用はできなくなってしまった。生きていくために絶対に必要なエネルギーに関して需要家側がその制御・統制に関与できなくなり、電力会社のシステムに依存する以外の選択肢を持つことができなくなってしまったのである。安価で安定した電力と引き換えに失ったのが、エネルギーの自律だった。

2016年に電力小売事業への参入が完全に自由化されたことで、需要家の選択肢は増えた。今はいろいろな会社から電気を買えるし、グリーン電力（風力、太陽光など、再生可能エネルギーで発電した電力）や社会貢献要素のある電力を選択して購入することもできる。ただし、小売段階での選択肢は増えたが、電力会社に依存していることには変わりない。地域自らがエネルギーをつくりだすことに関わって初めて、エネルギーの自律が実現するのである。

留意すべきは、電気には同時同量の原則が求められるということだ。今、電気が安定的に供給されているのは、各電力会社が24時間体制で電力需要を予測しながら発電量の調整を行っているからだ。需給バランスが崩れると、周波数が乱れ大規模停電が発生する危険があるから、同時同量の担

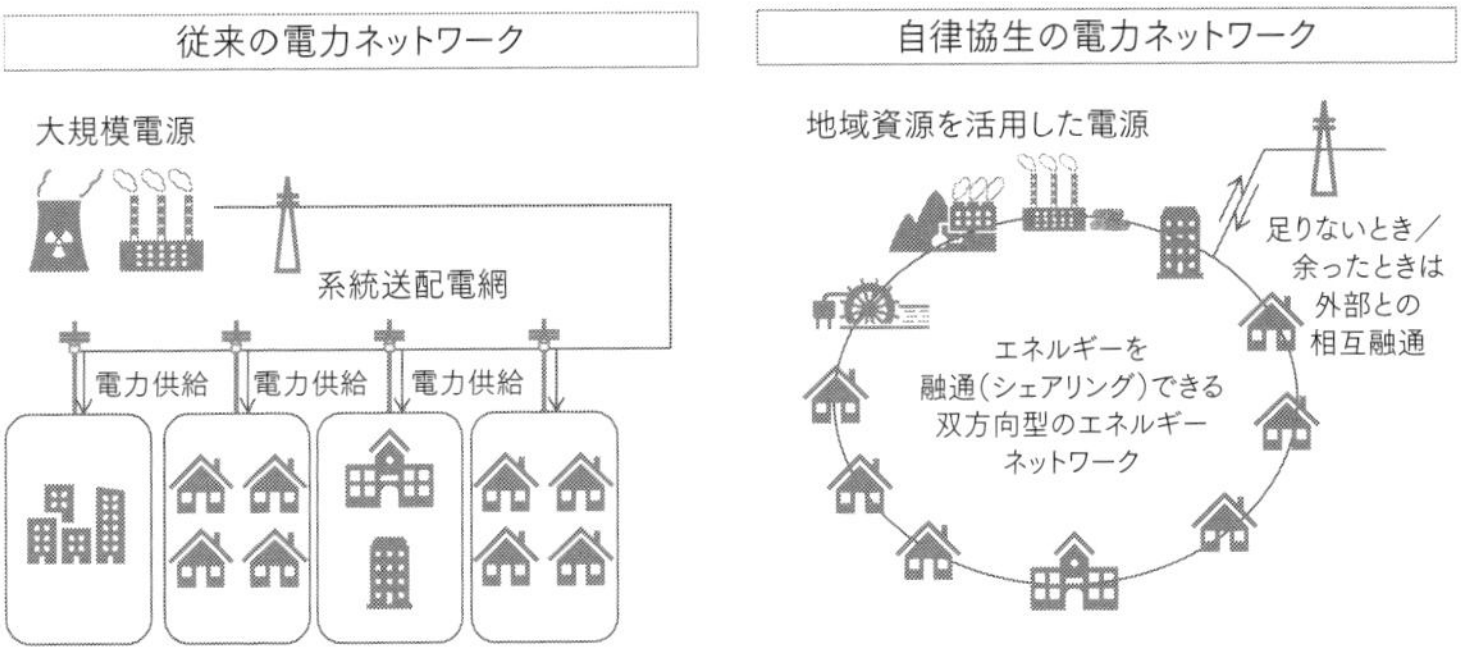

図3　自律協生の電力ネットワークのイメージ

保がエネルギー自律の前提になる。

同時同量の担保とエネルギーの自律を両立するには、地域自らが分散型の発電拠点を持つことに加え、他の地域と電力を融通し合える協調ネットワークを持つことが必要になる。電力会社が築いてきた集中管理型のエネルギーシステムに換えて、地域が主導権を持つ分散・協調型のエネルギーシステムに転換することが求められているのである。

3―分散・協調型のエネルギーシステムの具体像

分散・協調型のエネルギーシステムを構想する上で参考になるのが、現行の電力システムの中で認められている「特定供給」と呼ばれる仕組みである。特定供給とは電気事業法第27条の33に規定される「専ら一の建物内又は経済産業省令で定める構内の需要に応じ電気を供給するための発電等用電気工作物により電気を供給するとき」を指す。ここで言う「構内」に見なされるには、「電気を供給する事業を営む者が供給の相手方と経済産業省令で定める密接な関係を有すること」が必要で、「密接な関係」とは、一つの資本関係や組合などが組成されていることと解釈される。仲間内のコミュニティならば、自らが保有する発電設備で発電し、建物を超えて供給することが可能になるということだ。

この場合の発電設備や供給に必要な送配電網、需要家側の受電設備は、すべてこの仲間内のコミュニティが保有し、発電、送電、需給調整等もコミュニティが担うことになる。実際の運営実務は専門業者に委託するにしても、このような仕組みであれば、ある一定のエリアでのエネルギーの自律は可能になるのである［図3］。もちろん、そのエリア内で過不足が発生する場合は、大手電力会社の系統電力と協調できるので安心だ。

この特定供給の仕組みを利用しているのが、北九州市八幡東区東田地区の取り組みである。東田地区は、日本製鐵の工場敷地および隣接するエリア約120haを対象として、日本製鐵が保有している熱電併給設備（コージェネレーション）で、工場施設や周辺の商業施設・住宅等にエネルギーを供給している。敷地内の送配電網はすべてこのエネルギー供給を行っている主体の所有・管理であり、大手電力会社は関与していない。[※7]

4｜再生可能エネルギーの課題は協生で克服する

このように、現行のシステム下においても、特定供給の仕組みを使えば、地域がエネルギーで自律することは可能だ。しかし、地域に資源がなく化石燃料に依存する限り、本当の意味での自律にはならない。目指すべきは、地域の資源で生み出すことのできるエネルギー、いわゆる再生可能エネルギーへとシフトしていくことだ。

固定価格買取制度が導入されて以来、日本においても、森林、バイオマス、水力、風力、太陽光、地熱など、地域の資源を活かした再生可能エネルギーの導入が推進されてきた。再生可能エネルギーは、身近で自律的なエネルギー源であるが、大きなエネルギーを効率的に得ることは難しく、その割に初期導入費用が高いので、補助などがなければ採算が合いにくいことが課題である。また、太陽光や風力などは、気象に左右されるため発電量が安定せず、同時同量のバランシングが難しいという技術的な課題もある。

そもそも、エネルギー源となる資源の賦存量(供給可能量)に地域的なバラツキがあることが、エネルギーの地産地消を難しくしている。自然豊かな地域では、再エネ賦存量が豊富だが、居住人口が少なく、エネルギー需要も少ない。一方、都市部では、大きなエネルギー需要を満たすだけの再エネ資源がなく、地産地消は不可能だ。この地域ごとの需給不均衡は、地域間でエネルギーを融通することで解消するほかない。エネルギー需要の大きな都市部と再エネ資源の多い地域とが協生のネットワークをつくり、その中で自給率を高めるのである。ここで役に立つのが、本章の冒頭で述べたテリトーリオの考え方である。

エネルギーで協生するエリアを一つのテリトーリオと見なし、そのエリア内でエネルギーシステムをコモンズ(共有財産)とするコミュニティ(=エネルギー共同体)を形成するのである。隣接するエリアに限定する必要はない。エネルギーのテリトーリオは、送電線でつながっていれば、地域的には離れていても問題はない。今のエネルギーシステムは、どこの誰がエネルギーを生み出しているかなど誰も意識していないが、テリトーリオを単位にエネルギーの自律協生を実現すれば、どこで誰がエネルギーをつくり、エネルギーの過不足がどういう状態にあるかなどについて、多くの人が意識的になる。そういうなかから、人の行き来が生まれたり、エネルギー以外の産物の交易が始まったりといったことが起きることも期待できる。

5 ― エネルギーインフラはどうするか

地域内でエネルギーを自給するにも、地域間で融通するにも、電力ならば送配電網、熱ならば熱導管などのインフラが必要になる。従来は大手エネルギー会社が、これらエネルギーインフラの敷設および運用・管理を担ってきた。このため、どうしてもエネルギー会社、すなわち提供側の都合を優先したインフラの構成になる。東日本大震災によって分散・協調型のエネルギーシステムに注目が集まったが、それは同時に、すでに構築されている集中型のネットワークを分散・協調型に変えることの難しさを痛感させるものともなったのである。

分散・協調型のエネルギーシステムを構築するには、たとえば木質バイオマスならば、①燃料調達のサプライチェーン（伐採、搬出、運搬、加工）の構築、②地域内でのエネルギー創出（創エネ）、③特定供給などの仕組みに基づく地域内へのエネルギー供給、のそれぞれについて必要なインフラを整備するとともに、④エネルギー供給と需給調整を担う運営主体、を用意することが必要になる。また、⑤自律した地域同士の過不足を補い合うための広域なネットワークの形成も不可欠だ。

とはいえ、ゼロからインフラを整備し直す必要はない。電気事業法の改正により、2020年4月から発送電分離が行われ、送配電網は発電と小売から切り離された中立的な送配電事業者として独立することになった。これにより、誰もが対等な立場で送配電インフラを利用して、発電事業や小売事業を営むことができるようになったからである。しかし、現在の一般送配電事業者は、旧来の一般電気事業者との資本関係を有するグループ会社として分離されているだけで、完全な中立性・公共性を有する別会社とはなっていない。

既存インフラの投資回収問題も分散・協調型へのシフトを妨げる要因になっている。日本では、インフラ投資からエネルギー供給までを一括して一般電気事業者（＝電力会社）が担い、総括原価方式（インフラ投資額やその他の経費をすべて足し合わせたものを原価とし、そこに適正な利益を加えた金額を電気料金として設定する方式）でその投資分を回収するという方法をとってきたため、送配電部門と小売部門とを明確に切り分けることが難しいという事情もあるのである。

以上を踏まえると、今後、分散・協調型のエネルギーシステムに変えていくには、エネルギーインフラをより一層中立的・公共的な役割を持つものに変えていく必要があるのは明らかだ。この場合、道路などと同じく、インフラについては国や都道府県・地方公共団体などが公共財（公物）として整備・所有し、民間事業者はその上でエネルギーの供給管理のみを担う「上下分離方式」にするのが現実的だろう。

そもそも総括原価方式は人口減少局面ではうまく機能しない。人口が減り、電気の契約者が減ると、インフラの整備や維持管理に要する費用を賄うために電気料金を上げざるをえなくなるからだ。人口減少に合わせて送配電網や導管の集約化・効率化が図れればよいが、人の住む場所はそう簡単には集約化できないため、結局、人口の少ない地方部・郡部は手が回らなくなり、インフラの維持更新も劣後していくことになるだろう。今のままの体制ではそうなっていくことは明らかであり、上下分離方式でインフラの維持管理は切り離してしまうことが求められる。

6―デジタル化がエネルギーの自律協生を促進する

エネルギーの自律協生を促進する上で期待できるのがデジタル化だ。電気の同時同量のバランシングは、電力会社が24時間体制で需給調整をすることで実現しているが、これはデジタル化によりもっと効率化できる。

それを先取りするのがデジタルグリッド株式会社の取り組みだ。同社は、再エネをはじめとした電力取引のDXを推進するために、2017年に設立された東京大学発のスタートアップである。同社が運営するデジタルグリッドプラットフォーム（DGP）では、AIによる需給予測に基づく需給調整業務の自動化により、個人間を含め、発電側と需要側の拠点間での自由な電力取引を可能にしている。電気がどこでどのように発電され、どういう経路を辿ってきたのかを可視化する技術が、電気のきめ細かな取引を実現したのである。

エネルギーの自律協生は、このようなきめ細かな取引を実現するデジタル技術の存在により可能となる。エネルギーシステムをもう一度市民の手に取り戻すためにも、デジタル化は不可欠だ。

3-4 モビリティ

公共交通のコモンズ化

1 ― 風前の灯火の公共交通

地域を訪ねると、必ずと言ってよいほど課題として挙げられるのが、交通に関することである。バス・タクシー・鉄道が存在せず、あっても非常にその数・便数が限られ、マイカーがなければ実質的に生活できない地域が増えているからだ。人口減少と高齢化で運転できる人が減ったことで、モビリティ（移動性）の問題が前景化している。

国土交通省では、公共交通へのアクセスが乏しい地域のことを「公共交通空白地」と呼んでいる。明確な定義はないが、国土交通省の調査によると、1㎞以内に鉄道駅がなく、500m以内にバスの停留所が存在しない地域は居住地の3割、鉄道駅が500m以内、バス停が300m以内に存在しない地域は5割以上にのぼる（2011年国土交通省調査）。この定義では、1日1本でもバスや鉄道が走っていれば、公共交通空白地とは見なされない。だから、実態としての公共交通空白地は、もっと広い範囲に及ぶはずだ。そして、その範囲は今後、広がることはあっても狭まることはない。人口減少等による利用者の減少と運転手の不足で、公共交通を維持することが日に日に難しくなっているからだ。

特に厳しいのが鉄道である。ＪＲ北海道とＪＲ四国は特に深刻で、ＪＲ北海道は２０１６年11月に「当社単独では維持することが困難な線区について」と題するレポートを公表した。このレポートでは、線区ごとの経営状況や利用状況を明らかにした上で、「民間企業の事業として担えるレベルを超えた鉄道輸送サービスを持続的に維持していくためのコストを『誰がどのように負担すべきか』について、地域の皆様を始め国や関係機関を含めご相談させていただきたい」と真情が吐露されている。同じタイミングで、ＪＲ四国も各路線の利用状況を公表している。その６年後の２０２２年４月には、ＪＲ西日本が「ローカル線に関する課題認識と情報開示について」と題したレポートの中で慢性的な赤字に陥っている路線の収支状況を公表した。コロナ禍の影響で、鉄道各社は今まで以上に厳しい経営を強いられていることが浮き彫りになった形だ。

鉄道を廃線にする場合、バスに置き換えられることが多い。しかし、そのバスも地方圏では約９割が赤字で、撤退・縮小が相次いでいる。運転手のなり手がおらず、人手不足がバス業界では深刻な課題となっている。乗りたい人はいるのに、運転手不足から維持が難しくなっている路線が増えているのは全国的な傾向だ。タクシーも例外ではない。

自動運転のバス・タクシーや空飛ぶクルマが実用化されれば、少なくとも運転手不足の問題からは解放される。バスやタクシーの場合、運営経費の６割以上を人件費が占めると言われるが、自動運転になればその負担がなくなり、運行も楽になる。人間の運転手が不要になれば、今は運行できない地域にも運行できるようになる。そういう期待から、自動運転や空飛ぶクルマの実用化が待たれているが、それらが地方で当たり前のサービスになるには、まだまだ相当の時間を要する。それまでの期間をどう持ちこたえるか。それが問題だ。

2｜マイカーの功罪

公共交通が乏しい地域で頼れる移動手段は、もっぱらマイカーだ。若者のクルマ離れが言われて久しいが、それは駐車料金が高く、公共交通も整備された大都市圏でのこと。地方では20代でもいまだ免許保有者の約7割が自分名義のクルマを保有している。[※8] 一家に1台ではなく、1人に1台が当たり前なのが地方の現実だ。地方ばかりではない。神奈川県や千葉県などの大都市圏の近隣県でも、郊外ではクルマに頼った生活になる。

クルマがあれば、いつでも好きなときにどこにでも行くことができる。「自ら動く」という名のとおり、自動車は自律的な移動を可能にする手段だ。クルマを手に入れたことで、人は移動の自由を手に入れた。一方で、20世紀も後半になると、その負の影響が目立ち始めた。渋滞、交通事故、排ガスによる大気汚染やCO_2の排出、中心市街地、とりわけ商店街の衰退などだ。

外で遊ぶ子どももまちから消えた。どんどん車優先になるまちの中で、子どもが遊べる場所がなくなってしまったからである。大人にとってもまちは面白い場でなくなった。かつて商店街や市場が元気で、飲食店や小売店にも活気があった頃は、そこに行けば誰かに会えたし、新しい出会いもあった。しかし、今はそういう偶発的な出会いの場がまちの中にない。電車やバスでの移動なら、偶然、誰かに会うこともあるが、マイカーでの移動が主になると、目的地まで完全個室状態のため、途上での出会いの機会は減る。そうなると、その土地に住んでいるのに、住民と会う機会がほとんどないということになる。自律的なモビリティであったはずのクルマが、まちから賑わいや遊びや偶発的な出会いをなくし、協生の契機を奪う存在になっているのである。

そもそもクルマが自律的な移動手段だという物言いも、実は怪しい。クルマが自律的な移動手段たりえるのは、免許を持ち、クルマを持てる人だけだからだ。免許を持ってない人、クルマを運転できない人は、マイカー依存社会になった今の地方では、著しい不便を強いられる。高齢化の進行で免許返納後の高齢者の足の問題が取り沙汰されるが、障害者や子どもなど、自ら運転できない人の移動の問題は、実は地方ではずっとあった根深い問題だ。親族や施設などが送迎することで何とかしのいでいるのが現状だが、1人で移動できない人を多く生み出している現実を知ると、クルマが自律的な移動手段だなどとはとても言えなくなる。イリイチは『コンヴィヴィアリティのための道具』の中で自動車が人から自律を奪うと批判しているが、自律的な移動手段であったはずのクルマが自律を損なう状況を生み出していることに半世紀前から気づいていたのだ。

3―地方都市をシフトする方策

解決に向けた一つのヒントは、欧州にある。欧州の諸都市では、クルマがまちに与える悪影響に早くから自覚的で、まちを守るために中心市街地から自家用車を締め出したり、トラム（路面電車）を整備して徒歩と公共交通で移動できるようにしたりといった工夫と試行錯誤を重ねてきた。特に自動車が基幹産業のドイツで、そういう動きが自治体レベルで先行したことは特筆すべきことだ。そうして1970年代に一部の自治体で始まった公共交通回帰の動きは、90年代になって花開き、マイカーに頼らないまち、公共交通で移動できるまち、歩いて楽しいまちを目指して各自治体が競い合うようになった。

第2章でも触れたが、ドイツ語圏の国では、「シュタットベルケ」と呼ばれる自治体出資の公社が存在し、この公社が地域のためのエネルギー事業、通信事業、そして交通事業などのインフラサービスを提供する事業を手がけていることが多い。日本では「第三セクター」と呼ばれる形態だが、民間企業人を経営陣に迎えるなど、民間のノウハウを取り入れた経営を行い、日本の第三セクターが陥った放漫経営にならないようにガバナンスを効かせている点で、似て非なる組織だ。また、複数の事業を手がけ、公共交通のような儲からない事業をエネルギー供給のような儲かる事業の収益で支える仕組みになっている点もユニークだ。この事業構造により、人口数万人の小さなまちでも、トラムが整備され、マイカー要らずの移動が可能になっている。

欧州の地方都市でできるのだから、日本の地方都市でもできないことはない。公共交通にカーシェアやバイクシェア（自転車シェアリング）、電動キックボードなどの新しいモビリティサービスを組み合わせることで、まちなかの移動をスムーズにし、マイカーに頼らずに移動でき、かつ歩いて楽しいまちにすることが、これからの地方都市の目指すべき姿であり、コンヴィヴィアル・シティ実現に向けた基本戦略となろう。国土交通省も、遅ればせながら「ウォーカブルシティ（Walkable Ciry）」を称揚している。

ただし、それを成り立たせるには、まちなかでマイカーを駐車できなくするなどのマイカー締め出し政策が必要となる。地方都市では、市街地へのアクセスにはどうしてもマイカーが必要になるから、市街地の外側に駐車場を配備し、そこでクルマを預け、公共交通等でまちなかにやってくるパーク&ライド方式等を導入することが求められる。鎌倉市では2022年にパーク&ライドの実証実験を行ったが、鎌倉市で実現できれば広がりが期待できる。

4―公共交通を維持する方策

マイカーに頼らないまちづくりを進めようにも、肝心の公共交通が維持できなければ意味がない。鉄道、バス、タクシーが地方で存続するためにはどうしたらよいのか。

地方バス会社を傘下に収め、経営改善によりバス会社の再建を図っているみちのりホールディングスの動きなどを見ていると、バスやタクシーなら経営を立て直すことで何とかなる場合もあるのだろう。また、シュタットベルケのようにエネルギー事業などの他事業と組み合わせることで、交通事業の収益不足を補うことも重要になる。千葉県の銚子電鉄は、経営危機を乗り切るためにお菓子の製造販売を始め、人気となっている。

しかし、インフラにコストのかかる鉄道事業を持続可能にするには、もっと抜本的な事業構造の変革が必要になりそうだ。特に路線総距離の長い鉄道会社（JR各社と近鉄、名鉄、東武）は、早晩、赤字路線を維持していくことは難しくなる。

鉄道を維持していくには、第2章で述べた上下分離方式の導入が現実的な解決策になりそうだ。線路などのインフラの維持管理と鉄道の運行・運営業務とを切り離す方法で、たとえば自治体が線路や車両の維持管理を引き受け、運営は鉄道会社に任せるというようなやり方である。先に挙げたJR北海道のレポートでも上下分離方式が鉄道維持のための方策として提案されているし、500㎞を超える線路網を持つ近鉄では不採算路線の上下分離化を進めている。

上下分離と一口に言っても実際のあり方はさまざまで、近鉄もいろいろな方策を実施している。伊賀線(三重県伊賀市)、養老線(岐阜県西部・三重県北部)では、近鉄が線路を保持し、運営は自治体が支援する別会社に任せている(民民の上下分離方式)。一方、内部線・八王子線(三重県四日市市)では、線路と車両は四日市市に無償譲渡して管理を任せ、近鉄と自治体が出資する第三セクター「四日市あすなろう鉄道」を設立して、そこが運営を行う方式にしている(公有民営方式)。

パブリック(行政)とプライベート(企業)が負担を分け合うことで運営を持続可能にする点が、上下分離方式の要諦だ。四日市市の場合では、利用促進のための普及啓発活動や、美化・清掃活動という形で市民も積極的に関わっており、地元が主体となったさまざまな利用促進イベント(たとえば、沿線の飲食店の主催で実施したワイン列車など)も主体的に行われている。行政と企業と市民とがそれぞれに得意なことを持ち寄ることで、鉄道がみんなにとってのコモンズ(共有財)になりつつあると言えよう。

コミュニティ(民)が主導的な役割を果たし、新たなコモンズとして交通事業を立ち上げた例もあ

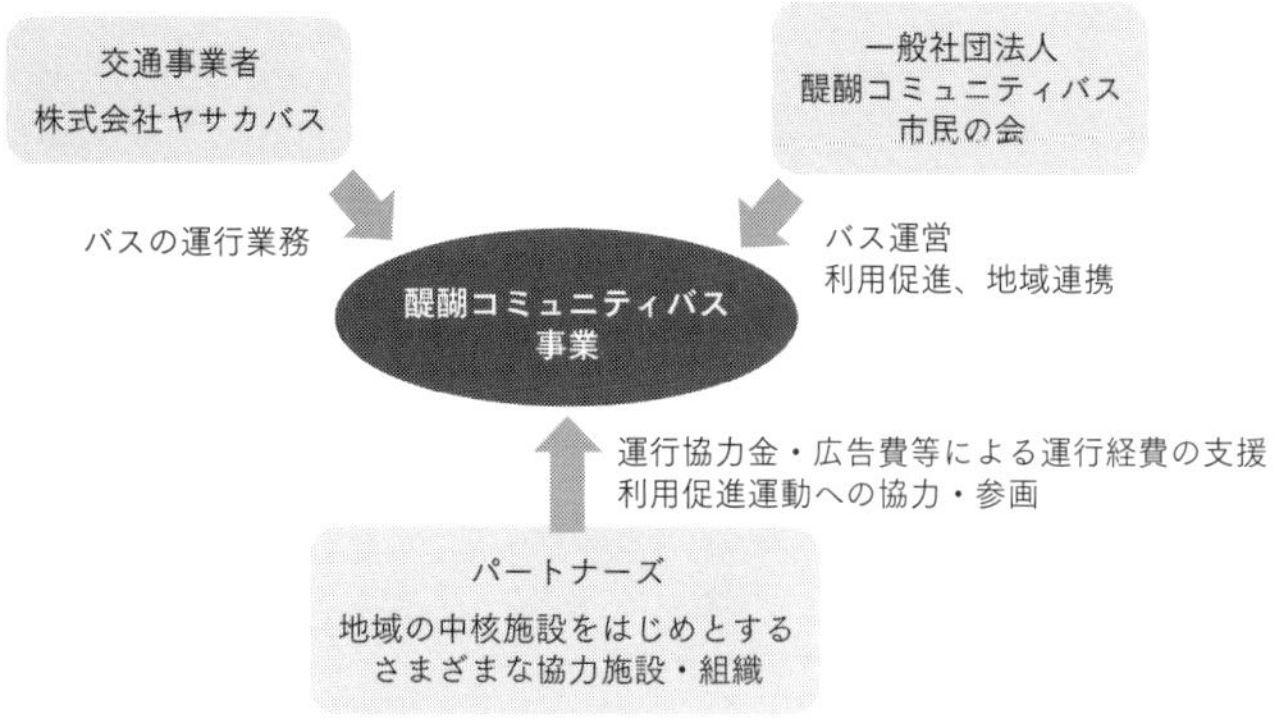

図4　醍醐コミュニティバスの運営の仕組み
（出典：「醍醐コミュニティバス」のウェブサイトをもとに、醍醐コミュニティバス市民の会の許諾を得た上で筆者作成）

る。京都市の醍醐コミュニティバスだ［図4］。この取り組みは、市バスの撤退をきっかけに、市民が立ち上げた「醍醐コミュニティバス市民の会」（2018年に一般社団法人化）の自主運行事業としてスタートを切ったものである。バスの運行業務自体はヤサカバスに委託されているが、時刻表やマップの作成、バスやバス停のデザインなど、さまざまな面で市民が参加しており、コミュニティ活動やボランティア活動などとの連携も進んでいる。

　資金面では、近隣の企業・事業者から協力金を募っている。とりわけ沿線の寺（世界遺産の醍醐寺）・病院・スーパーの三団体は、大口スポンサーとしてバスの運行を支えている。寺も病院もスーパーも、バスの存在によって恩恵を被るから、Win-Winの関係である。産と民の協生により、補助金に頼らない運行を可能にしているのである。

　醍醐コミュニティバスは、2004年に運行を開始。以来、延伸したり、車両を買い換えたりしながら、すでに20年以上運行が続いている。観光資源である醍醐寺を抱えるなど、単なる生活路線よりは恵まれた条件にあるとはいえ、補助金に頼らず、市民と地元企業・団体の力で公共交通を成立させている点、市民が運行主体であるため和気藹々とした雰囲気の中で運行が続いている点は、とても自律協生的だ。

これまで公共交通は、みんなが使えるという意味で公共的な乗り物だったが、その運営は、行政か（例：市営バス）、企業か（例：私鉄）に任せきりだった。しかし、そのやり方はもう限界が来ている。今後は、使いたいみんなで負担を分かち合いながら、維持していくほかない。行政と企業と市民がそれぞれ持ち寄れるものを持ち寄って、みんなの共有財として公共交通を維持するのである。公共交通を名実ともにみんなのものにして維持を図ろうという戦略だ。公共交通のコモンズ化と言い換えてもいい。このようなやり方がモビリティの自律協生の基本戦略となる。

5—外縁部ではどうするか

ただ、地方都市はそれで良いが、その周辺に広がる郡部、農山村や田園地帯、過疎地等の外縁部には、同じ方法は適用できないだろう。それらの地域では、人が薄く広がって住むため、路線ごとの運賃収入は期待できないし、鉄道やバスのような定時定路線、かつ大量輸送のための移動手段は見合わないからだ。沿線企業からの協賛金に期待するのも難しい。

バスや鉄道が成り立ちにくいエリアの移動手段として、近年、急速に導入が広がっているのが、デマンド交通である。デマンド交通とは、10人程度が乗れる比較的大型のバンタイプの車両を使った乗合タクシー（タクシーのように呼び出して使うが、バスのように乗合形式で運行される）のことを言う。導入が広がっている背景には、スマホで予約・決済ができ、コンピュータが効率的な運行ルートを割り出して配車するシステムの開発・普及がある。同じく配車システムの開発により爆発的に広がった自家用車の配車サービス（Uberを思い浮かべるといい）が、タクシー業界を敵に回して世界中で揉め事を起こしたのに比べ、デマンド交通は交通事業者に運行を委託する形が多いため、特に揉めることなく各地で導入され始めている（とはいえ、市町村が設置する公共交通会議での合意が必要になるので、簡単に運行できないのが難点だ）。

ただし、どこも経営的には厳しいのが実態だ。利用者が高齢者などに限定され、それゆえ運賃収入がさほど期待できないこと、その割に運転手の人件費・システム利用料・ガソリン代などの経費が嵩むこと、また、市町村単位での登録になるため市町村の境界を超えての移動ができず、かつ既存の公共交通の運行に影響がないよう運行範囲が設定されるため、必ずしも利用ニーズに即した運行ができないこと（ゆえに利用者が限定的になること）、利用者数と車両台数の最適なバランスを見出すのが難しいこと（ゆえに利用者の満足度を高めるのが簡単ではないこと）などが原因だ。

現地の状況にもよるが、デマンド交通を持続可能にするには、最低限、以下の条件を満たすことが必要になると考える。

・市町村境界でなく、生活圏での移動ニーズをベースに運行範囲を決められるようにすること
・バスやタクシーなどの既存の公共交通事業者が存在する場合、デマンド交通の存在を前提に地域交通網の最適化を図ること

・待ち時間が苦にならないよう結節点となる場所に待合所を整備すること（モビリティハブ）
・都市部に運営コストの一部を負担してもらうこと

これらを実現する上では、本章冒頭で紹介したテリトーリオの概念がよく馴染む。複数の市町村からなるテリトーリオを単位にすれば、公共交通の使い勝手は良くなるはずだからだ。

テリトーリオを単位とすることで、経費負担にも新しい道が開ける。テリトーリオは地方都市を含む形で組成されるが、都市部では前述したように、まちなかにクルマが入れないようパーク＆ライド方式にする。その際、この都市外縁部に配備する駐車場の収益をそのさらに外側に広がる地域におけるデマンド交通の運行経費の補填に用いるのである。このように、都市部に集まるお金を周辺部に還流する仕組みをつくり、全域が潤うような協生の形をテリトーリオ内でつくれると良い。

都市との連携は何もテリトーリオ内に限らない。たとえば、地元を離れ、都会で暮らす子どもたちに月々1〜2万円を払ってもらって、それをデマンド交通の運行経費に充てる。そうして支援をしてくれる子どもたちには、その対価として、老父母の外出記録や送迎時に聞き取った暮らしの様子をレポートし、子どもたちが老父母の様子を遠くから見守れるようにする。※9 そのようなやり方で都市との協生を図ることができれば、今は補助金頼みのデマンド交通を、より持続可能な形に近づけることができるだろう。

このように、都市の外縁部では、都市との協生によって交通を成り立たせる道を探る。この場合、テリトーリオは協生のプラットフォームとして機能するのである。

3-5

インフラ

リスクとコストを最小限に抑える技術と仕組みの開発

1―維持管理が難しくなっていくインフラ

道路や治山治水施設等のインフラの維持管理は、行政にとって頭の痛い問題だ。人口が減り、財政も厳しくなるなかで、維持管理のコストを負担することが難しくなるからだ。全国津々浦々につくってきた道路や防災施設（ダム・堰堤・堤防等）が耐用年数を迎えているなかで、その維持管理や更新をどのように進めていくかが大きな課題となっている［表1］。

道路や防災施設等のインフラの維持管理は、原則として公共事業で行うのが妥当だ。だが、歴史を振り返れば、公共事業によるインフラ施設の整備が全国津々浦々に行き届くようになったのは、1960年代の高度経済成長期以降のことである。それ以前は「住民参加／協力」が前提の仕組みであった。まずは、先人たちがどのようにインフラを整備し、維持管理してきたのかを見てみよう。

2―道普請：住民自ら維持管理

「道普請《みちぶしん》」という言葉を聞いたことがあるだろうか。「普請」とは、普《あまね》く人々に請い、共に力を合わせて労役に従事し、事をなすことを言う。もともとは仏教用語だが、それが次第に土木工事・建築工

建設後50年以上経過する社会資本の割合[注1]	2020年3月	2030年3月	2040年3月
道路橋 [約73万橋（橋長2m以上の橋）]	約30％	約55％	約75％
トンネル [約1万1千本]	約22％	約36％	約53％
河川管理施設（水門等） [約4万6千施設[注2]]	約10％	約23％	約38％
下水道管きょ [総延長：約48万km]	約5％	約16％	約35％
港湾施設 [約6万1千施設[注3]（水域施設、外郭施設、係留施設、臨港交通施設等）]	約21％	約43％	約66％

注1：建設後50年以上経過する施設の割合については建設年度不明の施設数を除いて算出した。
注2：国：堰、床止め、閘門、水門、揚水機場、排水機場、樋門・樋管、陸閘、管理橋、浄化施設、その他（立坑、遊水池）、ダム。独立行政法人水資源機構法に規定する特定施設を含む。
都道府県・政令市：堰（ゲート有り）、閘門、水門、樋門・樋管、陸閘等ゲートを有する施設および揚水機場、排水機場、ダム。
注3：一部事務組合、港務局を含む。

表1　老朽化するインフラ（出典：国土交通省インフラメンテナンス情報「社会資本の老朽化の現状と将来」をもとに筆者作成）

事のことを指すようになり、工事に関する費用の寄付募集の意味でも用いられるようになった。「道普請」とは、地域の重要なインフラである道路や橋等の整備・維持管理に地域住民の労役を募ることを指す。

図5は、1965年頃の埼玉県比企郡嵐山町での写真だが、地域の人々が自分たちで普段利用する道や橋の維持管理を行っていた様子がうかがえる。地域住民は基本的にはボランティアで参加し、作業後には皆でおにぎりを食べるのが楽しみであったという。自律協生の源流となる精神がここにはある。

3　現代にも受け継がれる道普請の精神

現代でも体系的に道普請が活用されているのは、世界遺産・熊野古道である［図6］。多くの観光客が訪れ、傷みがちな熊野古道を維持管理していくために、和歌山県が2009年から現代の道普請をプログラム化した。修繕に必要な資機材は県が提供し、保全活動に賛同する企業・学校・地域住民などのボランティアを募って、維持管理のための作業を皆で行うのである。

ポイントは、維持管理の担い手として、地域住民のみならず企業や学校といった新たな主体を迎え入れたことである。地域住民の共有財産（コモンズ）だった熊野古道を地域外にも開かれたコモンズにアップデートさせることで、持続的に維持管理できるようにしているのである。地域のインフラだからといって、必ずしも地域住民ばかりがその維持管理の担い手になる必要はないのだ。

図5　槻川橋附近での道普請の様子（1965年撮影）
（提供：嵐山町教育委員会）

図6　熊野古道での道普請の様子
（出典：「熊野古道の修繕を行う『道普請』。世界遺産を守るため、官民一体で取り組む活動とは｜株式会社日本ユニストのストーリー｜PR TIMES STORY」2022年10月19日）

熊野古道の場合、世界遺産というブランドもありボランティアを集めやすかったという面はあるだろうが、必ずしもブランドや知名度が必要なわけでもない。そこに都会ではできない体験があれば、お金を払ってでも人はやってくる。

道普請は、かつては当たり前に見られたものだが、今の若い人には新鮮に映るし、面白くも感じるのだろう。CSRやSDGsの普及で、地域に貢献したいと考える企業も増えている。高齢化と人口減少の進展で、地域に住まう人だけでは担いきれなくなった維持管理の仕事を、外部の人や企業に開くことで持続できるようにする。居住地や職業に関係なく、それこそ普請の字義どおり普く助力を請うことで、地域を人が住める場所として保つ。このような発想がますます必要とされている。

4―流れ橋：自然に逆らわない設計思想

古来より、雨が多く、かつ、急峻な地形が多い日本では、治水に悩まされてきた。近代化以後は、近代土木技術（コンクリート）を積極的に導入して河川整備や干拓が進められたが、完全に水をコントロールすることはできず、台風や豪雨による堤防の決壊で洪水被害が発生することもしばしばだった。近年はゼロリスク志向に基づき、「上流のダムから、下流域までを含めて、洪水災害を徹底的に防ぐ」という設計思想で対策が検討されている。しかし、これからの人口減少時代を見据えたとき、全土でゼロリスクを目指す今の対策方向はオーバースペックなだけでなく、とても持続可能ではない。だとしたら、今後、私たちはどのように対処していくべきなのか。

そのヒントを与えてくれるものの一つが「流れ橋」である［図7］。流れ橋とは、橋脚の上に設置

図7　流れ橋（上津屋橋）
（出典：「お茶の京都」Photo Library、https://www.kyotoside.jp/formedia_photo_ochano kyoto/）

される橋桁《はしげた》が固定されておらず、洪水などの際に流されることを想定した橋のことを指す。橋脚と橋桁を固定してしまうと、橋脚にかかる水圧が必要以上に大きくなり、場合によっては橋脚も損傷する。橋脚が損傷すると復旧には多大な時間を要するため、橋脚と橋桁をあえて固定せず、橋桁を先に流してしまう構造になっているのが流れ橋だ。橋脚が無事なら、洪水が収まった後に橋桁を上から被せるだけで通行可能となるので、復旧に要する費用と時間の軽減につながる。

　自然に無理して逆らうことはせず、いなせるところはいなすことで、自然の猛威をやり過ごすという流れ橋に見られる姿勢は、土木技術が十分に発達していなかった近世以前の土木工事に共通して見られた姿勢であり、方法である。それらを今一度見直してみるべきだろう。

5　リスクコミュニケーションのパーソナライズ化

　治水に悩まされてきた日本では、増水・洪水・氾濫といった被害が生じやすい地域に「龍（竜）」「蛇」「荒」などの地名をつけることで、災害のリスクが高い地域であることを識別できるようにしてきた。地名が暗黙のリスクコミュニケーションとなってきたのである。長くそこに暮らしてきた人々は、決してそういう場所に家を建てようとはしなかったが、戦後の急激な人口増加と住宅難、開発に伴う地名・地番の変更などで、土地の人が受け継いできた暗黙のリスクコミュニケーションが通じなくなってしまった。その結果、本来は建てるべき場所でないところにも家が建っている。

人口が増加していた時代には、それも致し方なかったことかもしれないが、人口が減り、住宅が余り始めた現在、居住地の選択肢は相対的に増えている。今後は、住民1人1人が自身が暮らす地域のリスクを見極めながら、住まうべき場所を自律的に判断していくことが必要になろう。

その一助となるのが自治体が作成しているハザードマップだが、現行のハザードマップは必ずしも万全な資料とは言い難い。250mメッシュでのリスク表示が粗すぎるなどの表示の問題と、そもそものリスク算定の前提に難点がある問題の大きく二つの課題が挙げられるが、いずれにせよ、個人が自律的な判断を下すに足るほどの情報になりえていないのが今のハザードマップである。もっときめ細かく表示され、かつ、リスク算定の前提も公開されることで、個々人がそれぞれのリスク許容度等に合わせて住む場所を選択することが可能となる情報開示が求められている。

この点で参考になるのが、アメリカのFirst Street財団が公開しているアプリ「Flood Factor」である。洪水はアメリカ国民にとって最も身近な自然災害であるため、連邦緊急事態管理庁（FEMA）が洪水ハザードマップを作成している。しかし、日本のハザードマップと同様、個々の物件レベル

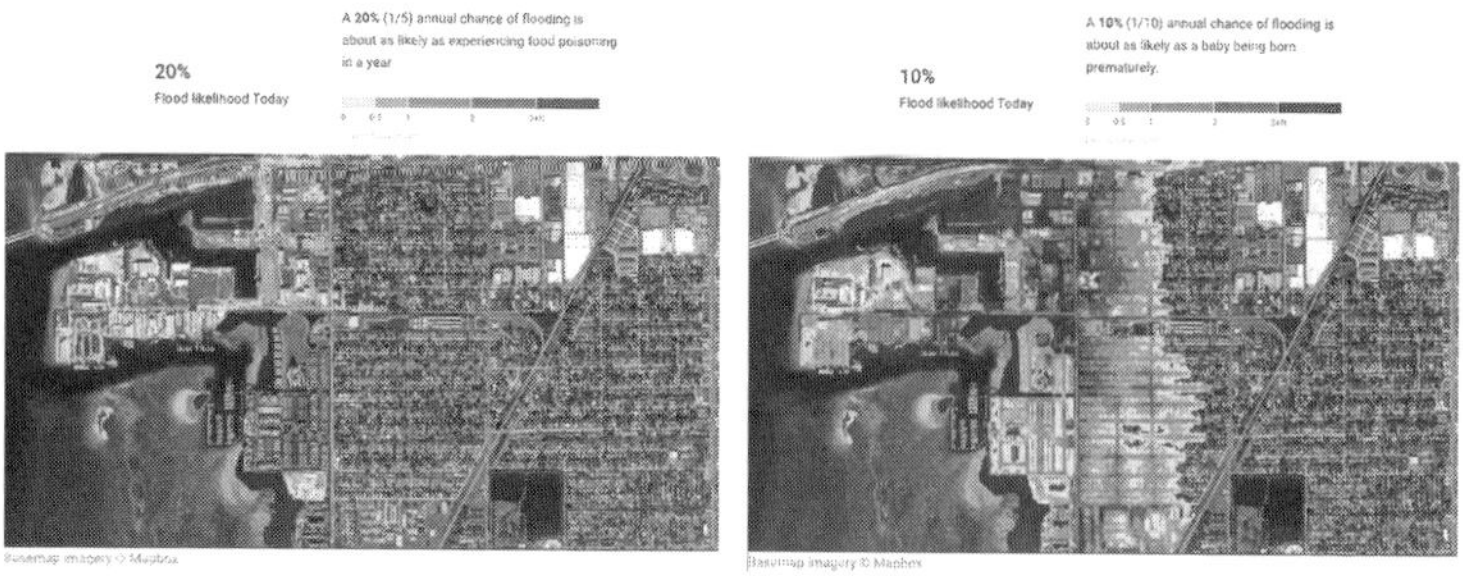

図8　Flood Factorにおける浸水被害の動的データ表示イメージ（左：発生確率20％の場合の浸水被害マップ、右：発生確率10％の場合の浸水被害マップ）
（出典：First Street Foundation, "Flood Factor", https://firststreet.org/methodology/flood）

で洪水リスクを可視化したものになっておらず、住民や物件所有者の多くは自分がどれだけの洪水リスクに曝されているのかを正確に把握できない状態にあった。Flood Factorは、そのギャップを解消する目的で開発されたアプリで、全米1億4200万件の物件の洪水リスクを地図情報として可視化している。しかも、個々のリスクについて、10年に1回の確率、20年に1回の確率、50年に1回の確率など、洪水の頻度に応じて表示することが可能になっている［図8］。これにより、住まいを探すにあたって、個々人のリスク許容度に応じて、適切にリスクを知ることができるようになった（このほか、想定される浸水の深さの違いなどによってもリスクが表示できる）。

また、自治体の洪水対策や、洪水の主要因となる潮汐・雨・河川・高潮のデータから地域の洪水リスクを分析し、そこに気候変動の影響も加味した上で、スコアマップとして表示するサービスも始めている［図9］。スコアは1～10段階となっており、洪水リスクを1～10のシンプルなスコアで物件単位で可視化することができるのである。これにより、住んでいる、もしくは住みたい物件の洪水リスクを気候変動の影響も加味しながら把握できることから人気を集めている。

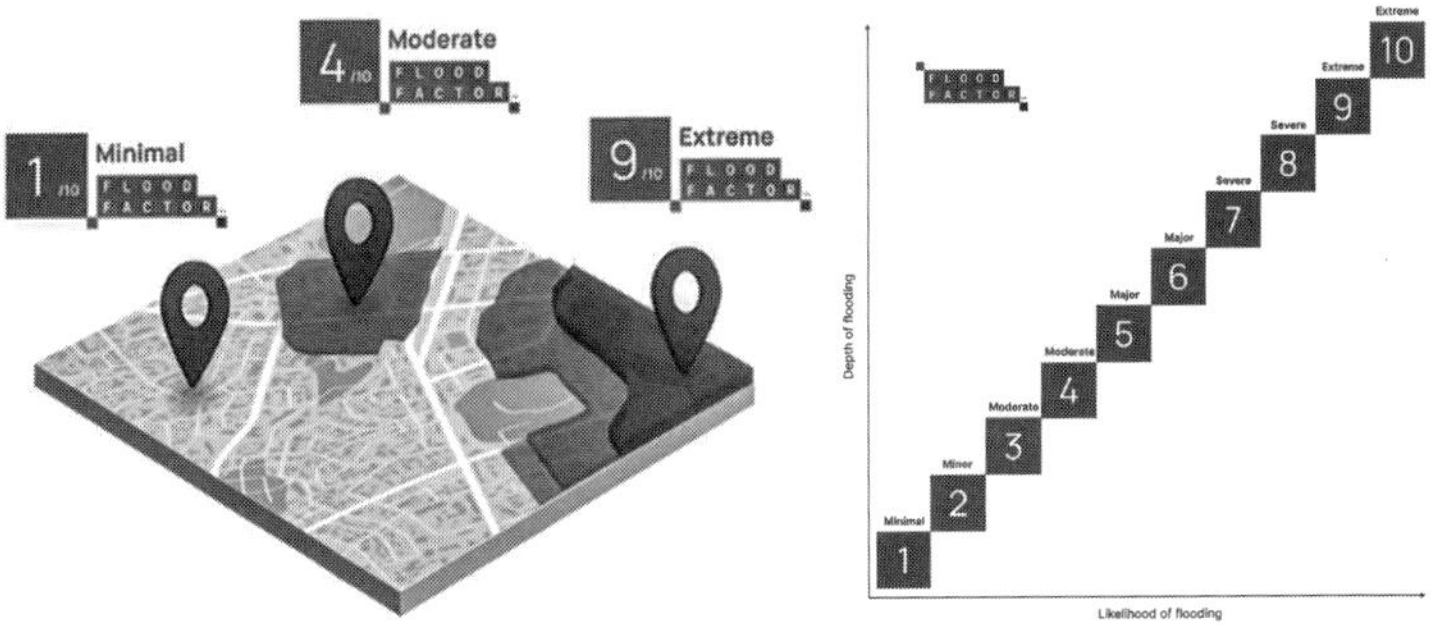

図9　個々の物件のリスクのスコア化イメージ
（出典：First Street Foundation, “Flood Factor”, https://firststreet.org/methodology/flood）

個人が住まうべき場所を自律的に判断できるよう、パーソナライズされたリスクコミュニケーションを実現している点で、Flood Factorは画期的だ。パーソナライズされたリスクコミュニケーションは、膨大な手間とコストがかかるために現実的ではなかったが、デジタル技術の進展がそれを可能としたのである。

6 ― インフラの維持管理を通じた自律協生化のポイント

人口が減り、国・自治体の財政が厳しくなっていくなかで、全国津々浦々に整備してきたインフラをどのように維持管理していくか。歴史を振り返りつつ、デジタル技術により可能になってきたことも確認するなかで見えてきた今後の方向性を整理すれば、以下となろう。

①物件単位のきめ細かなリスクコミュニケーションの仕組みを整備することで、災害のリスクが高い地域に人が住まないようにする。

②防災インフラについては、近代化以前の技術や知恵に学び、人命は守るが必要最低限のコストで済むような方法を編み出す。

③道普請のような市民による共同作業（＝他者との協生）を通じて、

インフラの維持管理を持続可能にする。ただし、すべてを手作業にする必要はなく、重機や最新のテクノロジーも活用するとともに（＝技術との協生）、必要な資材や機械は官（行政）が提供するなど、官と民の双方が応分の負担をしながら連携するようにする（＝官民の協生）。

20世紀には公共（行政あるいは公益企業）が担ってきたインフラの整備と維持管理も、今後は市民の自治に委ねざるをえない部分が出てくる。それは必然的にインフラのダウンサイジングやローテク化をもたらすだろう。それは後退ではなく、自律協生を促す意味ではむしろ前進と捉え直すべきだ。

3-6 観光

住民と観光客が融け合う生活文化創造業へ

1―観光がはらむ問題

観光は、地域の資源を元手にして外貨を稼げる貴重な手段であり、地域の自律にとって間違いなく重要な産業である。その一方で、本質的には相手任せ、風任せの水物的なところがある。そのため、観光が地域経済にとって重要になればなるほど、地域は他律的な経済構造に絡み取られてゆく。観光によって地域に経済的な恵みをもたらしつつも、地域の自律を保持するにはどうしたら良いのだろうか。

また、観光地としてあまりに人気が集まると、オーバーツーリズムの問題に悩まされるようにもなる。地域を豊かにするための観光だったはずなのに、迎え入れる側の住民はその実感を持てず、むしろ自分たちの暮らしを脅かす観光客の群れに敵意すら抱くようになる。協生とまではいかなくとも、どうすれば観光客と地域住民とが、互いに他を脅かすことなく共存することができるだろうか。

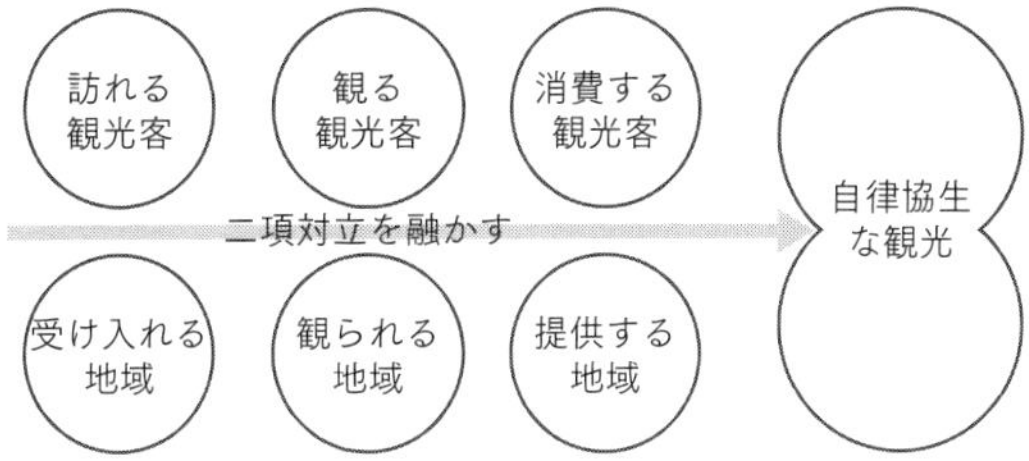

図10　住民が疲弊する観光から、観光客と互いに豊かにし合える観光へ

自律のために重要なのは、外部環境の変動によって観光客数が極端に上下しないようにすることだ。また、観光客と住民の協生のためには、住民側が観光客の量と質をコントロールできるようになれば良い。この二つを軸に売上（観光消費額）を維持し、伸ばしていくことができれば、観光業は自律協生の地域づくりに貢献するものとなる。

これらを実現する上で共通して必要になるのが、観光に内在する二項対立を超えることである。「訪れる観光客」と「受け入れる地域」、「観る観光客」と「観られる地域」、「消費する観光客」と「提供する地域」といった主体と客体とが明確に分かれた関係を融かしていくことのなかに、訪ねる人と暮らす人とが自律協生的な関係で結ばれ、互いを豊かにし合える観光へと転換するための鍵がある［図10］。

2―観光客から関係客へ

留学やワーキングホリデー、あるいは仕事での赴任でもいい。生まれ故郷でない土地で暮らし、かけがえのない経験をした人は、その土地を「第二の故郷」と思うようになる。たった数カ月の短期的な経験でもそう思う人はいる。期間の問題ではなく、そこでどれだけ人生に影響を及ぼす体験をしたかということと、その後も続く人間関係を得たかということがポイントだ。その土地を再訪する際には、観光スポットに行くのではなく、お世話になった人々に会いにいく。その地域で事件や事故があればあの人たちは大丈夫かと心配し、災害などで困っているとわかれば率先して助けにもいく。第二の故郷と思える場所に、人は特別な愛着を感じるし、コミットしたくなる。単に観光で訪ねた土地とは異なる関係がそこにはある。

自律協生の観光とはこれに近いものだ。暮らす人と訪ねる人とが、特別かつ継続的な関係を築くこと。そして、たまにしか訪ねない土地であっても、その土地の無事や発展を祈り、自分も何らかでそこに貢献したいと思ってもらえる場所になること。そう思ってくれる人を増やすこと。それが自律協生の観光の基盤をつくることになる。

本書ではこのような人を「関係客」[※10]と呼ぶことにしよう。関係客は自律協生の地域づくりに重要な存在だ。地元の人ではないが、会えば飾らずに話せ、共に飲み食いできる気の置けない仲間であり、親戚のような存在である。

3―生活を侵犯しない観光のあり方

観光客はどのようにして関係客に変わるのだろうか。

地域に特別な感情を持ってもらうには、観光客が地域の日常に触れ、人々と交流するなかで地元ならではの思い出深い体験をすることが重要だ。自分だけの「あの時、あの場所、あの人との交流」が地域への親密さを生むのである。

それは住民の生活圏と観光客の行動範囲とが重なることを意味する。住民の馴染みの飲食店、昔ながらの路地、住民が働く田畑等、日常の生活圏に外から人がやってきて、住民たちと交流し、関係を結ばない限り、観光客が関係客にはなることはないからだ。日常の生活圏に観光客が入ってきて関係を結ぶと言えば美しいが、それは日常の暮らしが見せ物になり、他人が土足で入ってくるようになるということでもある。とても関係を結びたいと思えないような人たちも来るだろうし、来る数があまりにも多くなれば住民側もいちいち関係を結んでいられず、疲弊するだけだ。住民が満足してこそ日常の暮らしの魅力は輝きを増す。暮らしの魅力を守るためにも、生活圏が観光客に侵犯されないよう、観光と生活のバランスを自らの手でコントロールすることが重要になる。

その一つの方法が、住民によるガイドを前提に観光客を生活圏に迎え入れることだ。その一例を滋賀県高島市新旭町の針江地区に見ることができる。針江地区は湧水の豊富なエリアで、集落に水路が張り巡らされ、家の中にまで引き込まれている。湧水を、住民たちは「生水《しょうず》」と呼び、今も大切に利用している。集落の中を巡る水路や生活用水に利用するシステムは「川端《かばた》」と呼ばれ、その

図11　石見銀山「大森町住民憲章」

生活スタイルがテレビなどで取り上げられたことによって「生水の郷」と話題になり、観光客が押し寄せるようになった。しかし、生水の郷はあくまで日常の生活圏である。そこで、住民がつくる団体「針江生水の郷委員会」が、ガイドが案内する見学ツアーを用意し、ツアーを通じてしか集落を見学できないことにした。観光と生活のバランスをとるために編み出された、地元ならではの工夫である。ガイドによる観光は、まちの歴史や文化や人々の暮らしと観光客を結びつける上でも有効な方策だ。理解した上で入ってきてくれる観光客なら、住民側も歓迎できる。

ガイドツアーよりももっと深い関係をつくるには、やはりその地域に泊まってもらい、その地域の暮らしのリズムを実感してもらいながら、地域の人々と交流してもらうのが一番だ。オーバーツーリズムの苦い経験を経て、そういうスタイルの観光を確立しようとつくられた宿が、２００７年に世界遺産に登録された石見銀山のふもとのまち、大森町にある。「暮らす宿　他郷阿部家」と名づけられたその宿は、服飾・ライフスタイルブランドとして知られる「石見銀山　群言堂」を展開する株式会社石見銀山生活文化研究所が経営する宿である。

大森町は、世界遺産に登録された直後、人口400人のまちに観光客が殺到し、大混乱に陥った。その苦い経験を踏まえ、ゆっくりじっくりと暮らしぶりを見て、感じてもらうための場所として、「暮らす宿」はつくられた。「暮らす宿」では、「ありのままの暮らしを、そのままおすそ分けするような感覚」が大切にされている。ここにあるのは、あくまでも暮らす側が主であるという感覚であり、信念である。観光に来る人には、大森町の暮らしぶりを見てほしいし、感じてほしい。しかし、暮らしは見せ物ではないし、ましてや観光のための商品でもない。あくまでも暮らしが主である。だからこそ、「おすそ分け」なのだ。この暮らしが主という感覚は、大森町がオーバーツーリズムの問題に対処すべく制定した「石見銀山　大森町住民憲章」にも表れている［図11］。住民憲章には、「このまちには暮らしがあります。私たちの暮らしがあるからこそ　世界に誇れる良いまちなのです。」とある。観光のために暮らしを明け渡すことはしない。あくまでも暮らす人、暮らしがあってこその観光地であるという思いを、大森町の人々はこの憲章で宣言したのである。

4｜LOCALFOOD FOR EVERYONE：主客の二項対立を融かす

地域と観光客の関係性を考える上で参考になるのが、2017年にデンマーク・コペンハーゲンのDMO、Wonderful Copenhagenが発表した新観光戦略“THE END OF TOURISM AS WE KNOW IT（Strategy towards 2020）”（以下、2020 STRATEGY）である。この戦略を宣言した背景にもオーバーツーリズムの問題があった。

コペンハーゲンは観光産業自体を縮小しようとしているわけではない。2020 STRATEGYには

図12　コペンハーゲンではLOCALFOOD FOR EVERYONEを観光のビジョンに掲げた
（出典：Wonderful Copenhagen, https://localhood.wonderfulcopenhagen.dk/wonderful-copenhagen-strategy-2020.pdf）

観光産業を成長させることが明記されているし、観光が重要な収入源であり、国のブランドづくりにも役立つと観光を肯定している。ただ、量に頼る観光、名所旧跡巡りの観光の時代は終わったと宣言しているのである。

新たに打ち出したコンセプトが「LOCALFOOD FOR EVERYONE」である［図12］。LOCALFOODは訳すのが難しい言葉だが、あえて訳せば「地元の仲間」とか「地元意識」とでもなろうか。コペンハーゲンは観光客を一時的な住民として迎え入れるから、観光客も滞在期間中は住民のつもりで振る舞ってほしいと2020 STRATEGYは宣言している。みんなにとっての地元と位置づけることで、主客の二項対立を融かしているところがポイントだ。

観光客に地元と思ってもらうためには、地元住民でなければできない体験をしてもらうことが重要になる。その象徴的な体験にコミュナルダイニング（コミュニティディナー）がある［図13］。コミュナルダイニングでは、古い教会を改修して食堂にしたところや公民館などに決まった時間に集まり、たまたま

図13　コペンハーゲンで行われているコミュナルダイニング
（出典：Visit Copenhagen, https://www.visitcopenhagen.com/copenhagen/eat-drink/communal-dining-copenhagen）

食卓を囲むこととなった見ず知らずの他人と共に大皿料理を食べる。コペンハーゲン市では、孤独対策にもなるこの活動に観光客を積極的に迎え入れようとしている。

このような観光客と住民との交流、地元ならではの日常に根ざした活動のシェアこそが、LOCALFOOD FOR EVERY-ONEというビジョンが目指すものである。これは地域住民と共につくりあげる観光の新たなスタイルだ。そうして観光客も住民も共に満足できる形で観光客を迎え入れ、地域経済の振興に役立てること。2020 STRATEGYは、それを「PEOPLE-BASED GROWTH」と表現している。

観光客と観光産業だけでなく、地域住民も参加しながら、皆の満足を大事にしながら成長してゆく新たな観光のスタイル。コペンハーゲンが目指すこの観光のスタイルこそ、自律協生の観光が目指すべきものだろう。

5一観光業から生活文化創造業へ

地域の暮らしとそこで生まれる生活文化は、長い時間をかけて大勢の人が関わることで醸成されるものだ。形をなすまでに手間がかかる割にリターンが少ないことも多い。投資回収の見込みの薄いもの、対価がわかりにくいものであるがゆえに、暮らしや生活文化を支えてきたのは、これまでは行政やＮＰＯ、個人など非営利セクターの頑張りであった。だが、日常の暮らしの豊かさや磨き上げられた生活文化に観光的な価値が見出され始めている今、観光に携わる企業には、生活文化への投資が合理的なものとして説明できる余地が生まれている。その先にあるのは、生活文化全般を支える総合的な生活文化創造業へと観光業が進化する途である。

山形県鶴岡市に本社を置く株式会社SHONAI（旧・YAMAGATADESIGN株式会社）の活動は、その萌芽を感じさせるものだ。SHONAIは、観光業をはじめ、子育てや教育、農業、人材育成など、生活文化全般に事業を展開する企業に成長している。

中核にある宿泊業は、建築家・坂茂が設計したホテル「SUIDEN TERRASSE（スイデンテラス）」を拠点にしている［図14］。スイデンテラスは、水田の中に浮かんだような姿をしており、鶴岡ならではの魅力的な田園風景を観光資源としている。ホテルは、２００１年に開設されて以来バイオベンチャーを次々に誕生させてきた慶應義塾大学の先端生命科学研究所を擁する鶴岡タウンキャンパスに隣接しており、一帯が鶴岡の新たな文化を発信する基地になっている。スイデンテラスには、隣接して屋内児童教育施設「KIDS DOME SORAI（キッズドームソライ）」があり、宿泊したファミリー層や観光客の満足度を高めている。また、学童保育やフリースクールも提供しており、地域の子育て環境の充実に寄与している。このほか、鶴岡の食の魅力を絶やさぬよう、自ら有機農業に取

図14　SUIDEN TERRASSEの全景（提供：SUIDEN TERRACE、撮影：Hirai Hiroyuki）

り組みブランド化して外販している。自社を含む地場企業の事業成長には優秀な人材が必要なため、I・Uターンの促進に寄与する転職サイトを運営してもいる。SHONAIはホテルと屋内児童教育施設から事業を開始したが、今では「山形庄内地方のまちづくり会社」として、鶴岡を中心に庄内地方の生活文化の発展に寄与している。

SHONAIが行っている事業にあえて名前をつけるならば、地域密着型の生活文化創造業とでも言えようか。生活文化創造業は、一社で担っても、複数の主体が協力して行うのでもよい。地域資源を組み合わせ、編集し、多様なサービスとして提供することを通じて、地域の生活文化の維持発展に寄与するのが、生活文化創造業である。

生活文化創造業が育つにつれ、観光業の他律的な構造に変化が生まれる。生活文化創造業は、地域密着の、地元にはなくてはならないサービスだから、需要は底堅く、経済や社会の変動にも強い。すなわち、観光での稼ぎを柱に生活文化創造業を育てていくことを通じて、地域は次第に自律的な経済構造を手に入れるようになるのである。自律的な経済は、生活文化をより豊かにし、それがまた外部の人を惹きつけるから、関係客が増え、外貨も増える。そういうポジティブなフィードバックループが回るようになれば、地域は自律的に発展するようになる。こうして、自律協生を目指す観光は、自律協生の地域づくりそのものとなるのである。

3-7 高齢者ケア

セルフマネジメントの向上と役割を担える機会の創出

1 ─ 縮小社会の到来

日本は長寿の国だ。最新のデータによれば平均寿命は男性81・09歳、女性87・14歳であり、女性は世界一、男性もトップクラスである。[※11] 高齢者の健康状態は改善し、健康寿命は毎年伸びている。[※12] 高齢者全体の年齢調整死亡率は下がり、死因を見ても「老衰」が「がん」や「心疾患」に次いで3位となるなど、天寿を全うする割合が増えていることもわかる。[※13、14]

その一方で、毎年約60万人のペースで人口が減っている［図15］。2030年代になると毎年100万人が減る見通しだ。[※15] 急速に社会が縮小するなかで、社会の構成員の比重は高齢者に移る。高齢者ばかりとなった世の中で、どのように高齢者の医療・介護のニーズ、ケアの需要を満たして

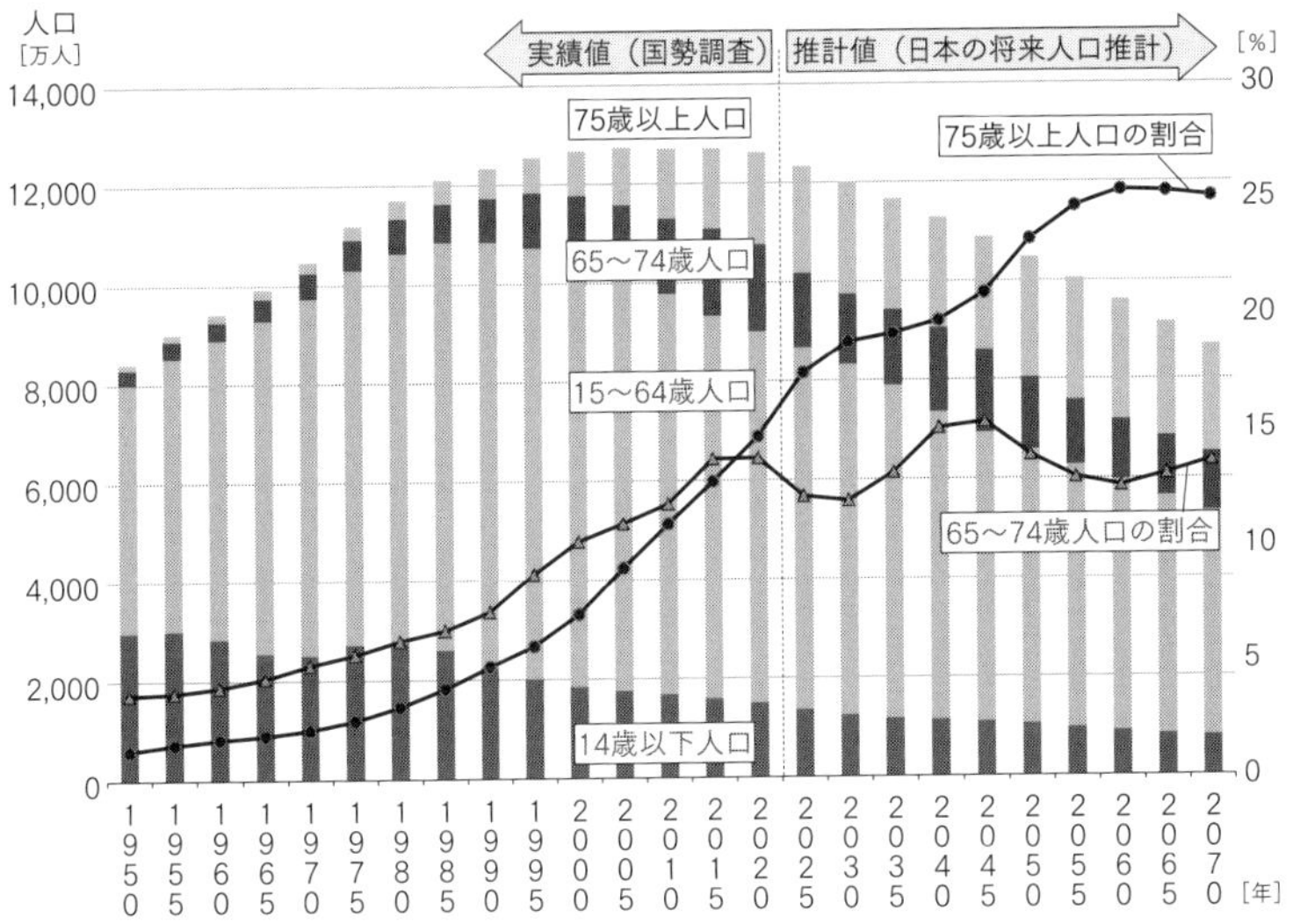

図15　人口構成の変化

（出典：厚生労働省社会保障審議会介護保険部会「介護保険制度の見直しに関する意見（参考資料）」（令和4年12月20日）をもとに筆者作成。データの原典は、総務省「人口推計」（各年10月1日現在）、国立社会保障・人口問題研究所「日本の将来推計人口（平成29年推計）」（出生中位（死亡中位）推計））

いけば良いのだろうか。

2　ケアの基本理念に流れる自律協生の考え方

人口構成の変化を踏まえると、高齢者に対するケア[※16]については、高齢者のニーズに現役世代が応えるというイメージを捉え直す必要がある。高齢者は一方的にケアを受ける対象ではなく、高齢者自身の意思を尊重し、本人が自分の役割を担えるようにすることが重要だ。これは介護保険制度が前提としてきた考え方でもある。たとえば介護保険法には、要介護高齢者の「尊厳を保持し、その有する能力に応じ自立した日常生活を営むことができるよう」介護給付を実施することがその目的であると規定されている。[※17]

こうした考え方は、障害者福祉分野から広がってきた「ノーマライゼーション」の考え方に通じる。障害者総合支援法では、基本理念として「全ての国民が、障害の有無にかかわらず、等しく基本的人権を享有するかけがえのない個人として尊重されるものであるとの理念にのっとり、…（中略）…相互に人格と個性を尊重し合いながら共生する社会を実現するため」にケアを受けられることにより、社会参加の機会や暮らし方の選択の機会が確保されることを目指すとされている。※18 また、2023年6月14日に成立した認知症基本法でも、基本理念として「全ての認知症の人が、基本的人権を享有する個人として、自らの意思によって日常生活及び社会生活を営むことができる」ことを目指す旨が掲げられている。※19

ケアの捉え方には長い議論の積み重ねがあるが、ここで改めて強調したいのは、高齢者福祉の基本理念には、本人の尊厳を守り、意思決定を尊重し、誰もが役割を担いつつ同時にケアを求める権利を有するという考え方が貫かれていることだ。つまり、福祉制度はその根底に、自律協生に通じる考え方が流れているのである。社会福祉基礎構造改革※20以降の福祉が究極において目指してきたのは、いかに自律協生的なケアを実現するかだったと言っても過言ではない。

3 自律協生的なケアの実践例

社会福祉法人こうほうえん（鳥取県）は「互恵互助」の精神のもと、高齢者だけでなく多様な人が共に暮らすケアの実践の草分け的存在だ。鳥取県内を中心に、高齢者向けの介護施設に加え、児童や障害を持つ人向けのケアを併設した地域連携の窓口ともなる包括的な拠点として「ヘルスケアタウン」を整備、展開している。また、ケアの理念の実現に向けて、職員の専門性向上と負担軽減を両立させるため、他事業者に先駆けて、認知症のある人のケアに関する気づきを集約して見える化するシステム（アプリ）を導入したり、地域での職員の柔軟な配置を可能にする権限委譲、職員の意識調査結果を活用した職場改善の取り組みを進めるなど、マネジメント面での工夫も凝らしている。[※21]

社会福祉法人リガーレ暮らしの架け橋が運営する「地域密着型総合ケアセンターきたおおじ」（京都府）では、「街中の気軽な住まい」として地域に暮らす高齢者の生活状況に応じて複数のケアを選択して利用できるようにしている。きたおおじでは、地域密着型特別養護老人ホーム、小規模多機能型居宅介護、ショートステイ、サービス付き高齢者向け住宅、地域交流サロンといった、複数の介護給付サービスおよび介護給付サービスではない機能を併設し、本人の状況や生活の状況が変化しても一貫して対応し、結果的に住み慣れた地域（おおむね中学校区程度の範囲）でケアと暮らしを続けられる体制をつくっている。同法人ではさらに、人材の確保と育成の工夫として、他の社会福祉法人との「グループ化」にも着手し、研修やキャリアパスの合同化を行っている。グループに参加する社会福祉法人には京都府だけでなく青森県や千葉県の法人も含まれており、社会福祉法人の地域を越えた協生の事例と言える。[※22]

地域に密着しつつも、開かれた包括的なケアによるまちづくりの例としては、志村フロイデグループ[※23]（茨城県）の病院を中心としたまちづくりが参考になる［図16］。リハビリテーション病院である志村大宮病院を中心としたＪＲ常陸大宮駅周辺のまちづくりでは、「共生型ＣＣＲＣ」[※24]をコンセプトとして、各種ケアサービスに加えて、コミュニティカフェや誰でも立ち寄れる「みんなの休憩所」を面的に整備している。同法人グループの特徴として、法人職員有志によるプロボノ組織

図16　フロイデDANによる多世代交流のためのイベント「ひたちおおみや楽市」（提供：志村フロイデグループ）

「フロイデＤＡＮ」がある。ともするとケアの「担い手」として一括りに捉えられてしまいがちな法人職員１人１人の個性や関心を尊重し、法人のネットワークが触媒となって、地域と協働する機会をつくり、結果的に職員の自律協生を後押ししているのである。[※25]

認知症の高齢者のケアにおいても、高齢者の尊厳や役割を尊重した機会づくりに工夫を凝らしている事例が数多くある。たとえば、地域密着型のグループホーム等を展開する株式会社あおいけあ（神奈川県）代表の加藤忠相さんは「施設内に高齢者を閉じ込めてお世話をすることは目指すべき介護ではない」との問題認識のもと、「地域にこそ介護の担い手となる可能性がある」との信念から、高齢者本人が自分も役割があると感じながら生活を送れるケアを、地域に開かれた形で実践している。また、認知症があってもグループホーム内での役割を工夫して生み出し、たとえば駄菓子屋を併設した塀のないグループホームとすることで、周辺の住民や子どもたちが敷地内を往来したり立ち寄ったりする関係性を生み出している。加藤さんは「介護職の仕事は、地域をデザインすること」と表現しており、こうした考え方に共感してあおいけあで働くことを希望する学生も多いという。[※26]

株式会社シルバーウッド（千葉県）も、自律協生のケアの見本となるような実践を行っている。同社が展開するサービス付き高齢者向け住宅「銀木犀」では、人生を彩り豊かにし、ここに長く住みたいと思える住まいを整備するとの考えのもと、内装を工夫するほか、地域との接点として施設内に地域の子ども向けの雑貨屋を併設するなど、施設のつくりにこだわっている。こうした施設づくりが評価され、2022年度のグッドデザイン賞金賞も受賞している。また、雑貨屋の店番を入居者である高齢者が担うことで役割を生み出すなど、一貫して高齢者本位で、彼らが充実した時を過ごせるような工夫をしている。さらに、これからは自宅ではなく介護付き住宅を終の棲家に選ぶ人が増えるとの考えから看取りケアにも力を入れており、他のサービス付き高齢者向け住宅よりも高い看取り率を実現している。自分が選んだ場所で人生の終末期を迎えたいという意向を受けとめ、普段の暮らしの充実から最期までを連続的に支えるケアを、地域に開かれた形で実践しているのである。[※27]

4｜ケアのデザインから地域デザインへ

このように事例は枚挙に暇がないが、今後はこうした事業者の工夫が、さらに多くの地域へと広がってゆくことが期待される。その際、高齢者福祉に留まらず、地域の暮らしに関わる他の分野とも連携し、地域づくりにつなげていくことが、これからの縮小社会では重要になる。

厚生労働省では、団塊世代が75歳以上となる2025年を目標年として「地域包括ケアシステム」[※28]の構築を進めてきた。今後はさらに、団塊ジュニア世代が65歳以上となり、多死社会を迎える2040年代を見据えて、高齢者だけでなくさらに多くの人が共に生きる「地域共生社会」の実現を目指すことが大切であるとしている。具体的には、「制度・分野ごとの『縦割り』や『支え手』『受け手』という関係を超えて、地域住民や地域の多様な主体が参画し、人と人、人と資源が世代や分野を超えてつながることで、住民1人1人の暮らしと生きがい、地域をともに創っていく社会」づくりを掲げている。[※29]

こうした地域社会づくりは、各地域がその地域における歴史や暮らしの特性に合わせて取り組むことが不可欠であるため、全国一律の取り組みには適さない。だからこそ、社会保障審議会介護保険部会の意見や「第9期介護保険事業（支援）計画の基本指針（大臣告知）」の案でも、「保険運営と地域デザイン機能の強化」として、「介護保険の保険者である市町村が…（中略）…介護保険サービス基盤の確保に加え、介護予防の取組や地域づくりなど、地域の実情に応じて仕組みや取組をデザインする、いわば『地域デザイン』に係る業務を展開することが欠かせない」と強調しているのである。[※30、31]

自治体にとっては、一定の基準が明示されたサービスを整備する取り組みと異なり、福祉制度の基本理念に立ち返り、地域に暮らす住民にとって使いやすく血の通った仕組みやサービスを独自に考えるのは、未経験の難題かもしれない。それでも、地域に暮らす人の目線に合わせた柔軟な考え方で、望ましいあり方を構想し、試行錯誤しながらも、カタチにしていくことが求められる。それこそが「地域デザイン」の本質なのだから。

5 — 目指すべきは「セルフマネジメントの向上」と「役割を担える機会の創出」

ここで改めて、縮小社会での地域づくりで目指す地域の姿、あるいは実現したい状態（アウトカム）

について考えてみたい。どのような状態に近づけることが〝良いこと〟なのか。

第一に、地域に暮らす高齢者の状態に着目したアウトカムとして、「セルフマネジメントの向上」を目指したい。セルフマネジメントとは、自分の健康や暮らしの課題を自分事として捉え、地域資源を知り、ケアをうまく利用できるようになることを指す。つまり、地域づくりの成果として、高齢者自身が自分の希望や大切にしていることを守りつつ、どうにか工夫して生活を続けられると思える状態を目指すのである。ただし、セルフマネジメントを高齢者だけが独力で身につけることは難しいし、一人暮らしや高齢者のみの世帯が増えると、これまで家族等の力を借りて実現できていたことが続けられなくなる。だからこそ、高齢者ばかりに目を向けるのではなく、高齢者と地域とのつながりに視野を広げ、「誰かを頼ってもよいと思える」「つながりながら何とか暮らしを続けていけそうと思える」姿を具体的にイメージし、その実現に向けた取り組みを行うことが重要になる。

第二に、地域の活動の状態のアウトカムとして、「役割を担える機会の創出」の充実を実現したい。前述の事例にもあるように、年齢や状態に関係なく誰もが望む役割を担えることが目指すべきケアの姿である。こうした取り組みが地域に広がるためには、1人1人の興味や関心や持てる能力に応じた参加の機会が多様にあることが求められる。なお、ここで言う「機会」には、家庭内での役割や知っている人同士での助け合いといった個別的で細やかなものも含める必要がある。そして、地域に暮らす1人1人が、自分にとって「役割を発揮できている」と思える機会に出会い、家庭内でも地域でもよいので何らかの役割を担えるようになることが重要だ。

そのためには、これまでの「ないものを整備する」発想ではなく、地域にあるリソースを最大限活用し、地域に暮らす高齢者の力を引き出す視点が求められる。「セルフマネジメントの向上」と「役割を担える機会の創出」を実現するために、ケア領域に閉じることなく視野を広げ、他分野と相互に連携して効果を高め合えるような観点を持って取り組むこと、これこそがケアにおける自律協生の地域づくりの基本的な方向性となる。

6―地域デザインに求められるアプローチ

ケアの地域づくりを進めるには、事例を起点に具体的な取り組み内容をじっくりと考える事例検討のアプローチが有効だ。まず事例[※32]、つまり地域の個々人の暮らしに目を向け、さまざまな役割を持つ地域の人々の視点に学び、小さくてもよいので何らかの取り組みを始めてみる。その上で、始めてみた取り組み同士で手を伸ばし合い、振り返って何が強みになったかを言葉にする。言葉として捉え直したところで、さらに取り組みを広げる工夫としてITなどのテクノロジーの活用も考えてみる。こういった一連の取り組みを通じて、人口が減っても持続できるケアの体制と地域のあり方を見定めていくのだ。

なお、地域によって、それまでの取り組みの経緯や特徴、培われた成果や強みは異なる。したがって、ここで示すヒントを踏まえつつ、ケアに関わる人々の興味や関心が合うテーマから手をつけるとよいだろう。検討するテーマを選ぶ際には、地域に暮らす人(生活者)の目線でテーマを考えることが大切だ。たとえば、一人暮らしの認知症の方の意向や想いを周りの人が捉えやすくする取り組み、農林漁業者ができるだけ長く生業を続けられる工夫、入退院を経てもその人らしい暮らしぶりをつなぐための連携の仕組みといったように、当事者の暮らしぶりや人物像が思い浮かぶようにテーマを定めると、制度や事業による〝縦割り思考〟の落とし穴に嵌まることを避けられる。

重要なのは、暮らしの中でどのようなきっかけや支えがあればセルフマネジメントの向上や役割機会の創出になるのかを、一般論ではなく、当事者の想いや暮らしに引き寄せて考えることだ。アンケート調査などの統計で得られる平均値を見ても、暮らしの様子は見えてこない。

次に、その人の暮らしの充実のため、あるいはエンパワメントのために本当に解決すべき課題は何かを深く考える。ここで大切になるのは、「今ある制度や事業をいったん離れて」検討することと、課題と取り組みを分けて考えることだ。どういうことか。

たとえば軽度の認知症がある一人暮らしの高齢者の例を考えてみよう。解決すべき課題は「一人暮らしで見守る人がいない」ことだと、まずは考えてしまう。だが、本当にそうだろうか。周りがそう思い込んでいるだけで、実は本人にとっての一番の不安（課題）は、通院や買い物などで比較的遠くへ出かけたときに帰り道を忘れてしまうことかもしれない。だとすれば、実現すべきは自宅での見守りではなく、外出先で周りの人が自然と声かけしやすい仕組みといったものになるだろう（たとえばヘルプマークのように、周りがその人の状況を知り、声をかけてもらいやすくなる工夫などが考えられる）。

7―協生を実現するためのヒント

地域づくりは1人ではできない。いろいろな人の力を合わせ、まさに「協生」しなければ、取り組みの実現も継続も難しい。ケアの分野では、もともと多職種連携の歴史がある。今あるリソースを最大限活用することを考えれば、たとえば関係性が比較的うまくいっているケアの関係者のネットワークや多職種が参加する会議体（地域ケア会議や運営協議会など）を母体に、協生の枠組みをつくっていくのが近道だろう。いつもの専門職に加え、普段は関わることの少ない商業者や交通事業者・地縁団体なども交えたメンバーにするのである。そのメンバーで、まずは前項に挙げたような事例の検討をやってみるといい。さまざまな分野で活動する人々が同じ事例を検討する体験を共有することで、検討の視点が広がるとともに、目指す地域の姿や大事にしたい価値観などが浮かび上がってくる効果も期待できる。[※33]

取り組みは、できるところから小さく始める方がよい。新しい事業を立ち上げようなどと大げさに考える必要はなく、たとえば日常の業務の一環でちょっとした声のかけ方や情報の伝え方を工夫したり、あるいは普段話す機会の少ない地域の人々と話し合う機会を定期的に設けたりするといったことからでよい。まずやってみることが大切だ。

小さな取り組みに慣れてきたら、他の同じような取り組みをやっている人たちとの連携の機会を探る。テクノロジーの活用も重要だ。たとえば、無料で使えるアプリを関係者で一緒に利用したり、アプリの機能を工夫して作業の手間を少なくしたりするなど、ちょっとしたＩＴの活用でも十分に役立つこともたくさんある。地域の中には、このようなテクノロジーのちょっとした活用ノウハウを持った人（たとえばＩＴエンジニアやガジェット好きの若者など）が必ずいる。

ここでも、始めてみた取り組みを振り返って言葉にすることが重要になる。どんな取り組みでもやってみて振り返ると、成功と失敗が明らかになり、何をすればよいのかが見えてくる。せっかくの試行錯誤を活かすためにも、しばらく取り組んだら一度立ち止まって振り返り、実践を通じて気づいたことを言葉にするのである。

今後、ケアは、地域づくりそのものになってゆくと言っていい。だからこそ専門職と非専門職とが互いに手を伸ばし合い、望ましいケアの体制を実現するための地域のあり方を共にデザインしていく共創（Co-Design）の姿勢が求められている。

専門領域を超えた協生において重要なのは、専門職が知らず知らずに抱えてしまう「専門の専横」からどう逃れるかである。専門職は、専門知識を持つがゆえに、判断を求められることが多い。専門職の側も、自分は非専門職よりも正しい判断ができると思いがちだ。しかし、それは時に、本人の意向や意欲を離れて「専門家の独断」が横行する専横的事態を招く。たとえば認知症だからと在宅介護は無理と決めつけてしまうことは、その人の暮らしの限界を本人の意向や意欲を離れて、勝手に決めつけてしまうことになる。専門職であっても、その人の暮らしの限界を安易に決めつけてしまうことは厳に慎むべきだし、だからこそ職業倫理が重視されている。専門職の側には、立ち止まり、振り返ってよくよく考えることを大切にしてほしい。そして、そのためにも非専門職と共に考えることが重要になるのである。

繰り返しになるが、福祉制度には基本理念として自律協生に通じる考え方が含まれている。自分の暮らしや人生を他人に決めつけられることなく、自ら選びとれるようにすること。それはケアの原点にある考え方であり、ケアが究極において目指すものでもある。セルフマネジメントの向上と役割機会の創出は、自律協生と本質的には同じことを言っている。年齢、性別、国籍、学歴、疾患や障害の有無、収入の多寡、暮らし方や住まいの立地などによらず、すべての人にとってセルフマネジメントが向上し、役割を担える機会が創出されること。それこそが自律協生の地域づくりが目指すことと言えるだろう。その意味でも、ケアの実践者たちが積み重ねてきたことには学ぶべきことが多い。ケアの専門職に専門領域を超えることを期待するだけでなく、地域づくりに関わる側がケアの専門職を積極的に迎え入れて、共に手を携えてゆくことが、自律協生の地域づくりには重要になる。

3-8

学校教育

地域内外のリソースを生きた教科書に

1―課題は何か、どこを目指すべきか

自律協生社会を実現するには、自ら判断し行動でき、他者との対話・協働に対して開かれたマイ

ンドを持つ人が必要だ。人を育む基礎となる学校教育は極めて重要な役割を果たすが、現在の学校教育は自律協生社会にふさわしいものになっているだろうか。

学校教育において「主体性」「創造性」「協調性」の重要性は、かなり前から指摘されてきた。たとえば、1987年の臨時教育審議会には「これからの社会においては、知識・情報を単に獲得するだけではなく、それを適切に使いこなし、自分で考え、創造し、表現する能力が一層重視されなければならない」との記述がある。1996年の中央教育審議会では、「これからの子供たちに必要となるのは、いかに社会が変化しようと、自分で課題を見つけ、自ら学び、自ら考え、主体的に判断し、行動し、よりよく問題を解決する資質や能力であり、また、自らを律しつつ、他人とともに協調し、他人を思いやる心や感動する心など、豊かな人間性である」とも述べられている。そして、2017年に全面改訂が公示され、2020年度から実施された新学習指導要領では、「主体的・対話的で深い学び」が目指されることとなった。

この30年間に教育行政が掲げてきた方向性は、自律協生社会と極めて親和性が高いものに思える。だが、実態はどうか。学校教育は、自律協生の地域づくりに資する人を育てるものになりえているのだろうか。

2　学校教育を地域と接続する

新学習指導要領に関する文部科学省の通知には、「留意事項」として以下の記述がある。

(5) 家庭・地域等との連携・協働の推進

学校がその目的を達成するため、学校や地域の実態等に応じ、教育活動の実施に必要な人的又は物的な体制を家庭や地域の人々の協力を得ながら整えるなど、家庭や地域社会との連携及び協働を深めること。また、高齢者や異年齢の子供など、地域における世代を越えた交流の機会を設けること。※34

新学習指導要領では、地域に関する記述が多く見られる。それまでの学習指導要領（以下、旧学習指導要領）に地域に関する記述がなかったわけではない。だが、たとえば旧学習指導要領（小学校）の総則で「学校がその目的を達成するため、地域や学校の実態等に応じ、家庭や地域の人々の協力を得るなど家庭や地域社会との連携を深めること。」との記述に留まっていたものが、新学習指導要領（小学校）の総則では「学校がその目的を達成するため、学校や地域の実態等に応じ、教育活動の実施に必要な人的又は物的な体制を家庭や地域の人々の協力を得ながら整えるなど、家庭や地域社会との連携及び協働を深めること。また、高齢者や異年齢の子供など、地域における世代を越えた交流の機会を設けること」と踏み込んだ記述になっている。

また、新学習指導要領（小学校）には、「道徳」において「社会の持続可能な発展などの現代的な課題の取扱いにも留意し、身近な社会的課題を自分との関係において考え、それらの解決に寄与しようとする意欲や態度を育てるよう努めること」という記述が追加され、「総合的な学習の時間」

では「実社会や実生活の中から問いを見いだし、自分で課題を立て、情報を集め、整理・分析して、まとめ・表現することができるようにする。」ことを目指すとされている。

新学習指導要領において打ち出されているのは、抽象的・一般的な社会について学ぶ前に、実社会や実生活の舞台としての地域社会の中から問いと課題を見つけ、地域の人との交流や協働を通じて、身近な社会的課題を解決する意欲や態度を育てる、という考え方である。

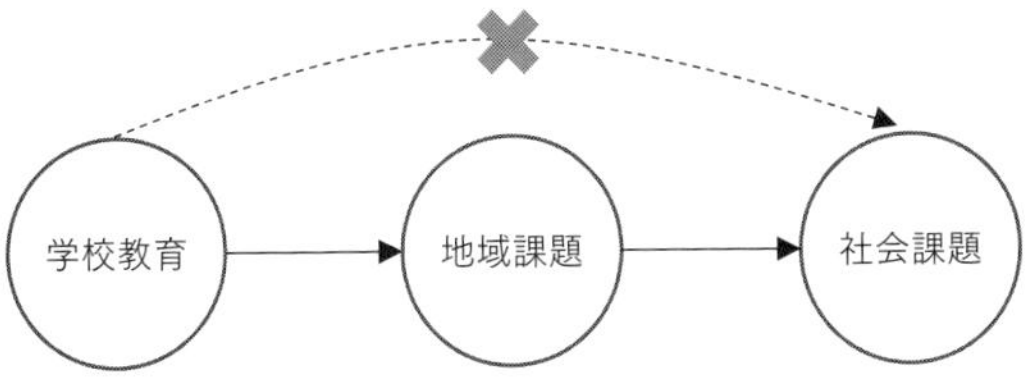

図17　学校教育をもっと地域課題と接続させる

旧学習指導要領下での学校教育は、ややもすれば、抽象的な社会を教科書で学ぶに留まっていた。地域という具体的な社会が目の前にあるのに、そこと向き合うことはせず、教科書に書かれたことを学んで終わりというスタイルに終始していたのである。「このまち」を生きる具体的・個別的な主体でなく、「どのまち」ででも生きられる抽象的・一般的な主体を育成することを学校教育は目指してきたとも言えるだろう。

新学習指導要領は、そこにメスを入れ、学校教育はもっと具体の地域に根ざし、個別の地域社会と接続すべきだと打ち出したのである［図17］。社会課題では抽象的・一般的すぎて、手触りがない。だが、地域の具体・個別の課題であれば、解決できないまでも問題の所在はわかる。大人たちと連携して課題解決のための取り組みを行えば、自分たちのまちは自分たちでつくれるのだという実感が持てるようにもなる。抽象的・一般的なグローバルよりも、具体的・個別

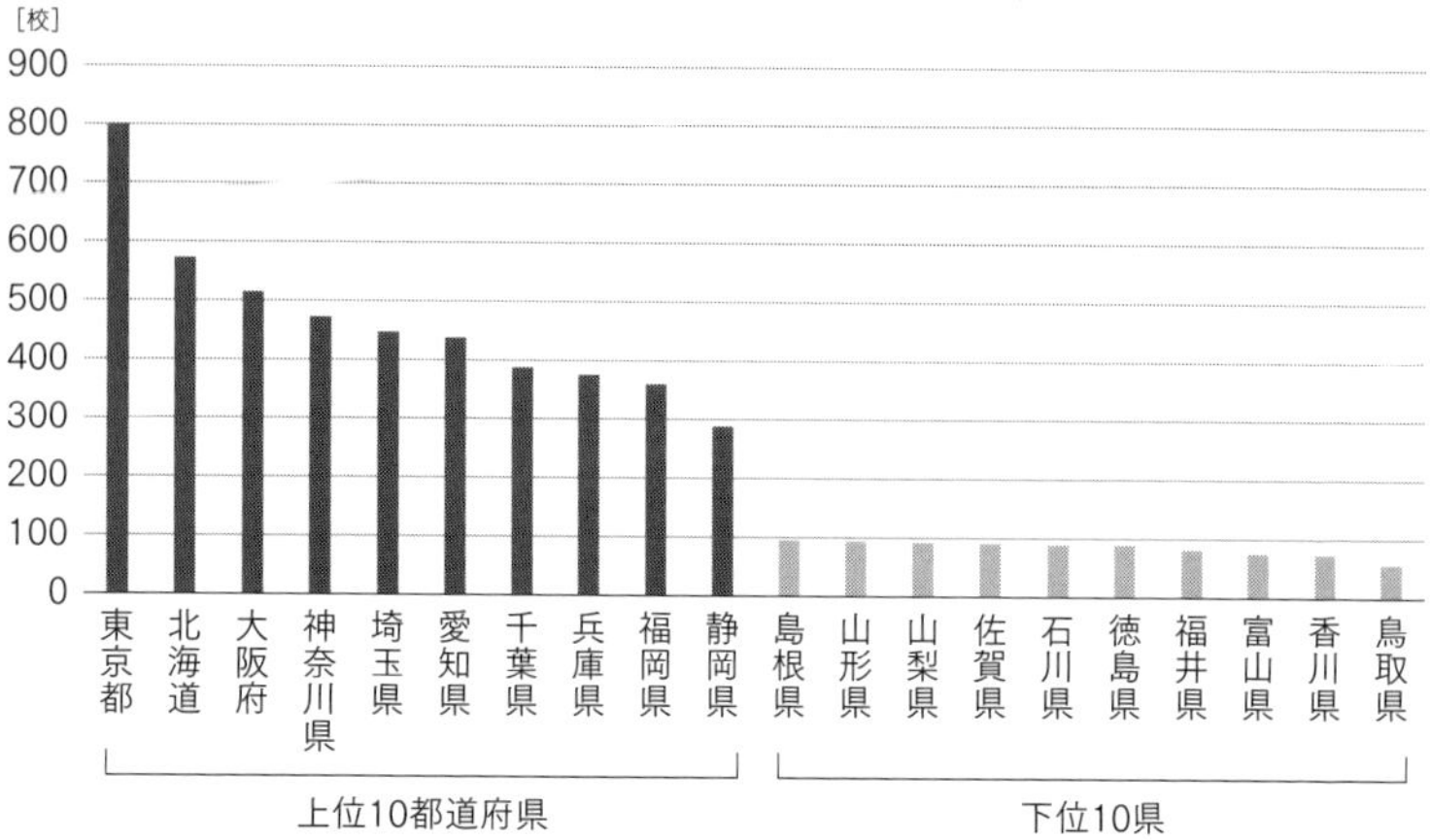

図18　都道府県別中学校数（出典：文部科学省「令和4年度学校基本調査」をもとに筆者作成）

的なローカルに根を持つ。そんな教育を受けた人が増えれば、地域の課題解決やまちづくりに取り組もうという志を持つ人が増えるだろう。一度は外に出ても、ゆくゆくは自分の地元にUターンする人も増えるはずだ。

3　既存の学校教育が抱える「多様性の不足」という課題

学校教育を地域と接続すること。学校教育とまちづくりを架橋すること。グローバルを志向する前にローカルに編み込まれてみること。これは、既存の学校教育の現場が抱える「多様性の不足」という課題の解決にも役立つ。

「多様性の不足」とは何か。

第一に、教える側の多様性の問題がある。これは学校特有の閉鎖性から帰結する課題とも言える。学校教育の現場では、教師以外の大人が教育に関わりにくい。2017年からは「コミュニティ・スクール（学校運営協議会制度）」の取り組みが始まり、地域の大人たちが学校運営に関わる道が開けたが、これはあくまでも学校運営への参加であって、教えることに関われるわけではない。つまり、教える

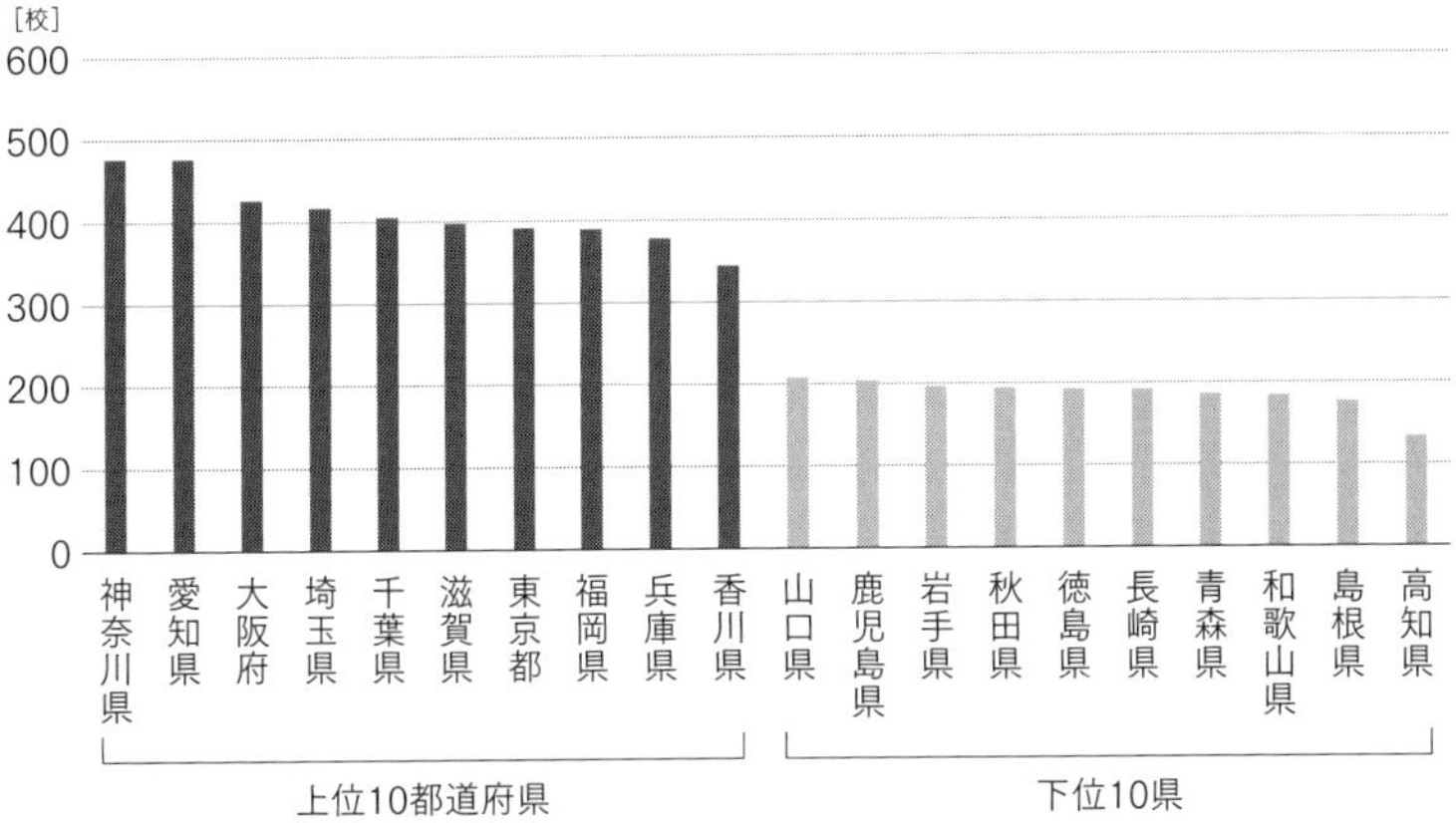

図19　都道府県別中学校1校当たりの生徒数（出典：文部科学省「令和4年度学校基本調査」をもとに筆者作成）

側に教師以外の多様な大人が関われる制度には現状ではなっていないのだ。

第二に、学びの場の多様性の不足が挙げられる［図18］。都市部とその近郊は学びの場の選択肢が多い。幼稚園も保育園も学校も公立・国立・私立など複数の選択肢の中から選ぶことができるし、塾やフリースクールなどの学校以外の学びの場も多数存在する。それに引き替え、地方部では選択肢は限られる。住む場所によって学びの場の選択肢に大きな格差が生じてしまっているのである。

第三に、学ぶ側、つまり児童・生徒の多様性の問題もある［図19］。地方の小規模校ではそもそも児童・生徒数が少ないため、出会う人や価値観の多様性がどうしても不足しがちである。数がすべてではないが、子どもの絶対数が少ないがゆえに子どもの世界が広がりにくいという問題を小規模校は抱えている。

第一の点はどこにでも共通する課題だが、第二・第三の点は地方部に特有の課題である。都市圏と地方部の間に横たわるこの多様性の格差の問題をどうするか。鍵となるのは、オンライン教育サービスの活用と学校教育の独自性の追求である。

4―独自性の追求が多様性を生む

地方部の学校はヒト・モノ・カネのリソースが限られている。それは今後さらに深刻化するだろう。新学習指導要領（小学校）に「教育活動の実施に必要な人的又は物的な体制を家庭や地域の人々の協力を得ながら整える」とあるのは、学校に閉じていてはもはや教育の体制は維持できないという認識があるからだろう。いかに地域に学校を開き、足りないリソースを補うかが、重要になる。

地域には想像する以上に多様なスキルやバックグラウンドを持つ人々が暮らしている。教師でなくとも学校の勉強を面白く教えられる人はいるし、学校の教科は教えられなくても仕事や人生の興味深い話をできる人はいる。手仕事を見せることで教育的効果を発揮する人も必ず存在する。住民以外の学びのリソースとしては、図書館・博物館・郷土資料館などの社会教育施設が挙げられよう。図書館には司書が、博物館や郷土資料館には学芸員がいて、学校の先生では教えられないようなことを教えてくれる。そういう特別な職種でなくとも、行政の職員も地域のこと、社会や政治のことを生きた知識として教えられる人たちだ。地域を通じて、教科書と同等以上のことを学ぶカリキュラムにできるといい。総合的な学習の時間を一歩進めて、普通の授業に地域の大人たちに関わってもらうのである。それが実現できれば、地域ならではの学びのプログラムとなろう。

このように学校教育に関わる大人や場所、学びの体験を地域の中に求めていけば、結果として、それが地域の独自性になるし、教育現場に多様性をもたらすことにもつながる。地域との関わりは、地方部の学校の方が深めやすい。小さな社会の方が、地域内の資源にアクセスしやすいからだ。大人同士は皆が顔見知りだから学校教育への協力を呼びかけやすいし、児童・生徒数が少ない分、1人1人の児童・生徒の個性に合った自由で多様な学びを提供もしやすい。

地域で暮らし、地域で活動するさまざまな大人たちから学ぶ経験は、子どもたちの中に自分の暮らす地域への愛着や誇りを育むはずだ。学ぶのは何も子どもだけである必要はない。大人も参加できる形にすればいい。大人と子どもが共に学べるような仕掛けを学校に取り入れれば、多様な大人との接点が生まれるから、それも子どもにとっての学びとなる。何より、学校のような空間で子どもと交流することは、大人たちにとっても得ることの多い時間になるはずだ。幸いにも学校の教室は35～40人を想定して設計されているから、広さは十分にある。

地域内連携について参考となるのは、取り組みが先行している部活動の分野である。2022年12月にスポーツ庁および文化庁が策定した「学校部活動及び新たな地域クラブ活動の在り方等に関する総合的なガイドライン」では、これまで学校（教職員）が担ってきた部活動を地域クラブ活動に移行することが示されている。同ガイドラインでは、「公立中学校において、学校部活動の維持が困難となる前に、学校と地域との連携・協働により、生徒のスポーツ・文化芸術活動の場として、新たに地域クラブ活動を整備する必要がある。」と危機感が示されている。学校教育にも同様のことが言える。地域内での幅広い連携は、もはや「すれば良いもの」ではなく、「するべき必須のもの」である。

5―外部と連携する教育サービスにより多様な選択肢を提供する

地域にリソースが欠けているものについては、地域外と連携することも必要になる。地域外との連携というと、どうしても近隣市町村との連携を思い浮かべがちだが、思い切って広域連携を志向した方が面白くなる。遠く離れた都市部の学校や、同様の課題を抱える学校との連携もあるだろう。民間企業など学校以外との連携、はたまた海外の学校などとの連携も視野に入る。

企業との連携では、オンライン上の教育サービスの活用が主となるだろう。民間企業を教育現場に入れることに抵抗がある向きもあろうが、公教育の学習教材はすでに企業が提供するものが多数ある。オンラインの教育サービスにすることで、コンテンツは多様化できるし、オンデマンド配信ならば学習時間も自由化できる。結果、生徒の理解の度合と学びのペースに合わせた、きめ細かな学習内容の提供ができるようになるはずだ。教師に求められるのは、1人1人の児童・生徒の日々の学習状況の確認やモチベーションの管理、そのほか学習のために必要な人的サポートを提供する〝コーチ〟となることだ。授業だけでなく、部活動などの課外活動もオンライン化されれば、趣味嗜好の近い友人と出会うこともできるだろう。オンライン学習は、全国の先輩や後輩、国内外の多様な大人、企業、組織との対話を可能にする。

オンラインによる学習環境や教育サービスの利用については、角川ドワンゴ学園が運営するN高等学校・S高等学校に見るように高等学校での取り組みが先行しているが、義務教育課程でも

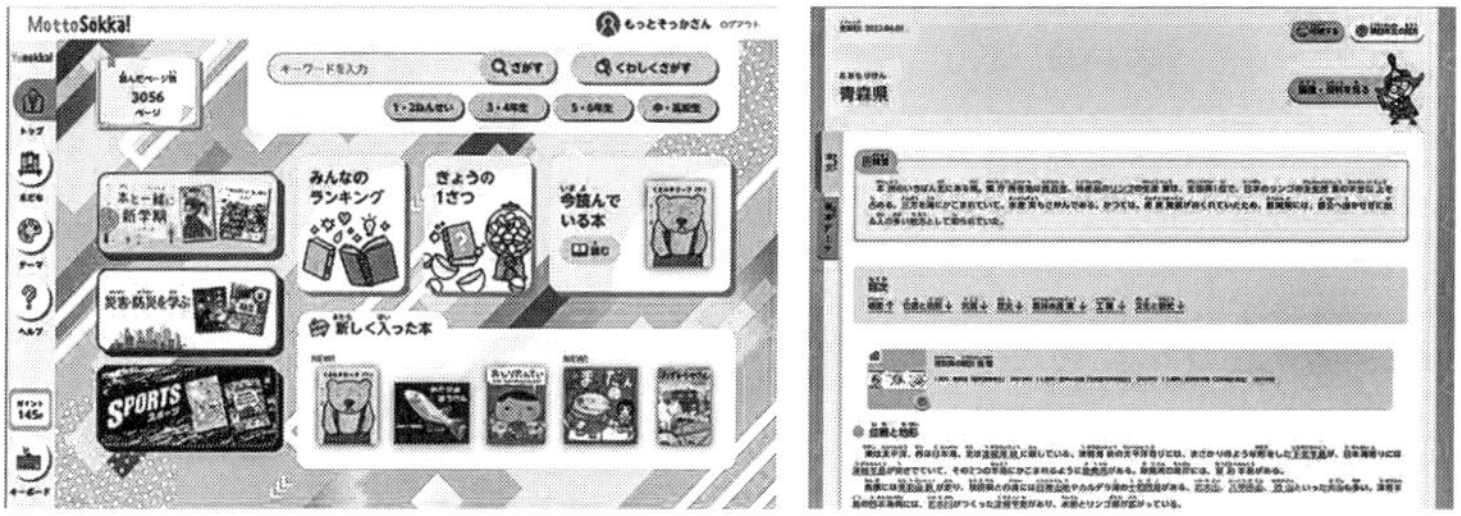

図20　電子書籍購読サービス「Yomokka!」（右）と「Sagasokka!」（左）
（出典：ポプラ社「MottoSokka!」のウェブサイト、https://kodomottolab.poplar.co.jp/mottosokka/）

少しずつ導入が始まっている。その一つが、長崎市が小学校を対象に始めた電子書籍サービスである。長崎市では、2022年7月から市内の四つの市立小学校で電子書籍の試験導入を始めた。対象となったのは、図書館の蔵書数や書籍購入費に限りがある小規模校で、市立図書館から遠く、大規模書店が近隣にないなど、本との触れ合いが乏しくなりがちな読書環境にある学校ばかりだ。

住んでいる地域によって読書環境に差があることは課題として認識されてはいても、なかなか手がつけようがなかった。そこに登場したのが、電子書籍のサービスである。長崎市が導入したのは、ポプラ社が提供する電子書籍購読サービス「Yomokka!」と「Sagasokka!」である［図20］。読み放題の、いわゆるサブスクリプションサービスのため、児童たちは、タブレットを利用し、いつでも、どこからでも児童書や新聞、百科事典にアクセスできる。図書室にない本や人気の本を好きなだけ読むことができ、週末や長期休暇あるいは休校中にも閲覧できる。児童たちはデジタルネイティブだけあって、毎月の閲覧数は右肩上がりに増加し、かねてより児童の読書環境に課題感を持っていた教職員たちからの評判も上々だった。授業中の調べ学習において、タブレットから百科事典の電子版を利用できるようになったことで、従来のインターネットの検索エンジンに頼っていた頃に比べ、正確な情報に即座にアクセスできるようになるという効果も見られた。試験導入によるこれらの成功を受け、長崎市では、2024年度から対象校を増やして、このサービスの実装に踏み切ったところである。

長崎市の事例は、義務教育課程においても、民間企業と連携し、デジタルコンテンツを活用した学習環境の向上が可能になることを示す好例と言えるだろう。

6―地域性の発揮はどうしたら進むのか

地域に開かれた学校教育、民間企業と連携した学校教育を実現する上でも、自治体の枠を超えて連携をするテリトーリオの考え方が生きてくる。

教育行政は、戦前は国の直轄であったが、戦後に教育委員会制度が導入されたことを皮切りに教育行政の地方分権が進められてきた結果、今では市町村教育委員会に地域独自の取り組みを進める裁量が与えられている。教育長や教育委員を任命するのは市町村長であることから、地域の独自性を活かした学校教育を行うことが、制度上は可能になっている。だが、実態としては、市町村単位での独自の取り組みはなかなか進んでいない。それはなぜか。

一つには、都道府県と市町村との間に〝ねじれ〟の関係があるからだ。小中学校の教職員は都道府県が採用・任命し、給与を負担している。人事権は都道府県にあり、教職員の異動は都道府県の意向次第。市町村を超えての異動も当然ありうる。つまり、市町村が学校教育の独自性に磨きをかけても、それを現場で担う教職員は数年でいなくなり、別の市町村から別の経験や考え方をもった教職員が異動してくるのだ。これでは腰を据えた取り組みをすることは難しく、地域の独自性の追求も中途半端になりがちだ。

このような都道府県と市町村とのねじれを解消するには、テリトーリオの導入が有効な打ち手となろう。複数の市町村でテリトーリオを形成し、テリトーリオを単位にして学校教育の方針を立て、教職員の異動もテリトーリオ内を原則とすれば、腰を据えて地域独自の取り組みを追求することができるからだ。どこかの市町村で首長が変わったとしても、それによって簡単に方針が覆されることもなく、取り組みの持続性が高まるし、市町村単位では限られる教育のリソースもテリトーリオに広げれば、多様なリソースへのアクセスが可能になる。

テリトーリオは、民間企業との連携においても効果を発揮する。市町村にとっては、テリトーリオでの一括契約により、単独で契約するより安上がりになることが期待できるし、民間企業にとっては、大口顧客の確保と契約の安定化というメリットが見込める。

このように、学校教育はテリトーリオに馴染みやすい行政領域なのである。

7 ― 学校教育サービスの変化がもたらすもの

外部に開かれながら、地域の独自性を高める方向に学校教育が変化することは、子どもたちに多様性のある学びの環境を提供するだけでなく、地域への愛着・誇り・肯定感を育むことにつながるだろう。これまでさまざまな地域を見てきて思うのは、外部に対して閉じた地域では、外の世界への憧れが強くなるとともに「ここには何にもない」という地元を卑下する感情も強くなる傾向があることだ。反対に、外の世界に開かれ、つながりを持てている地域では、外の世界に過剰な期待を持たず冷静に見られるようになるし、外の世界にはない地元の良さにも目を向けるようになる。

オンラインの教育サービスを活用することのメリットはここにある。オンラインで日常的に外の世界とつながる子どもたちは、外と内を相対化し、地元を肯定的に見られるようになるだろう。加えて、教師以外の多様な大人たちが学校教育に参加するようになれば、その大人たちからの学びを通じて、地元に対する愛着や誇り、シビックプライドが育つことも期待できる。

高校時代の地域とのつながりや地元企業の認知が将来的なUターンに影響を与えるという研究結果[※35,36]があるが、地元で親や教師以外の多様な大人たちと出会い、その仕事や暮らしぶりを知った子どもたちは、高校や大学への進学で一時的に地元を離れても、最終的には地元に戻ってくる可能性が高まる。何より、学校をハブに大人と子どもたちが多様な出会いを持てるようになれば、学校という空間自体がコンヴィヴィアルな場に変わる。それはより多くの人を学校に誘いこみ、和気藹々とした手づくりの公共空間に学校を変えてゆくだろう。学校がコンヴィヴィアルな場になることが、自律協生の地域づくりを進めるのである。そういう意味でも、学校をいかに開き、コンヴィヴィアルな場にしていくかが問われている。

これまでの学校教育に関する議論は、教育行政内部に閉じてきた感が強い。しかし、学校教育とはまちづくりそのものである。地域のリソースを総動員した独自性の高い学びの機会・プログラムの提供と、オンライン上から選択できる教育コンテンツ。地域に根ざしたコミュニティに帰属していることの実感と、オンラインネットワークを軸にした開かれた大きなコミュニティへのアクセス。このような地域内外に開かれたハイブリッド型の学校教育へ転換することにより、自律協生の地域づくりにつながる学校教育が実現するはずだ。

3-9 アート
異なる価値観に出会い、寛容な感性を育む

1 — 地域においてアートが果たす役割

アートや文化芸術は、「自由と寛容」を旨とする自律協生の地域づくりには欠かせないものだ。だが、その重要性はなかなかに理解されない。所詮は個人の道楽と思われているところがあるし、評価の定まっている近代までの芸術ならまだしも、現代美術、とりわけ若い作家の作品やパフォーマンスは、たいていの人にとって訳がわからない代物だからだ。こういう状況だから、行政もアートに対してはなかなか踏み込めない。税金を使うことへの理解が得られにくいと思うからだ。

一方で、2000年に新潟の中山間地域で開催された「大地の芸術祭 越後妻有アートトリエンナーレ」が、地域振興策としての芸術祭／アートプロジェクトの可能性を世に知らしめて以来、芸術祭に取り組む自治体が増えた。主だったものを開始年の時系列で挙げると、横浜トリエンナーレ（2001年〜）、BIWAKOビエンナーレ（2001年〜）、UBEビエンナーレ（2009年〜）、瀬戸内国際芸術祭（2010年〜）、あいちトリエンナーレ（2010年〜／2022年に国際芸術祭「あいち2022」に変更）、国東半島アートプロジェクト（2012年〜）、札幌国際芸術祭（2014年〜）、山形ビエンナーレ（2014年〜）、北アルプス国際芸術祭（2017年〜）、奥能登国際芸術祭（2017年〜）、Reborn-Art Festival（2017年〜）となるが、とりわけ2010年代になって地域の芸術祭が花盛りとなったことがわかる。

芸術祭以上に取り組む自治体・地域が多いのが、アーティスト・イン・レジデンス（AIR）である。AIRは、国内外からアーティストを招き、地域に一定期間住んでもらい住民と交流しながら作品を残していくというものだ。日本で最初にAIRが大々的に行われたのは、1993年の東京都の日の出町・五日市町（現・あきる野市）、八王子市・町田市の4市町を舞台とした「TAMAらいふ21」と言われている。その後、1997年には文化庁地域振興課（当時）が「アーティスト・イン・レジデンス事業（AIR）」を開始し、全国の自治体にAIRを普及させる契機となった。今では地方創生の旗手として著名になった徳島県神山町も、その最初のプロジェクトは1999年に開始したAIRである。神山町のイノベーションの源流には、アートがあったのである。

2 ― 企業による地域×アートの取り組み

1980年代後半から90年代初頭にかけてバブル経済に日本が沸き立っていた頃、全国の自治体では、音楽ホールや芸術劇場、美術館の建設ラッシュが起きた。企業・個人・団体による私設美術館の建設も相次いだ。百貨店がこぞって美術館をつくったのもこの時期だ。ただ、美術館の数は増えたが、特に公共施設で人材の育成が追いつかず、立派な箱はあるのに展示はお粗末という事態が続出した。運営を考えずに施設ばかりを公共事業で増やしたことは、ハコモノ行政の典型的な悪例として、しばしば批判の対象にもなった。1991年に慶應義塾大学でアート・マネジメントの講座が開講され、1998年に日本アートマネジメント学会が発足した背景には、美術館の企画・運営をできる人材育成が急務だったという事情があったのである。

特筆すべきは、この時期に産業界によるユニークな人材育成が始まったことだ。1990年は企業メセナ元年と言われているが、メセナとして芸術文化領域の人材育成に先鞭をつけたのがトヨタ自動車で、1996年に「トヨタ・アートマネジメント講座」（以下、TAM講座）を開始。アートを通して地域社会を活性化する「地域のアートマネージャー」を行政・文化機関・地域団体内において育成するための出張講座だった。この講座は2004年3月までに全国32地域で53回開催され、延べ1万人が参加している。講座活動は2004年に終了し、アートマネジメント関係の情報発信を行うウェブサイト「ネットTAM」へと移行した。ネットTAMは、助成金や求人・就職情報も扱うポータルサイトとして、今なおアート関係者の間で重宝される存在になっている。

トヨタが先鞭をつけたアートマネジメントの支援を引き継ぎつつも、より広がりと深みのある意義深い活動を行ったのが、アサヒビールである。2002年に開始された「アサヒ・アート・フェスティバル（AAF）」は、アートの力で地域の未来を切り拓こうとする市民・団体による祭典である。市民が主体となって企画・運営を行い、地域の魅力を引き出し、コミュニティの再構築を目指すアートプロジェクトが参加した点に特徴があった。2002年に始まったAAFは2016年までの15年間にわたって継続され、約600団体が参加、約250名を超える市民が実行委員として企画・運営に携わった。企業が主導するわけでも、一部のプロフェッショナルが仕切るのでもなく、市民が地域の未来のために自ら企画・運営を行い、それを企業が応援するという、今振り返ると極めて自律協生的な運営が行われていた点で稀有なプロジェクトであった。

TAM（1996〜2004年）やAAF（2002〜2016年）は、純粋に企業の自主的な取り組みであった。TAMやAAFでアートマネジメントを学び、実地の経験を積んだ人たちがいたからこそ、今世紀に入ってから地域芸術祭／アートプロジェクトやAIRなど、地域×アートの取り組みが各地で花開いたのである。企業が土壌をつくり、行政が種を蒔く自律協生的な官民の連携が、少なくとも2010年代までの地域×アート領域には実現していたのである。

3―アートによる地域づくりの実践

企業による地域×アートの取り組みで最も知られているのは、福武書店（現・ベネッセホールディングス）による香川県直島町での取り組みだろう。ベネッセと直島との出会いは1985年に遡る。

1989年に直島文化村構想の一環として直島国際キャンプ場をオープンし、その3年後にはベネッセハウスを開設、2004年には地中美術館を開館させた。この「アートの島」づくりは、犬島、豊島にも広がり、2008年には犬島精錬所美術館が、2010年には豊島美術館が開館している。また、2010年には「瀬戸内国際芸術祭」が始まり、瀬戸内の島々を巡りながらアートを鑑賞する旅のスタイルが定着し、とりわけ直島のアートの島としての地位を不動のものにした。

官民双方の連携によりアートによる地域づくりを進めている例もある。

たとえば、段階的な都市開発に合わせてミュージアム機能等を集積させているのが、横浜市のみなとみらい21地区である。2023年に事業着工から40周年を迎えたみなとみらい21地区は、横浜美術館を筆頭に、横浜みなとみらいホールやぴあアリーナMM、Kアリーナ横浜などの音楽ホール、企業の歴史や製品などを体験型で紹介する企業ミュージアムが集積するエリアとなっている。ただのビジネス街にせず、市民や観光客が歩いて楽しめるまちづくり、景観形成を目指している。

自治体が主導してアートによるまちづくりを進めてきた例もある。公立美術館を核としたまちづくりを進めてきたのが、青森県十和田市である。十和田市では、中核施設となる十和田市現代美術館が2008年に開館し、続いて美術館の向かいにあった旧税務署跡地が「アート広場」として整備された。さらに2014年には、中央商店街にもエリアを拡大し、まち全体にアートが展開され始めている。

美術館を核にしたまちづくりで先行したのが金沢市である。2004年にオープンした金沢21世紀美術館は、2018年時点で年間250万人を超える来場者[※37]が訪れ、美術館への来場者数では国内トップを誇っている。金沢市は古くから工芸のまちとして栄えていたが、この美術館のオープンを契機として、今では伝統工芸のみならず現代アートのギャラリーなども集積し、多くのアーティストやアート業界関係者が集うエリアとなっている。

4―アートは地域にどんな価値をもたらすのか

VUCA（Volatility：変動性、Uncertainty：不確実性、Complexity：複雑性、Ambiguity：曖昧性）の時代と言われるが、それは誰も正解を知らない世界がやってきているということだ。正解がないのだから、常識に囚われず、虚心坦懐に現実を見つめ、自ら問いを立て、都度、判断しながら進むしかない。誰も答えは持っていないが、誰の中にも答えはありうる。したがって、異なる考えや価値観に対してオープンで寛容になることもまた、正解のない時代を生き抜くために必要な構えとなる。

アートは、アーティスト自身が受けとめた問題意識をさまざまな方法で表現する営為である。表現に正解はなく、限界もない。表現とは、正解のない問いと向き合うことであると同時に、囚われから自己を解き放ち、自由にする行為でもある。そして、つくることだけがアートではない。アーティストの作品を鑑賞・体験し、その創造のプロセスや思考に思いを馳せ、創造行為の追体験をしたり、自己に投影したりすることは、他者を理解し、自由で寛容な感性を育むことにつながる。

このように、アートは、作品の制作・鑑賞・体験を通じて、人と地域に自由と寛容をもたらすものになりうる。だからこそ、アートを身近にし、日常的に触れられる環境をつくることが、自律協生の地域づくりの観点からも重要になるのである。また、その土地固有のアートは、市民の地域への愛着や誇りを育む効果を持ちうる。とりわけ地域の資源・歴史・風土などから編み出されたコンテクストに立脚したアートには、その効果が期待できる。

アーティストの創作活動が地域で行われるとき、アーティスト自身が抱える問題意識と、創作する場所が抱える歴史や風土、社会課題とが呼応し、それらを主題にした作品が生まれることも多い。パブリックアートや芸術祭などでコミッションワーク（受注制作）を行う場合や、AIRによって創作するアーティストにおいてはそれが顕著に表れるだろう［図21］。

図21　コミッションワークの例（上：淀川テクニック「宇野のチヌ」、下：エステル・ステッカー「JR宇野みなと線アートプロジェクト」（いずれも瀬戸内国際芸術祭））（撮影：上／Osamu Nakamura、下／Yasushi Ichikawa）

地域の歴史や風土や社会課題を主題にしたアート作品は、住民に内省を促す契機となる。アーティストの目を通じて、自らが住む地域を見つめ直し、アーティストが投げかける問いを通して、自らが住む地域のあり方を問い直す。それは自らが住む地域に対する再解釈や再評価を促すとともに、地域の固有性やアイデンティティを自覚する契機になりうる。

同様のことは地域の産業や技術でも起きる。たとえば、古くから織物の産地として栄えてきた山梨県富士吉田市では、アートとテキスタイルの可能性を探るため、布の芸術祭「FUJI TEXTILE WEEK」を2021年から実施している。この芸術祭を契機に、国内外からアーティストが集まり、住み込みで制作活動を行うAIRも生まれている。アーティストを通じて地場産業を再解釈し、新たな可能性を見出そうとする試みだ。

5｜アート鑑賞機会をデジタルで拡張し地域間でシェア

これまで市民がアートに触れる機会は、美術館や劇場、ギャラリーなど、特定の場所に限定されていた。芸術祭やアートプロジェクトが広がるにつれ、アートを体験できる場が広がったが、それもそのようなイベントが開催される地域に限られており、それ以外の地域に住んでいる人には無縁だ。言い換えれば、美術館やギャラリーがなく、芸術祭とも無縁な場所に暮らす市民にはアートに触れる機会そのものが与えられていないのである。市民がアートに触れる機会は、物理的な制約があることで著しく地域差がある。この状況を何とかできないだろうか。

アート作品に関して言えば、美術館等に収蔵されているものをデジタルアーカイブにすることで、物理的な制約から解放する一助となる。アート作品のデータをすべて3Dデータにし、アーカイブしてゆくのである。展示や鑑賞を行いたい地域・自治体は、そのアーカイブにアクセスし、デジタル空間上で市民にアートの鑑賞体験を提供する。美術館等の運営者は、デジタルアーカイブを活用したアート鑑賞・体験サービスの提供者ともなるのである。

このようなアート作品のデジタルアーカイブが構築できれば、次世代のアート分野のプラットフォーム・情報インフラとなろう。このインフラは公共財として整備し、各地で収蔵されているアート作品のデータを格納する。データの権利関係の整理が必要になるが、アクセス性の高い環境を構築できれば、どこに住んでいてもいつでも自由にアートを鑑賞できる環境が実現できる。

作品をデジタル上で鑑賞できるようになれば、リアルなアート作品にはその場所でしか体験できないサイトスペシフィック[※38]なものが求められるようになり、アーティストの創作活動にも変化が起きるはずだ。創作活動は、より地域と関わるものになる可能性がある。現代アートの分野では、特定の場所に滞在しながらの制作を依頼するコミッションワークが増えている。アーティストが滞在し、その土地、その場所ならではの作品を制作し、残していくことが、そこに生きる人々の誇りや自信の創出につながりうることはすでに述べた。滞在期間中、アーティストが土地の人や自然とみずみずしい関係を結び、それを作品に昇華させることができれば、作品はその記憶を伝え続けるものとなるだろう。アート作品のデジタルアーカイブとオンラインによる鑑賞体験の提供は、そういう点でも自律協生の地域づくりに役立つことが期待できる。

6 ― 共創型ＰＰＰ

このように、まちづくりや教育、地域のアイデンティティやシビックプライドの醸成の面でも効果が期待できるアートとどう向き合うかは、地域の未来を左右する。江戸時代に文化芸術に力を入れた加賀藩のおかげで今の金沢の繁栄があるように、アートは地域の未来をつくるのである。

国も、アートの重要性に対してようやく重い腰を上げ、2018年3月に閣議決定された「文化芸術推進基本計画（第1期）」では、「文化芸術の本質的価値及び社会的・経済的価値を文化芸術の継承、発展及び創造に『活用・好循環させ』、『文化芸術立国』を実現することを目指す」と宣言している。これは、芸術作品等の保全・継承や学術研究・記録に主眼が置かれてきた従来の文化芸術政策の転換を意味する。文化芸術の価値、とりわけその社会的・経済的価値を「活用・好循環」させることで、文化芸術立国を目指すと国が宣言したことの意義は大きい。

しかし、美術館等を通じてアート分野のサービスを提供してきた公共セクターには、アートの社会的・経済的価値を「活用・好循環」するノウハウは蓄積されていない。「文化芸術立国」を実現するには、マーケティングやプロモーション、マネタイズに長けた民間企業の資金やノウハウも最大限活用しながら、事業を推進していくことが望ましい。すなわち、文化芸術政策分野においても、官民連携、ＰＰＰ（Public Private Partnership）が求められているのである。

第2章で見たように、既存のＰＰＰは、公共事業の「包括的アウトソーシング」の傾向が強い。既存の公共サービスと「同じ価値」を、より安価に民間が提供するという、コスト削減の一環として活用されてきたからだ。しかし、アート分野におけるＰＰＰでは、公共セクターに不足している機能やノウハウを民間に補完してもらいつつ、官民双方の協力により新たな付加価値を生み出すよ

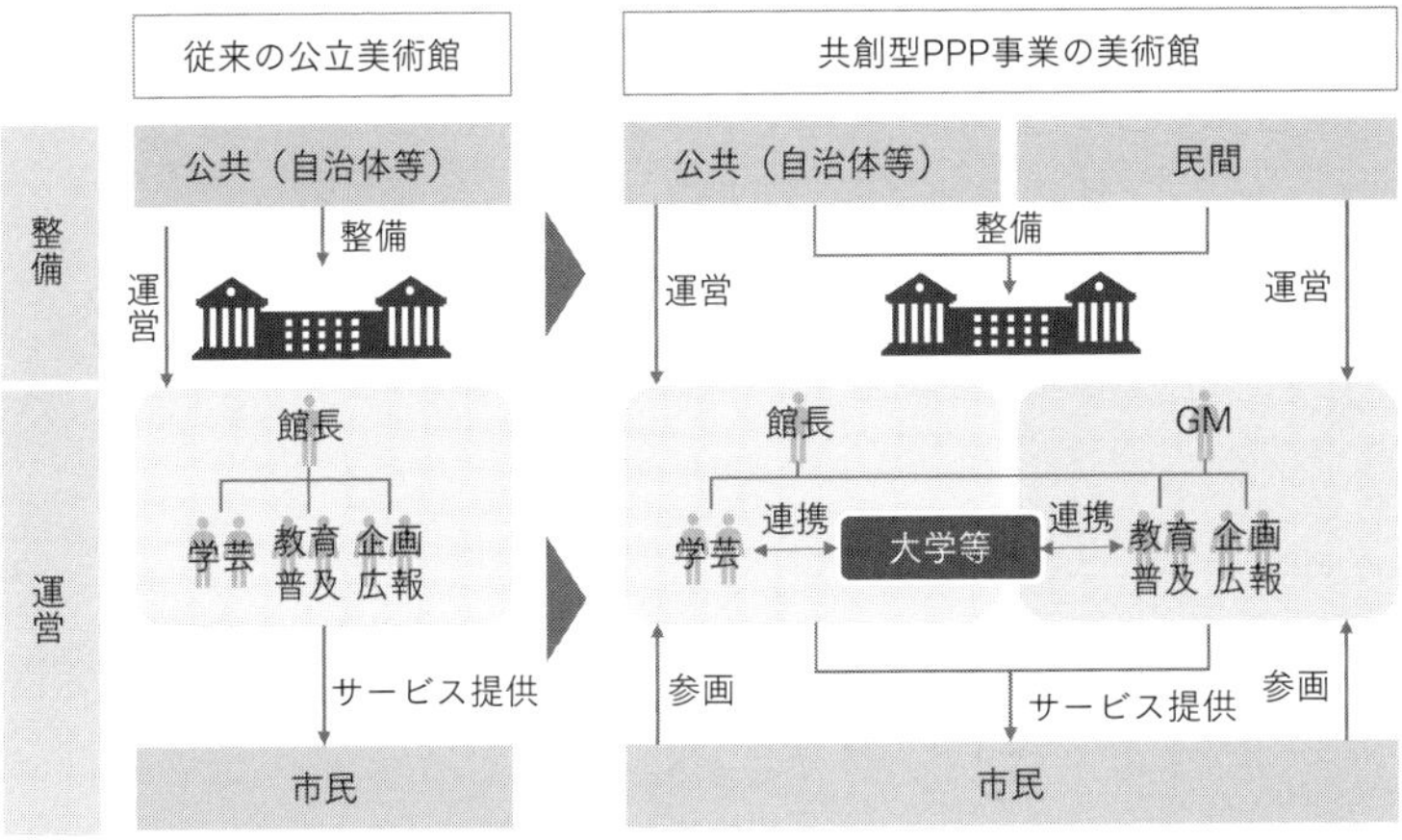

図22　共創型PPP事業による美術館の運営イメージ

うな方法が求められている（第2章2節の「官民連携2.0」）。単なるコスト削減では、アートの価値を「活用・好循環」させるものにはならないからだ。このような、官民双方で新たな付加価値を生むようなPPPを、日本総合研究所（以下、日本総研）では「共創型PPP」と呼んでいる［図22］。共創型PPPでは、官民の連携のみならず、サービスの受け手である市民や、人材育成を担う大学などの教育・学術機関を巻き込んでいくことも重要な要素である。

共創型PPPの一環として、日本総研が行った実証実験を最後に紹介しておきたい。

青森県内には、青森県立美術館、青森公立大学国際芸術センター青森、弘前れんが倉庫美術館、十和田市現代美術館、八戸市美術館という、五つの個性的なミュージアム・アートセンターが存在する。この5館を対象に、アートを介して地域間の連携を促し、県内の回遊性を高めることなどを目的とした情報発信の取り組みとして

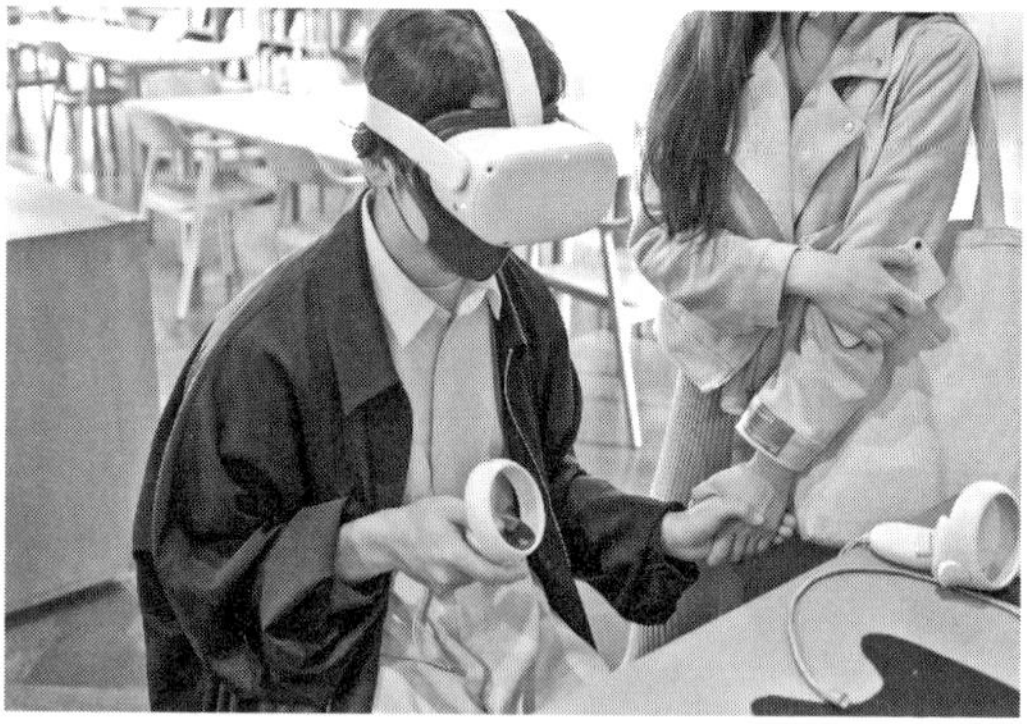

図23　実証実験の様子

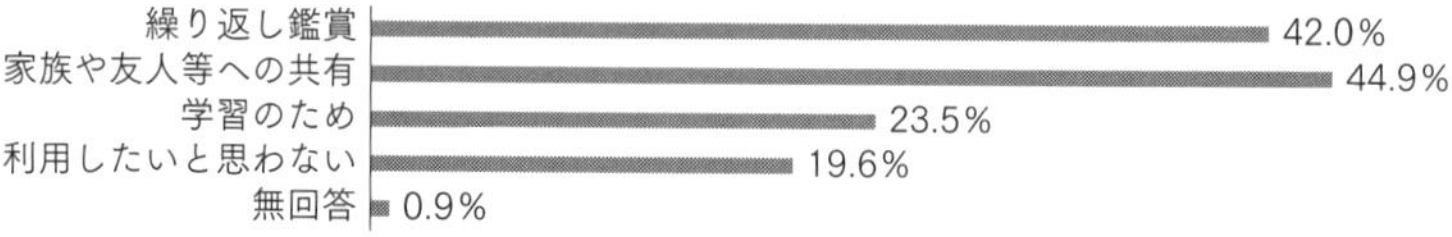

図24　展覧会VRデータを家でも利用できる場合の利用使途（複数回答）
（出典：株式会社日本総合研究所ニュースリリース（2022年09月28日）、https://www.jri.co.jp/page.jsp?id=103577）

「AOMORI GOKAN」が２０２０年から開始されている。

　弘前れんが倉庫美術館と十和田市現代美術館は、アートマネジメント事務所のエヌ・アンド・エー株式会社（Ｎ＆Ａ）が指定管理を行っている。Ｎ＆Ａと日本総研とのパートナーシップのもと、アート分野における共創型ＰＰＰの好事例となっているこの2館を対象に、展覧会のデジタルアーカイブの可能性を検証する実証実験を、２０２２年7月、日本総研が事業主体となって行った。具体的には、弘前れんが倉庫美術館で過去に開催した展覧会の３Ｄデータを ＶＲ（Virtual Reality）ヘッドセットで鑑賞する実験である［図23］。併せて、十和田市現代美術館の展覧会データもＶＲで鑑賞できるようにした。

　実証実験の結果、ＶＲによる過去の展覧会や遠隔地の展覧会鑑賞は、参加者にとって十分に価値があることが確認された。また、自宅での繰り返しの鑑賞や親しい人たちとの鑑賞体験のシェアといった、VRデータならではの鑑賞体験ができることに、参加者が価値を感じていることも明らかになった〔図24〕。

一方、VRデータで展覧会を鑑賞できるようになると、施設を訪れる人が減ってしまうのではないかとの危惧があったが、これに対しては、むしろ実際に施設を訪ねたいという意欲が高まることが確認された。VRデータを提供することは、来館者数を減らすどころか、来館者数を増やす可能性があるということだ。

これらの結果は、展覧会のVRデータを活用するサービスの可能性を示している。美術館同士が連携し、来館者に対して他の美術館のVRデータを鑑賞できるようにすれば、美術館間の周遊性が高まり、美術館全体の収益が高まることが期待できるのだ。

ささやかな実証実験ではあったが、デジタル技術を活かすことで、これまでにない美術館同士の連携や官民連携につながることが十分に示唆された。デジタル技術の進展は、アート分野における自律協生を促すものとして作用するのである。

※1　木村純子・陣内秀信編著『イタリアのテリトーリオ戦略』白桃書房、2022年。以下、テリトーリオに関する記述は本書を参照している。
※2　日本スローフード協会のウェブサイトより引用。
※3　スローフード運動が日本で広く知られるようになったのは2000年代になってからで、各地で始まったボトムアップの活動が集結する形で2004年にスローフードジャパンが生まれた。その後、紆余曲折があり、2016年になって初めて、正式に日本スローフード協会が設立された。
※4　木村・陣内、前掲書

※5　自然災害などの困難や脅威に対し、それをいなしたり、回復を早めたりするような、しなやかさや強さを持つことをレジリエンスと言う（形容詞はレジリエント）。東日本大震災以後に頻出するようになった言葉で、国は「強靱さ」と訳し、国土強靱化（ナショナル・レジリエンス）を目標とするようになった。

※6　東京電力、関西電力、中部電力、東北電力、九州電力、中国電力、四国電力、北海道電力、北陸電力、沖縄電力の10社。１９５１年に沖縄を除く9電力体制になり、１９８８年に沖縄電力が民営化されて10電力体制となった。

※7　これに対し、先に挙げた六本木ヒルズのケースは、「特定送配電事業」と呼ばれるものだ。特定送配電事業は、２０１６年の電気事業法改正により、「特定電気事業」に代わって制度化されたもので、「自らが維持し、及び運用する送電用及び配電用の電気工作物により特定の供給地点において小売供給又は小売電気事業若しくは一般送配電事業の用に供するための電気に係る託送供給を行う事業」と定義される。簡単に言えば、小さな電力事業である。六本木ヒルズのエリアでは、六本木エネルギーサービスという会社が、特定送配電事業と、同エリア内での小売事業の双方を実施している。

※8　「令和4年版　Z世代のクルマに対する意識調査」（株式会社ＫＩＮＴＯ）。調査対象は、都内在住の22～25歳の会社員と政令指定都市のない県に在住している22～25歳の会社員のうち、普通自動車免許を保有している者。

※9　北海道のマドラー株式会社（ＣＥＯ：成田智哉氏）がこのようなサービスの事業化に挑戦していた。

※10　類似した用語に「関係人口」がある。総務省では「『関係人口」とは、移住した『定住人口』でもなく、観光に来た『交流人口』でもない、地域と多様に関わる人々を指す言葉です」と定義しており、関係客もほぼ同義である。ただし、「関係人口」は「関係人口を増やす」といった使われ方をするように「量」の増減を含意していることから、本書では地域外から訪れる人の質を問題にするため「関係客」を用いることとする。

※11　厚生労働省「令和5年簡易生命表の概況」

※12　内閣府「令和5年版高齢社会白書」図1-2-2-2「健康寿命と平均寿命の推移」（データ資料は厚生労働省「簡易生命表」、厚生労働省「第16回健康日本21（第二次）推進専門委員会資料」）

※13　内閣府「令和5年版高齢社会白書」図1-1-12「死亡数及び年齢調整死亡率の推移」（データ資料は厚生労働省「人口動態統計」、また年齢調整死亡率は「平成27年モデル人口」を基準人口としている）

※14　内閣府「令和5年版高齢社会白書」図1-2-2-4「主な死因別死亡率の推移（65歳以上の者）」（データ資料は厚生労働省「人口動態統計」）

※15　国立社会保障・人口問題研究所「日本の将来推計人口（平成29年推計）」（出生中位（死亡中位）推計）

※16　ケアに関わる概念・表現には「ケア」「支援」「援助」などさまざまなものがあり、それぞれに来歴や意味が異なるが、本書ではこれらの概念の最も広い総称として「ケア」を用いる。

※17　介護保険法第1条より抜粋。

※18　障害者の日常生活及び社会生活を総合的に支援するための法律（障害者総合支援法）第1条の2より抜粋。

※19　共生社会の実現を推進するための認知症基本法（認知症基本法）第3条第1号より抜粋。

※20　２０００年に行われた、社会福祉事業法の「社会福祉法」への改正を中心とした、社会福祉領域全般における「措置から契約へ」を基本コンセプトとする改革を指す。

※21 厚生労働省「第４回介護のシゴト魅力向上懇談会 廣江構成員提出資料」（２０１６年４月14日）https://www.mhlw.go.jp/stf/shingi2/0000121509.html

※22 ＮＴＴデータ経営研究所（令和元年度厚生労働省老人保健健康増進等事業）「複数の介護サービス事業所が連携等して行う取組に関する調査研究 報告書」（令和２年３月）

※23 志村フロイデグループのウェブサイト https://www.hakujinkai.com/recruit/index.php

※24 ＣＣＲＣはContinuing Care Retirement Communityの略で、アメリカで生まれた高齢期の暮らし方のコンセプトあるいはそれを実現した集住型施設を指す。介護保険制度における介護施設のように、ケアが必要になってから住み替えるのではなく、高齢者が元気なうちに住み替え、ケアが必要になったり終末期を迎えたりしても一貫して同じコミュニティで暮らし続けられるよう、生活サービスや医療・ケアのサービスを内包した集住型のコミュニティである。

※25 田中滋監修、田城孝雄・内田要編『地域包括ケアシステムの深化と医療が支えるまちづくり ソーシャルインクルージョンとＳＤＧｓ』東京大学出版会、２０２２年

※26 KAIGO LEADERSによるイベント「PRESENT第４回」（２０１５年12月６日）のイベントレポートより。

※27 「日本総研50周年記念『次世代の国づくり』シンポジウム パネルディスカッション抄録」『ＪＲＩレビュー』Vol.2、No.63、２０１９年

※28 地域包括ケアシステムとは「地域のなかに、ケアに関わる医療・介護サービスや生活支援サービス等の地域資源を整備しそれらを有機的に活用できる体制」を指し、団塊の世代が75歳以上となる２０２５年を目標年として、各自治体での取り組みが推進されてきた。

※29 厚生労働省「地域共生社会のポータルサイト」

※30 厚生労働省社会保障審議会介護保険部会「介護保険制度の見直しに関する意見」（令和４年12月20日）

※31 厚生労働省社会保障審議会介護保険部会資料「基本指針の構成について」（令和５年７月10日）https://www.mhlw.go.jp/content/12300000/001119105.pdf

※32 ここでは個人のケースを指す。専門職の視点に閉じてしまい、本人の意向や関心あるいは生活全般の状況を幅広に捉える視点を漏らさないようにするために、意識的に「ケース」ではなく「事例」と呼ぶことが多い。

※33 このような「組織、専門家集団、個人の間で価値観、文化、拠点の共有」がなされた状態を「規範的統合」と呼び、これからの地域におけるケアが目指すべき、医療、介護、福祉といった各制度領域のケアが統合化された（integrated）状態とされる。筒井孝子『地域包括ケアシステム構築のためのマネジメント戦略』中央法規出版、２０１４年（原典はSara Shaw, Rebecca Rosen & Benedict Rumbold. "Research report overview of integrated care in the NHS"）。

※34 「学校教育法施行規則の一部を改正する省令の制定並びに幼稚園教育要領の全部を改正する告示、小学校学習指導要領の全部を改正する告示及び中学校学習指導要領の全部を改正する告示等の公示について（通知）」（文部科学事務次官通知、28文科初第１８２８号、平成29年３月31日）

※35 独立行政法人労働政策研究・研修機構「地方における雇用創出―人材還流の可能性を探る」（ＪＩＬＰＴ資料シリーズ No.188）、２０１７年

※36 塩見一三男「地域との繫がりが若者のＵターンに与える影響に関する研究―地方出身・東京圏進学者を対象としたＵターン実施に関するケーススタディ―」『日本地域政策研究』30巻、２０２３年

※37　少し古いデータだが、コロナの影響を度外視するために、あえて古いデータを用いている。
※38　その場所に帰属する作品や置かれる場所の特性を活かした作品、あるいは、その性質や方法を指す。

CHAPTER

第 4 章

自律協生化のプロセス

場、組織、メディアのデザイン

4-1

小さな実践を社会変革につなげるには

MLP：トランジションの三層構造

第3章では、八つの切り口からコンヴィヴィアル・シティの具体を見てきた。問題は、これをどのように実践、実現するかである。公共事業や国の補助事業に依存したまちづくり以外のビジョンを描けなかったような地域、行政や企業のサービスの消費者として生きる以外の選択肢を持たなかった人々が、どうすれば自律協生的に振る舞うようになるのか。どうすれば地域社会は自律協生《コンヴィヴィアリ》化《ゼーション》のプロセスを歩み出すのか。

このことを考える足がかりとして、社会が変わる過程を三層の構造で描き出したフランク・ギールズの理論を参照したい。「Multi-level Perspective Theory（MLP理論）」と呼ばれるこの三層構造は、社会がある状態から別の状態へと変移（トランジション）する過程を説明するために考案されたものだ［図1］。

MLPは、新しいモノ・コト・ヒトがどのように既存の体制を変え、社会に変容をもたらすかを、三層の相互作用プロセスとして捉えている。三層とは、「ニッチ」「レジーム」「ランドスケー

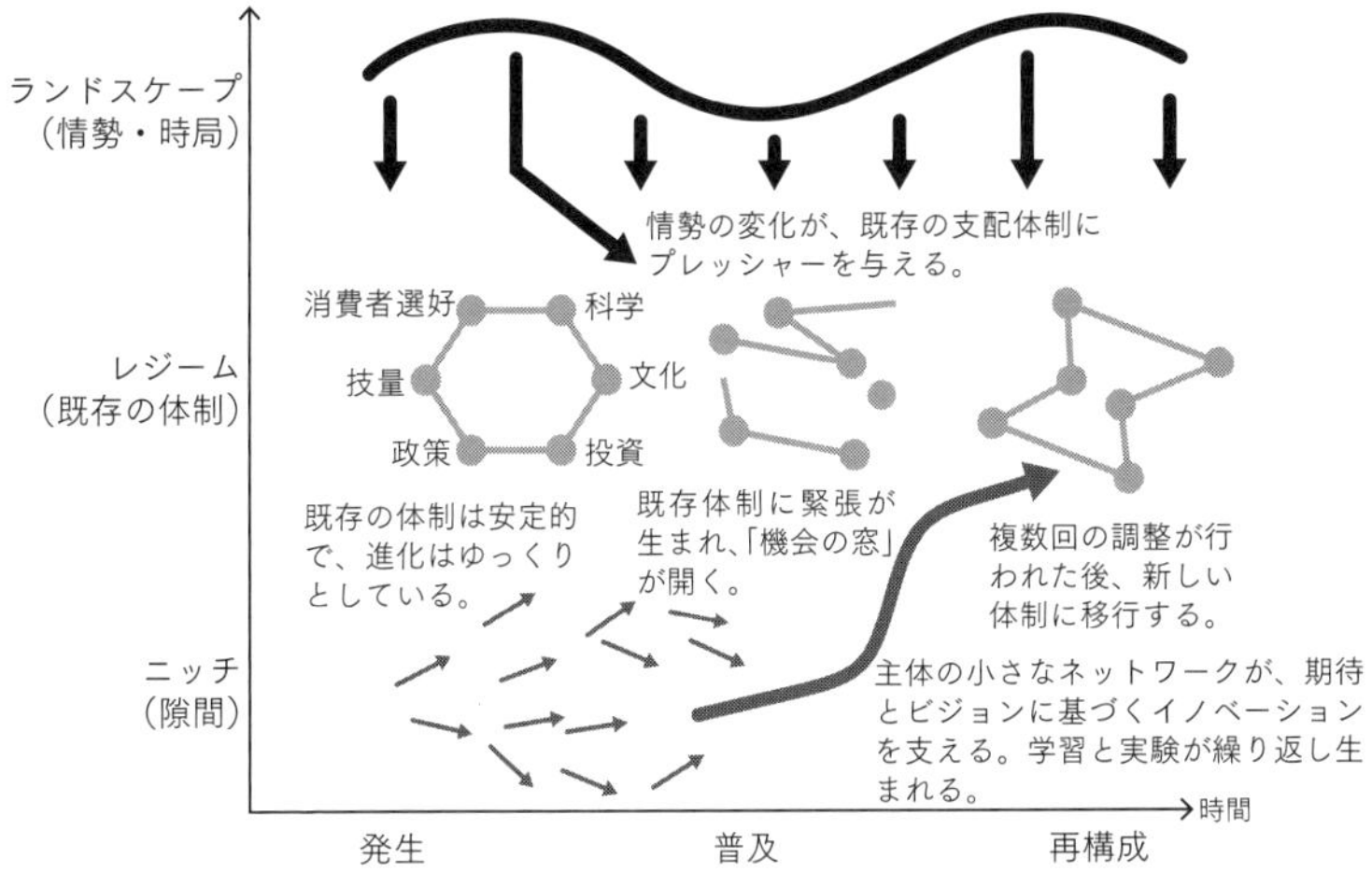
ランドスケープ
（情勢・時局）
情勢の変化が、既存の支配体制にプレッシャーを与える。
消費者選好
科学
レジーム
（既存の体制）
技量
文化
政策
投資
既存の体制は安定的で、進化はゆっくりとしている。
既存体制に緊張が生まれ、「機会の窓」が開く。
複数回の調整が行われた後、新しい体制に移行する。
ニッチ
（隙間）
主体の小さなネットワークが、期待とビジョンに基づくイノベーションを支える。学習と実験が繰り返し生まれる。
時間
発生
普及
再構成

図1　MLP理論の概念図

（出典：Geels et al., "Sustainability transitions: policy and practice", EEA Report No.09/2019, European Environmental Agency, 2019, p.27 の図をもとに筆者作成）

プ」と名づけられた各層だ。ニッチは、新奇なものが生まれ、試行・育成される隙間的な場を意味する。たとえばベンチャー企業が新しい技術を開発して起業したが、まだほとんど認知されていない状態。それがニッチである。レジームは、既存体制を指す。既存の経済構造や社会システム、ビジネス環境などがレジームだ。レジームには慣性が働き、何もなければ安定的であろうとするから、ニッチで生まれた新しい技術が入り込むことは容易ではない。しかし、ランドスケープ（情勢・時局）の変化がこの既存体制を揺るがすことがある。たとえば、災害、戦争、好不況、技術革新、新思想・新理論、疫病、環境問題などによって消費者の選好や政策が変わると、そこに「機会の窓」が開く。この「機会の窓」を通じて、新しい技術が既存体制を変える。たとえば、インターネットの登場やソ連の崩壊は、ランドスケープを大きく変えた。このランドスケープの変化に乗じて、ニッチで生まれた新しい技術やサービスが普及し、レジームが大きく変わった。

ランドスケープを「マクロ」、ニッチを「ミクロ」、レジームを「メゾ」と言い換えてもいいだろう。MLPが示唆するのは、メゾの領域であるレジームが変わらない限り、社会のトランジションは起きない、ということだ。ミクロの実践はとても大事だ。マクロの理論や情勢も重要だ。だが、それがメゾのレベル、既存体制を変えることにつながらない限り、社会は変わらない、ということである。日本がここ数十年苦しんできたのは、まさにこういうことだと思う。いろいろな学説が言われ、経済成長のためにマクロな経済政策や規制緩和策を中心に政府もいろいろな手を打ってきた。それらはすべてマクロからのアプローチでレジームを変えようという取り組みであったと言える。一方、技術開発や起業、地方創生の取り組みなど、ミクロへの支援も行ってきた。マクロもミクロもそれなりにやってきたのである。だが、最も重要なメゾレベルのレジームに風穴を開け、既存体制を再編成するような取り組みが弱かった。「点」の取り組みが点のままで、「線」や「面」にならない。ミクロとマクロがつながらない。結果として、そこここでニッチな取り組みは生まれるが、それがレジームを変えるまでには至らない。重要なのは、メゾの中間領域でどれだけ既存のレジームを組み替えるべく動けるかにかかっているのである。

マクロは何も日本全国を意味しない。特定の地域の中に目を凝らせば、そこにもマクロ（ランドスケープ）、ミクロ（ニッチ）、メゾ（レジーム）の三層構造がある。たとえば、地域外からやってきた若者が、商店街の中にある民家を改装した小さな宿を始めた（ニッチ）。いつかは自分の好きな土地で宿をやりたいという個人的な夢を実現した形だが、自然が美しく、素敵な暮らしの文化が残るこのまちに活気を取り戻したい、若い人がやってくる風景（ランドスケープ）をつくりたい。そんな思いもあっての宿の開設だった。

この小さな取り組みが、若者の願いどおり、まちの風景を変えることにつながるかどうかは、まちの人々の動きにかかっている。商店街の人々が宿を歓迎し、宿に泊まりにくる人に笑顔で話しかければ、泊まりにきた人たちは、何て素敵なまちだろうと思う。商店街に近隣農家を呼び込んでマルシェのイベントをやろうという若者の呼びかけに応じて、皆でイベントを成功させれば、賑わいが生まれる。その賑わいに惹かれて外から人がやってくるようになる。楽しくなった商店街の店主たちは、マルシェとは別のイベントを仕掛けるようになり、農家たちも田植え体験などで都市から人を呼び込み始める。そうしてまちと関わりができた若い世代の中から移住してくる人たちが出てきて、若い人がまちに溢れるようになる。このように商店街や農家が宿の若者に呼応して動き出せば、望まれていたランドスケープが実現し始める。

逆に、商店街や農家の人々が宿の若者と距離を置き続けていたら、衰退の風景は変わらないままだ。宿は少しは話題になるかもしれないが、結局はニッチのまま。まちにポジティブな影響をもたらすことはなく、衰退は加速する。

ニッチに始まったことが引き金となってまちのランドスケープを変えるようになるには、中間領域のレジーム（ここでは商店街や農家の人々）がどう振る舞うかが鍵になる。では、どうすればレジームは変化に対してポジティブに対応できるようになるのか。MLPでは、ランドスケープからのプレッシャー、すなわち外部環境の変化がレジームに機会の窓を開けると説明されている。たとえば、人口減少が進み、レジームが維持できなくなり、これまでは表舞台に立つことのなかった若い世代や移住者に発言権が生まれて、新しい動きができるようになる。有事＝非常事態だからこそ普段は受け入れられなかったことが受け入れられる。実際にそういうケースは至るところで起きている。だが、同じような状況に直面しても、レジームが変わらない地域も多い。だから、ランドスケープからのプレッシャーがレジームに変化をもたらすというMLPの説明は、少し物足りない。

　そもそも地域の人が直面しているのは、劇的な変化ではなく、緩慢な変化である。緩慢に死に向かっているようなもので、劇的でないだけに本質的な危機感を抱きにくく、ランドスケープの変化だけに頼っていては、レジームは変わらないのである。ならば、内発的・自律的にレジームの変化を引き起こせるような、そんな社会変化のモデルはないか。そもそも内発的・自律的な変化でない限り、自律協生の地域づくりの実践とは言えなくなる。自律協生化《コンヴィヴィアリゼーション》とは、ニッチにおけるミクロな実践がランドスケープの変化と呼応しながらも、レジームの変化を内発的に引き起こしていくような社会変化のプロセスに他ならないからだ。

鯖江市の実践から生まれた「内発的実践のエンパワメントモデル」

自律協生の前提となる内発的・自律的な社会変化のモデルとして参考になるのが、2015年から福井県鯖江市で活動してきた森一貴さんが自身の実践をもとにモデル化した「内発的実践のエンパワメントモデル」だ。

図2　鯖江のRENEW

まず、鯖江で起きたことを概観しておこう。鯖江はものづくりのまちで、越前鯖江地域には、メガネ、漆器、陶器、和紙、刃物、繊維など七つの地場産業が集積する。この鯖江の画期となったのが2015年である。この年、鯖江でデザイン事務所TSUGIを立ち上げた新山直広さんの発案で、工房見学イベント「RENEW」が始まった［図2］。新潟県燕三条のオープンファクトリーイベント「燕三条　工場の祭典」に想を得て始められたもので、地場産業の工房を外部の人に見てもらい、ものづくりの世界に触れてもらいつつ、直売なども行う2日間のイベントだ（近年は3日間の開催）。

初年度の出展社は21社、来場者数は1200人だったが、今では3日間で延べ3万人以上を集客するイベントに育っている。初年度は鯖江の河和田地区の企業のみの参加だったが、2年目からは鯖江市、越前町、越前市へと広がり、120社の企業が集まった。

RENEWは、主に三つのコンテンツからなる。第一は、参加事業者によるもので、各事業所で行われる工房見学、ワークショップ、商品販売などだ。ここに職人との宴を楽しむ企画や、たたら製鉄を体験するイベントなど、事業者とそのチームによる企画が加わる。第二は、RENEW実行委員会が提供するものだ。2018年から開催している日本全国の実践者約20社が出展するマーケット「まち／ひと／しごと」と、トークやライブのイベントがこれにあたる。第三が、他団体がRENEWの時期に合わせて実施する企画で、たとえば県（産業支援センター）や市によるトークイベントなどである。参加者は、これらを巡りながら、越前鯖江エリアでの3日間を堪能するのである。RENEW自体が、多様な主体が自律協生的に参加する場になっていることがわかる。

RENEWは地域にどのような影響を与えてきたのか。まず、近年、地場産業への就職者および開催地域への移住者が見られるようになった。2019年度からは、RENEWの参加事業者が就業希望者に合同で企業説明を行う「産地のくらしごと（旧・産地の合説）」が始まる。また、外部との接点を持つことに可能性を感じた事業者たちは、ショップ機能を持つ施設を開設するようになった。その数は35にのぼる。ショップが増えたことで、RENEWの開催時期以外でも鯖江を訪ねることが楽しくなった。結果、特にイベントのない日でも、まちを歩く若者の姿が普通に見られるようになった。これらを受け、RENEWは、国土交通省が実施している令和2年度地域づくり表彰の最高賞である「国土交通大臣賞（地域づくり部門）」を受賞。さらに、総務省主催の令和2年度ふるさとづくり大賞（団体表彰）、一般財団法人地域活性化支援センター主催の令和2年度ふるさとイベント大賞（優秀賞）、公益財団法人日本デザイン振興会主催のグッドデザイン賞2019も受賞し、一躍、注目される存在となった。

RENEWは、地域外に向けて越前鯖江エリアをブランディングするアウターブランディングとともに、地域の人々が自らが暮らす地域をポジティブに捉え直すためのインナーブランディングをも狙っていた。単なる工房見学イベントでなく、地場産業の衰退で元気がなくなった地域の事業者たちに自信と誇りを回復させるための取り組みとして始まった側面が強い。もちろん、地場産業の衰退は産業構造の問題であり、それを転換させるだけの力はRENEWにはない。しかし、事業者たちのマインドを覚醒させることはできる。実際、RENEWをきっかけに、下請けが中心だった事業者たちがオリジナルブランドを持ったり、工房併設のショップで直売したりといったことが始まるようになった。明らかにRENEWは事業者たちのマインドを変え、新しい挑戦を始めるきっかけをつくったのである。若い人たちが自分たちのやっていることに関心を持ってくれる。なかには、ものづくり企業で働きたいと移住してくる人まで現れる。その事実が、事業者たちのマインドを変えたのである。地域に自信と誇りを回復するきっかけに、RENEWはなり始めている。

「持続可能な地域をつくる」をビジョンとするRENEWのキャッチコピー（コンセプト）は、2019年までは「来たれ若人、ものづくりのまちへ」だったが、2020年からは「共につくろう、変わりつづけるものづくりのまちを」に変更されている。最初は外部の人への呼びかけだった

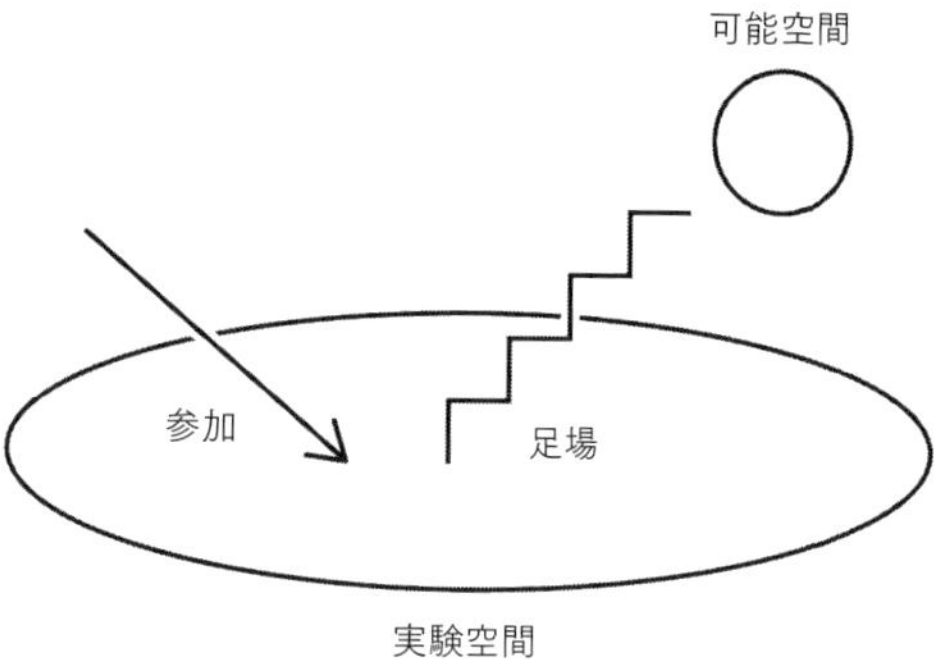

図3　内発的実践のエンパワメントモデルの概念図
（提供：森一貴。初出は、森一貴「産業観光イベント『RENEW』と自律的な地域変容のためのデザイン 内発的発展論およびEzio Manziniの理論をもとに」『ふくい地域経済研究』第34号、2022年）

ものが、地域の人々も含めたより広い対象への共創（Co-Design）の呼びかけへと変化したことがわかる。まずは外部の若者に注目してもらうまちにする。その上で「共につくるまち」へと進化することが、持続可能であるために重要だという認識からだろう。

　このRENEWの立役者の1人が、2015年に鯖江にやってきた森一貴さんである。森さんは、半年だけのお試し移住体験プログラム「ゆるい移住」に参加した時期がたまたまRENEWの立ち上げ準備の時期に当たり、他にやることもないからと手伝い始めたのがRENEWに関わり始めた最初だった。東京大学を出て、3年ほど東京のコンサルティング会社で働き、そこを辞めて、新しい仕事が始まるまでの半年間の時間を潰すつもりで来た鯖江だったが、結局そのまま鯖江に居続け、2017年から2020年にはRENEWの事務局長を務めるなど、RENEWを大きく育てることに貢献した。そんな森さんが、RENEWの実践経験をもとに、Co-Designの理論やソーシャルイノベーションの理論を踏まえて提案したのが、「内発的実践のエンパワメントモデル」である。以下、森さんの論考[※1]をもとに、RENEWの実践から導かれたモデルを説明していこう。

内発的実践のエンパワメントモデルは、「可能空間の可視化」「足場の架設」「実験空間の創出」「参加の促進」の四つの要素で構成される［図3］。これをRENEWに即して説明すると、まずRENEWは、何より「このまちで描きたい景色を、可能空間として現実化する」役割を担った。鯖江にとっての可能空間とは、「若い人が溢れるまち」であった。RENEWはそれを可視化する機能を果たしたのである。初年度、半信半疑だった事業者たちも、実際に1千人を超える若者たちが来て、工房を訪ね歩く風景を見たときに、「若い人が溢れるまち」が決して夢物語でないことを悟った。初年度を終えたとき、それまでは積極的ではなかった事業者が「次はいつやるんだ？」と前のめりな参加意識を見せたという。「可能空間の可視化」は、やる気に火をつけ、自律的・内発的な動きを生む契機となったのである。

やる気はあっても一歩が踏み出せない人に対しては、「足場（Scaffolding）」を架けることが有効だ。木に登ってみたいがどこに足を架けてよいかわからない子に対して親がやるべきことは、子どもを担ぎ上げて木に登らせることでなく、自分の膝や背中を足場として差し出すことだ。足場を得た子どもは、自らの力で木にとりつくことができる。[※2] それと一緒で、やる気はあるが一歩目をなかなか踏み出せない人も、足場があることで前に進むことができる。RENEWで足場として機能したのは、一つは参加事業者との協働のプロセス自体だ。事業者の工房や工場に人を迎え入れるRENEWは、事業者抜きに事務局だけで進められることはないため、常に協働が必要となる。事務局が伴走することで、目指す先が明確になるとともに、「そこに至ることが可能である」という確信をも創出する足場の機能を果たす。もう一つは、事業者間でのノウハウの共有だ。他の事業者による知識と実践の共有が、まだ慣れていない事業者にとっての足場として機能してきたのである。

足場を得た事業者は、RENEWを新しいワークショップや新商品の発表の場として活用した。ライブや職人と酒を酌み交わすイベントの企画など、通常の事業活動では行いえないような多様な実践がRENEWでは許される。RENEWは、失敗が許される寛容な「実験のプラットフォーム」として機能することで、産地における「実験空間の創出」という役割を担ってきたのである。

ここまで見ただけでも、RENEWがいかに事業者の自律的・内発的な活動を促す工夫に満ちていたかがわかる。そして、参加のハードルの低さもRENEWの特徴だ。これまでの蓄積があるので、来場者数は事前にある程度予測できるし、工房開放のイベントは自社の工房・工場を開くだけなので、特別な準備をすることなくできる（ただし参加費はかかる）。足場はあるし、実験もできる。このようなハードルの低さは、「参加の促進」を生む。

このようにして内発的実践が引き出されるわけだが、RENEWの参加者に起きた「意味形成（sense-making）」についても森さんはその重要性を指摘している。意味形成とは、RENEWの期間中、来場者から「かわいい」「すごい」などと肯定的な評価をもらい続けることを通じて、参加事業者や実行委員会メンバーが地場産業や越前鯖江という自らの地域を肯定的に捉えられるようになったことだ。それにより、「もっとやれることがあるんじゃないか」とよりポジティブな実践へと向かう内発的動機が育まれるとともに、「できる」「やれる」「自分たちには可能性がある」というメンタリティが地域全体のカルチャーとして定着していく効果が見られたという。RENEWが狙っていたインナーブランディングは、想像以上にうまくいったと言えるだろう。ブランディングとは、新しい「意味形成」を引き起こすことに他ならない。「創造的な産地をつくる」というTSUGI＝新山さんのビジョンがまさに実現されつつあるのである。

ニッチ・ランドスケープ・レジームの三層に照らした場合、RENEWはどのように解釈できるだろうか。RENEWは、河和田地区における民間の取り組みとして始まっている。行政は開催に向けて支援はしたが、補助金などはつけていない。まさにニッチとして始まったのである。2年目以降、開催地域が広がるなかで、ニッチだったRENEWは産地全体に影響を与えるようになった。レジームが変わってきたのである。それにより、工房併設型のショップが増え、RENEW開催期間中以外にも若い人たちが越前鯖江エリアを訪ねるというランドスケープの変化が生まれた。単に外的に変わっただけではない。事業者のマインドや産地のカルチャーにも影響を与えている。RENEWの成果を受けて、福井県が「産業観光ビジネス支援事業」などの補助金を創設するなど、産業観光の活性化を支援する動きが活発化した。RENEWは、越前鯖江エリアを越えて、福井県全体に影響を与えている。

MLP理論の三層構造で言えば、RENEWでは、ニッチな動きがレジームに風穴を開けて、ランドスケープを変化させたと捉えることができる。これが可能になった背景には、RENEWの創設期に河和田地区の区長会長を務め、鯖江の眼鏡業界にも大きな力を持っていた谷口眼鏡の谷口康彦社長が、RENEWの立ち上げから全面的に協力していたことが挙げられるだろう。区長会長として自身も地域づくりの試行錯誤を重ねていた谷口さんは、新山さんの案に賛同し、RENEWの実行委員長を務めた。河和田地区というニッチな場所でのイベントだったが、初めからレジーム側の人間が参加していたからこそ、その後のレジームの変化が起きたのである。

エツィオ・マンズィーニのＳＬＯＣシナリオ

RENEWの実践から導かれた内発的実践のエンパワメントモデルは、特定の地域で自律協生の地域づくりを進めていく際に大いに参考になるモデルだ。ただし、エリアを越えた動きに展開することはなかなか難しい。日本全体で見れば、あくまでも越前鯖江エリアのニッチな動きに過ぎず、日本社会のレジームやランドスケープといったより大きな社会変容につなげていくには、内発的実践のエンパワメントモデルとは別のモデルが必要だ。

そこを補う上で参考になるのが、イタリアのデザイン研究者エツィオ・マンズィーニが提唱するSLOCシナリオである［図4］。SLOCはSmall、Local、Open、Connectedの頭文字をとったもので、ある特定の地域や分野におけるスモールでローカルな実践であっても、自らをオープンにしてより広い世界とつながることで、社会に大きなインパクトをもたらしうると主張するものだ。

SLOCシナリオの前提には、コミュニケーション手段の発達がある。とりわけ1990年代以

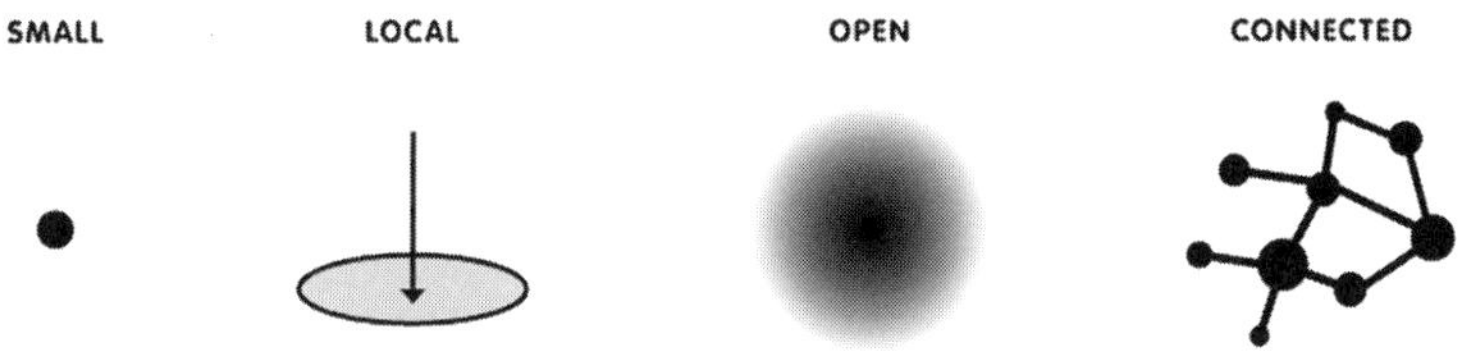

図4　エツィオ・マンズィーニのSLOCシナリオ（出典：Dsi & Ezio Manzini）

降のインターネット網の構築が大きい。インターネット網が世界中に張り巡らされたことで、スモールでローカルな実践が世界中とつながることができるようになった。それにより、スモールでローカルな実践（ニッチ）であってもレジームやランドスケープの変革に大きな影響を与え得る時代になったのだ。

このことの意味は想像以上に大きい。これまでは、社会を変えようと思ったら、マクロ（ランドスケープ）かメゾ（レジーム）にアプローチすることが必須だった。スモールでローカルな世界では、ミクロ（ニッチ）に閉じてしまい、それよりも大きな世界にはアプローチできない。だから、社会を良くしたい、社会にインパクトを与えたいと志す人々は、官庁や大企業などのより大きな世界を目指した。そして、そういう〈大きな〉志向を持つ人をエリート、ニッチな領域に留まる人を非エリートと見なすような風潮が生まれたのである。その結果、エリートの世界と非エリートの世界との間には分断・格差が生まれてしまった。その分断は何をもたらしたか。マクロとメゾの世界しか知らないエリートは、俯瞰して論じるのは上手な反面、ミクロの世界に対する解像度は低く、実践にも慣れていない。逆に、ミクロの世界で動く非エリートは、現場に対する解像度は高い反面、俯瞰した視点を持ちにくく、抽象化にも慣れていない。たとえて言えば、エリートの世界は空中戦で、非エリートの世界は地上戦だ。お互いの違いを尊重し、それぞれの持ち味を活かしながらうまく連携できればよいが、そうはならないままにエリートが非エリートを率いるような構図ができる。戦略には俯瞰が必要で、そうなるとどうしても俯瞰して全体を語れる空中戦側が主導権をとりがちだからだ。結果、現場を知らないエリートが旗振りをするようになるのである。高度経済成長期のような、みんなが同じ方向を向いていた時期はそれでも良かったが、社会が成熟し、ニーズも価値観も多様化した現在では、空中戦の論理で地上戦をコントロールしようとしてもうまくいかない。政策や戦略の機能不全が目立つようになってきた背景には、そういう変化がある。

これに対し、SLOCシナリオが示唆するのは、ミクロ（ニッチ）の実践がミクロに閉じず、マクロ（ランドスケープ）やメゾ（レジーム）に大きな影響を及ぼしうるということだ。小さな実践が小さな実践で終わらない。一つ一つは小さな実践かもしれないが、それらがネットワークされることで、社会を変えるような大きな変化になる。マクロやメゾからアプローチしなくても、ミクロを突き詰めていくことでマクロやメゾの変革に荷担できる。そういう時代になっているのである。

当然、エリートの定義も変わる。これまでのように、〈大きな世界〉を目指す人、空中戦を志向する人がエリートではなく、泥臭く地上戦をしながらもネットワークを広げ、そのネットワークによって全体に影響を与えられる人。ニッチな領域でミクロの実践をしながら、マクロなランドスケープを変え、メゾのレジームを変えられる人。そういう人がSLOCシナリオで求められるエリート像だ。主導権が地上側に移るのである。空中戦の役割は、地上で戦う人々を援護射撃したり、環境や兵站を整えたりすることになる。上空で戦略を考えるエリートと地上で奮闘する非エリートという、従来の分断・格差は消失してゆくだろう。

ニッチ・レジーム・ランドスケープの三層構造は依然として残るだろうが、ニッチのネットワークが影響力を持つことで、より現場に近いところに権限は分散されてゆくはずだ。社会構造はトップダウン的なものからボトムアップで自律分散的なものへとシフトする。環境や持続可能性を考えたときに、このようなシフトは不可避だ。第3章で見たように、スモールでローカルな範囲で持続可能な仕組みをつくる実践が重要な時代になるのである。

そのための知見や技法は、他地域の実践に学ぶ。スモールでローカルな範囲での実践を閉じたものにせず、そこで得られた知見や技法を別の地域でも使えるように情報を整理・集約・格納し、意味づけ、学び合えるコミュニティを育てることが重要になる。ミクロ＝ニッチで認識された課題や試みを共有し、対話することで、ミクロ＝ニッチの進化や成長を促すのである。そのためのハブやプラットフォームとしてメゾのレジームが機能するようになれば、社会変革が可能になる。このように、〈下から〉の社会変革の可能性を示唆するのがSLOCシナリオである。

マンズィーニは、スモールでローカルな実践が局地的なものに留まらず、国境を超えた人の流れや知識の共有につながっていくようなあり方を「コスモポリタン・ローカリズム」と名づけている。[※3] 日本に留まらず、国境を越えて通じ合える地域と通じ合い、学び合う。自律協生はそういうコスモポリタンなネットワークの力も借りることで、それぞれの国のランドスケープを変えてゆくだろう。

4-2

人と人が共創する場をつくるには

1 ― 媒介となる第三者の存在

自律協生的な社会変革のプロセスはイメージできたと思う。その一方で、自律協生化《コンヴィヴィアリゼーション》を担う個々人の動きはどうしたら生まれてくるのかという疑問は残る。人はどうすれば自律協生へとモチベートされるのか。自律と協生の二つの側面から考えてみたい。まずは協生だ。

自律協生の地域づくりには、業界や世代や地域の壁を越えて協生の関係を築くことが求められる。とりわけ官と民の連携・役割分担が鍵となるが、言うは易しで、それを実践するのは並大抵のことではない。官と民とでは行動原理が違いすぎるし、公共事業に慣れてきた地域では民間企業は行政への依存体質が染みつき、行政は民間を業者扱いすることが習いになっている。

官と民との壁だけではない。業界の違い、世代の違い、地域の違い。価値観も文化も行動原理も違う人々が、その間にある壁を乗り越えて協生関係を生み出すことは本当に難しい。

残念ながら、こうすれば良いという黄金律が存在するわけではない。政治哲学からゲーム理論まで、抽象的にはさまざまな理論や考察が生み出されてきたが、それが実際の協生関係の創出に役立つかと言えば、そんなことはない。現場での実践知に勝るものはない。

では、どうすればつながるべき人々がつながり、信頼関係を構築できるのか。筆者らの取り組みを含めた実践例から、その要素や方法を考えてみたい。

業界や世代や地域を越えてつながるためには、まずは媒介となる第三者が必要となるケースが多い。同じ地域の中に暮らしていても、業界や世代が違うと、意外と交流がないものだ。たとえば、同じ地域に暮らす農家と漁師はほぼ交わることがない。同じ農家でも、育てる品目や田畑の規模が違えば、話をしたことがない、話をしようとしても共通の話題がないということはよくある。地域は想像以上に縦割りなのだ。

そういう人たちがお互いに知り合うためには、媒介となる第三者が必要になる。地元民かヨソ者かは問わない。どちらかに肩入れするのではなく、どちらとも等距離に付き合える人。そんな人が間を取り持つのがいい。紹介してあげるだけで意気投合する場合もあれば、お互いに接点が見つけられずに話にならない場合もある。お見合いと一緒で、うまく話が続かない場合には、両者のことをよく知る第三者が共通に興味を持っていそうな話題を振るなど、何らかの仕掛けが必要になる。

その点で媒介者に求められるのは、編集の力である。編集にはさまざまな定義や使い方があるが、ここでは地域の人や事物の中に新しい意味や文脈や物語を見出し、それらをつなげたり組み合わせたりすることを通じて、それまでになかった価値や魅力を醸し出す力のことを編集の力と呼ぶこととしよう。そういう力を持つ人がいると、縦割りだった人間関係に横串が通り、面白いことがそこここで起き始める。まるでぬか床で菌が働きだすように、地域が醗酵して、光を放つようになるのだ。

部外者が果たしうる大きな役割が、この媒介者となることである。部外者は、部外者であるがゆえに地域を俯瞰できる。しがらみから自由な曇りなき眼で、この人とこの人は合いそうだなとか、この人とこの人つなげばそこから新たなつながりが生まれるかもしれないといったことを考えられる。また、部外者ならではの無知の知により、その人の人となりを聞いていくことで、地域の人が知らないようなネタを手にすることができたりもする。そのネタを肴に人と人をつなげば、それまで共通の話題がないと思っていた人の間でも会話に花を咲かせることができたりする。

筆者らが地域で実践していることもそういうことだ。地域に入っていく際には、まずはいろいろな人に話を聞きにいくことで関係をつくる。その中で、この人とこの人は合いそうだとか、この人の言っていた話とあの人の言っていた話がつながりそうだと考えることで、引き合わせることを試みる。引き合わせの手段としててっとり早いのは宴会で、それも居酒屋でなく持ち寄り形式のパーティやバーベキューがいい。一次生産者は自分が育てたり獲ったりしたもの、二次生産者は自分が加工販売しているものを持ち寄ってくれるが、これがとても楽しい。第3章で述べたように、「美味しい」は人をつなぐのだ。しがらみのない第三者が声をかけて、皆で集まって美味しいものに囲まれた宴をすれば、人はつながるし、地域の自然の恵みをいただくことで土地とのつながりも実感できる。「今の若者は飲まない」「飲みニケーションは嫌われる」と言われるが、それは地域のどうしようもないオヤジたちが幅を利かせるハラスメントだらけの飲み会の話。地域の豊かさ、人の面白さを実感できる宴の場には、若い人も出てくるし、積極的に楽しんでくれる。地域のしがらみから自由な、「美味しい」に満ちた喜び溢れる場を嫌う人はそういない。

2｜力合わせの契機をつくる

出会って、話し合える間柄になることがまずは重要だが、話し合うだけでは距離が埋まらないことも多い。そもそも話すのが苦手という人も多い。そういう場合は、手仕事を共にしたり、一緒に身体を動かしたりするといい。力合わせが必要な作業ならなお良い。大きなものを持ったり、重い物を運んだりなど、文字通り力合わせをしながら一緒に何かをつくりあげることは、人の協力関係を育むからだ。もちろん、うまく息が合わずに揉める場面も出てくる。主張と主張がぶつかって、せめぎ合うこともある。せめぎ合ったら、話し合う。話し合って方針が決まったら、また力合わせをする。この「話し合い↓力合わせ↓せめぎ合い」のプロセスを繰り返しているうちに、人間関係はどんどん深まる。信頼関係が生まれ、言葉に頼らなくても、わかり合えるようになる。

かつての地域の暮らしには、この力合わせの契機が満ちていた。田植え、稲刈りはもちろんのこと、屋根の葺き替え、道や用水路の整備、草刈りに加えて、年に一～二度の祭りがある。祭りは力合わせの宝庫だ。藁を綯《な》い、竹を切り出し、お供えを用意して、神様をお迎えする準備をし、当日は神輿を担ぎ山車を引き回す。神輿も山車も皆で息を合わせて動かさなければ大怪我をするから、真剣な力合わせの場である。祭りの途中にも酒食の振る舞いがあり、終了後には直会《なおらい》がある。この準備は女性たちが総出で行う。もちろん、祭りの準備の段階で何度も話し合いの場が持たれる。祭りには「話し合い→力合わせ→せめぎ合い」の契機が満ちている。

祭りは、普段の顔や役割とはまったく違う側面を見せられる見せ場になっている。「お祭り男」という言葉があるが、普段は大人しくしていても、祭りになると神がかったように別人になる人がいる。そういう人が神輿や山車の上で音頭をとる姿は神々しいまでに格好いい。普段の秩序とは別の秩序が祭りにはあり、それが多様な人間に居場所と出番を与える。「話し合い→力合わせ→せめぎ合い」のプロセスに加え、こういう非日常の舞台があることが、多様な関係をつくりだし、協生のネットワークを編み上げていく。祭りは、伝統的な集落が編み出した協生の技法と言っていい。

前述の森さんの「内発的実践のエンパワメントモデル」の舞台となった福井県鯖江市では、河和田地区に若者の移住が増え出した頃に移住者と住民とが交じり合わないことに問題意識を持った当時の区長会長・谷口さんが、祭りを融合の装置として活用している。移住者と住民から同じ人数を出して実行委員会を組成し、祭りの準備から当日の運営までを進めさせたのである。これがそれまで交じり合わなかった移住者と住民をつなげることに役立ったという。新旧の住民がなかなか交じり合わないというのは、どのまちでも聞く話だが、鯖江では祭りという伝統的な協生の技法を上手に使うことで、この壁を乗り越えたのである。

何も伝統的な技法でなければならないわけではない。要は皆で力合わせをする機会があればよいのだ。合唱や合奏大会、運動会や文化祭などの行事やイベントは、学校で生徒たちが力合わせをする契機となってきたからこそ続いているのだろう。

図5　写真甲子園（出典：写真甲子園実行委員会「写真甲子園 2024」のウェブサイト）

継続するイベントの力を教えてくれるのが、北海道東川町の例である。東川町は、過去十数年の間に移住者が増え続け、今では住民の半分が移住者という信じられない出来事が起きているまちである。地方創生の成功例として注目が集まる東川町を有名にしたのが、「写真の町」としてのブランドづくりである。その一環として始めたのが、「写真甲子園」である。年に1回、全国から各地域での審査を勝ち抜いてきた18校の高校生を招き、1週間ほど滞在してもらって東川の写真を撮影し、その出来映えを競うイベントで、すでに30年以上の歴史がある［図5］。このイベント、運営を任せていた代理店が倒産したため、途中から役場職員が総出で運営することになったという。毎夏、職員は担当課に関係なく動員される、役場の手づくりイベントだが、これが思わぬ副産物を生んだ。仕事を離れて皆でイベントを成功させるべく力合わせをすることで、人間関係が豊かになり、それが普段の業務でも縦割りを廃して動けるような協生関係を生んでいるというのである。東川町の役場の人に会うと、柔軟で協力的な人が多いことに驚かされるが、その背景には夏のイベントで課の垣根を超えて力合わせをしてきた30年以上の協生の歴史があるのである。

3 ―子どもを真ん中に置く

東川町の場合、写真甲子園が高校生を対象にしたイベントだったたという点も大きいように思う。未成年を迎え入れる場合には、迎え入れる側も間違いがあってはいけないと気を遣う。また、運転免許証がないから、移動には常に送り迎えが必要になるし、食事も好き勝手にどうぞというわけにはいかない。要は手を焼かないわけにはいかない存在が未成年＝子どもである。

しかし、それが迎え入れる側を一つにしていくのである。子はかすがいと昔から言うが、子どもはそれまで関係のなかった大人同士をつなぐ媒介者であり、力合わせの契機にもなる存在である。何よりかわいい。大人なら腹が立つことも、子どもなら「しょうがないなぁ」と笑って許せる。子どもができて実家に帰省すると、自分には厳しかった実親が孫には相好を崩し、甘やかすのにびっくりしたという経験をした人は多いと思う。また自分に子どもができてから、親との関係が良くなったという人も多いだろう。親子のわだかまりを孫の存在が融かしていくのである。子どもにはそれだけの力がある。それまでになかったつながりを地域の中に生み出す存在が、子どもである。

今、日本総研では、武蔵野美術大学と共同研究を進めている。共同研究の相手方となる教授たちが多く所属するクリエイティブイノベーション学科では、毎年、3年生と修士1年生が9～10月の1カ月間に「産学連携プログラム」に従事する。産学連携プログラムは、地域に学生が住み込んで、その地域の課題と向き合い、デザインやアートの力で何ができるかを考え、カタチにするプログラムである。このプログラムを見ていても、子どもの力を実感する。

大学生を子どもと呼ぶのには語弊があるが、地域の人々にしてみれば孫の世代であり、かわいらしい子どもたちであることに変わりはない。運転免許証を持っていない子も多いし、何かと世話を焼くことが必要になる。美術大学の学生たちは、個性的で面白い子が多い。髪の毛の色やファッションが奇抜な子、しゃべりは下手だけれども絵を描くことが上手な子など、感性が豊かで何かを表現したいと思っている子が多いから、身体的なレベルで住民たちと通じ合い、コミュニケーションができる。だから、地域にも馴染みやすい。地域の人々も面白がって受け入れてくれている。

日本総研と武蔵野美術大学は、共同研究のフィールドとして複数の地域に入っているが、産学連携プログラムで学生を送り込んでいる地域と送り込んでいない地域を比べると、現地の人々との距離感が明らかに違う。学生を送り込んでいる地域の方が、現地の人々と信頼関係を築きやすく、いろいろなことがスムーズにいきやすいのである。学生たちの存在が大人同士の間にある壁を融かしてくれているのを実感する。

学生も含め、大人が庇護する対象を子どもと呼ぶとすれば、子どもを真ん中に置くと、それまでになかったつながりが生まれ、協生の関係が育つということなのだろう。子どもは、地域のソーシャルキャピタル（社会関係資本）を豊かにし、協生の土壌をつくる契機となるのである。

4-3 人のやる気をモチベートするには

1―話を聞く：愚痴から自治へ

協生の前提には自律があるべきだ。何かに強制されるのではなく、自ら主体的に人と力合わせをするのが協生だからだ。では、その自律や主体性は、どうすれば引き出せるのか。

鯖江の「内発的実践のエンパワメントモデル」は、自律的・主体的な実践が生まれるために必要な要素をうまく説明している。だが、そもそも関心を示さない人、やる気のない人に、このモデルが通用するかは微妙だ。それに、「可能空間の可視化」と言っても、そもそもその可能空間が描けない場合がある。そういう場合には、このモデルは通用しない。

日本総研では、可能空間をまったく思い浮かべることができない状況を東日本大震災後の福島で体験した。原発被災地には、放射能汚染という大きすぎる困難を前に、何を言ったところでどうにもならない状況を生きる人々がいた。放射能で汚染された地域が、その後どうなっていくのか、まったくわからない。だが、それでもその土地で生きたいと望む人々がいた。その人たちのために何かできないかと日本総研のボランティアプロジェクトが立ち上がったが、メンバーに言ったのは、ただ話を聞こうということだった。安易な慰めもアドバイスもせず、ひたすら聞く。全身全霊で聞く。そういう関わりをしよう。そう腹を括って、被災地に入っていったのである。

原発被災地20㎞圏内だったために人が住めなくなった福島県南相馬市小高区。そこに2013年4月から通い始めた。最初の5年間は毎月通って、住民の声に耳を傾け続けた。通い始めた当初、小高区は予断を許さない状況だった。昼間は入れるが、いつになったら住めるかはわからない。放射能の問題がいつ収束するかわからないなか、東京電力に補償金をもらっているので当面のお金はあるが、一体どうやってこの先生きていけばよいのか、皆が途方に暮れていた。仕事や子育てのことを考え、小高区を捨てて地区外に出ていった人も多い。そういうなかでも、小高に暮らしたいのだという人たちがいて、その人たちの話を聞き続けたのである。

最初は愚痴だった。東電や国や市役所に対する愚痴。あるいは、補償金をもらったことに対してやっかみがあること。不満や不安、モヤモヤ、悩みや憤りなど、消化できない感情を皆が抱えていた。その思いをひたすら聞き続けた。1人1人は聞き手である筆者に向けて話す。それを他の人も聞いている。結果、皆が互いの話に耳を傾ける形になる。それは、話し合いの場というより、聞き合いの場だった。そうやって1人1人の思いを皆で受け止めるうち、だんだんとドロドロとした感情の発露はなくなっていった。そして半年も経たないうちに、「こんなこと言っていてもしょうがない。何かやらなきゃな」という声が誰からともなく湧き上がってきたのである。

「何をしたいですか?」と聞いたら、「ここは昔、絹織物が盛んだった。お蚕様を飼って織物をつくることはできないだろうか」という声が上がった。「無理だ」「おれはごめんだ」という声もあったが、単純に面白いと思った。虫の力で汚れた大地を浄化する。何となく宮﨑駿の『風の谷のナウシカ』の王蟲《オーム》が浮かんだ。だから、王蟲の話も持ち出しながら「それはいい」と背中を押した。その日は、皆、蚕の話で持ちきりになった。小高の人は蚕のことを「お蚕様」と言う。実際に飼ったことがあるという人は思ったほど多くはなかったが、祖父母がやっていたとか、小さい頃に見たことあるとか、そういう話に花が咲いた。それをきっかけにお蚕様プロジェクトが立ち上がり、いろいろと調べ、段取りをして、翌年から実際に蚕を飼い始めたのである。

10年以上経った今もこのプロジェクトは続いており、毎年、蚕を飼って、糸を紡ぎ、織物をつくって、売るまでになった。本当に細々とした活動だが、本気で作家を目指す人も出てきた。紆余曲折があったが、残ったのは自律的・主体的に関わる人だけだ。聞くことで芽生えた自律と主体性を保持し続けた人のみが残って、今もプロジェクトを続けている。

後で知ったのだが、水俣病に苦しむ水俣で「地元学」を提唱・実践し続けた吉本哲郎氏の言葉に「愚痴から自治へ」というものがある。「ないものねだり」の愚痴はやめて、今あるものを探し、それらを組み合わせて新しいモノやコトをつくる「あるもの探し」によって、人が元気で、自然が元気で、経済が元気なまちをつくっていこう。誰かに任せてブーたれるのでなく、自分たちのことは自分たちでやろう。それが吉本氏の言う「愚痴から自治へ」である。だが、筆者が小高で体験したのは、「愚痴を吐き出したら自治が始まる」ということだった。愚痴を言うことがいけないわけではない。愚痴をきちんと聞いてもらえないからいつまでも愚痴を言っているのである。まず愚痴を聞く。そうすれば、たいていの人は「人のせいにばかりしていてもな」という気になる。愚痴なんて言うなと否定する前に、まずは愚痴を言いたくなる気持ちを受け止め、きちんと言い分を聞いてあげることが大事なのだ。

地域に、あるいは身近な人間関係に足りていないのは、この「聞いてもらう」という経験だと思う。整理できない考えやモヤモヤした感情、単なる愚痴。それらを丸ごと聞いてもらって、自分の中にあるものをすべて吐き出す。立ち止まり、進めなくなってしまっている人が前を向いて歩き出すには、そういう経験が実は重要なのだということを小高区での体験を通じて知った。

真剣に話を聞いてもらうという経験が、自律と主体性を目覚めさせる。一対一で聞いてもらう形でも、皆で聞き合う形でもいい。1人1人が、きちんと話を聞いてもらえれば、自ずと自律と主体性が育ってゆくのである。聞くことにはそれだけの力がある。

2―遊び心に火をつける

自律や主体性が最も発揮されるのは、自らの楽しみのためにワクワクしながら活動するときである。理屈抜きに、わけもなく楽しい。やりたい。そういう衝動に突き動かされているとき、人は最も自律的・主体的に物事に取り組んでいる。

それが最も端的に現れているのは、子どもが遊んでいるときだ。全力で遊んでいる子どもは眼を輝かせている。全身で楽しんでいる。何のためにやっているのと尋ねても、楽しいからという以外に理由はない。日がな一日、海で波と戯れて遊んでいた少年時代。あそこに意味なんてなかった。

ただ面白い。いてもたってもいられない。ムズムズする自分が抑えられず、すべてを放り出して海に行きたいから海に行っていたのだ。

大人になっても、そういう感覚は味わえる。スポーツやレジャーに興じているときがまさにそうだろう。スポーツやレジャーには、誰も意味なんて求めない。やりたいからやる。本当に純粋なモチベーションだ。遊んでいるとき、人は完全に自律的に振る舞っている。

だから、仕事も遊びのように楽しんでできればよいと思う。もちろん、すべての仕事が遊びのようにできるかと言えば、そんなことはないだろう。それを補うのが、共に働く仲間の存在だ。どんな仕事でも、共に働く仲間が遊び心に満ちた気持ちのいい人たちなら楽しくなる。一見、つまらない仕事も面白くしてしまうことができる。それが人間の力であり、コミュニティの力だと思う。

人口減少で人が少なくなり、雇う側より雇われる側が選択権を持つような時代になれば、楽しく仕事をできる組織、この人たちと仕事をしたいと思われる組織が支持を集め、力を持つ時代になるはずだ。人がたくさんいて、人を使い捨てにできた時代は、資本力が物を言った。しかし、これからは違う。資本力よりも、人を面白がらせる力、明るい未来を語れる力、ポジティブな空気を生み出すことのできる力が物を言うだろう。正確無比なコンピュータのような管理者でなく、人間味に溢れ、一緒にいて楽しくなる人。温かい気持ちになる人。そういう人の方が資本家より力を持つ時代に、少なくとも日本ではなるはずだ。プレイフルなリーダーが求められる時代なのだ。

3―ポンコツを愛でる

自律というのは、自分で決めるということだ。判断にはリスクが伴う。自分で決めた結果は自分で引き受けなければならない。当然、「しまった！」と思うこともあるだろうし、傍から見て明らかな判断ミスという場合もあるだろう。

人生塞翁が馬だから、何をもって失敗と言うかは本当のところ誰にもわからない。だから、失敗をどう捉えるかはとても重要だ。失敗をすることがいけないのではなく、失敗したと思うなら、その後にどう振る舞い、どう生きるかの方が重要だ。最悪なのは、失敗をした人を強く叱責し、責任を追及することで、そういう経験をした人は、以後は失敗を恐れて挑戦しなくなるし、失敗してもそれを恥じて隠すようになる。そういう風土が蔓延すると、組織はイノベーションを起こせなくなるし、組織に致命的な傷をもたらすミスに早期に気づくことができなくなる。それは組織の存続に関する本質的なリスクを高める。

失敗を恐れずに挑戦し、失敗をしてもそれを報告できるようになるためには、失敗を許容する風土があることが重要になる。失敗をしてもこの人たちなら許してくれる。そう思える安心感（心理的安全性）があるからリスクをとれるし、自分で決め、動くことができる。自律や主体性のためには、組織や集団の寛容性を高めることが是が非でも必要になるのである。

失敗に寛容な文化を有する組織として参考になるのが、武蔵野美術大学の若杉浩一教授が23年前に組織した「日本全国スギダラケ倶楽部」（以下、スギダラ）である［図6］。スギダラは、価値が低いために手入れもされず放置されているスギに新しい価値を与えようという志から生まれた集団だ。

図6　天竜杉にまたがるスギダラメンバー（提供：日本全国スギダラケ倶楽部）

会費ゼロ、会則なしの自由な組織だが、全国に27支部、公称2400人が在籍している（本当のところは管理ができておらず、実際のメンバー数は誰にもわからない）。スギダラメンバーには本当に愉快で気持ちのいい人が多い。若杉さんの人柄に惹かれ、あるいはスギを何とかしたいと思ってスギダラのメンバーになっているのだが、みんな自腹で動いている。完全にボランタリーな組織である。そんなスギダラメンバーに共通するのは、自分はある種のマイノリティだと自覚していることだろう。そもそも若杉さんがスギダラを始めたのは、デザイナーとして働いていた会社で左遷され、好きなデザインの仕事をさせてもらえず、会社の中に居場所を持つことができなくなったからだ。それでデザインの力でスギの魅力を高められないかと全国のスギの産地を訪ね、土地土地の人たちと語り合うなかで仲間を増やしていったのだが、そこでコアなメンバーとなったのは、やはりどこか現状に悶々とした思いを抱えた人たちだった。経済的に価値がないどころか、花粉症の元凶と言われ、邪魔者扱いされるスギに我が身を重ねる。そういう共通したメンタリティがスギダラのメンバーにはある。

日本総研と武蔵野美術大学の共同研究を始める過程で若杉さんと知り合い、スギダラのメンバーと付き合うようになって思ったのは、スギダラには自分の失敗談や残念だった経験を積極的にネタにして笑い合う文化があるということだ。飲み会では、自分のポンコツぶりを自慢し合い、それを肴にして笑い合っている。スギダラにおいて、「ポンコツ」は最上の褒め言葉なのである。ポンコツを愛で、ポンコツだと言われるのを無上の喜びとするような文化があるから、卒なく世の中を渡っていけない人も安心できる居場所になっている。自分がいかにポンコツかを自慢し合うコミュニティだからこそ、スギダラは「血のつながらない親戚のような仲間」のネットワークとして20年以上も続いてきたのだろう。

ポンコツでいい。そう思えることがどれだけ自分を楽にするか。ポンコツな自分をさらせる仲間がいること。それがどれだけ生きることを楽にするか。ポンコツでいいと思えれば、怖いものはない。そもそもポンコツゆえに失敗するのは当たり前だからだ。それは、恐れずに何かをやろうという気にさせる。つまり、ポンコツを愛でる文化は、自律と主体性を育てるのである。

また、ポンコツだと自覚し、それを公言することは、協生を進める契機にもなる。自分はポンコツで、こういうことは苦手だから誰かに手伝ってほしいと言えば、助けてくれる人が必ず現れる。あいつはポンコツだからフォローしてやらないとダメだと言って、サポートしてくれる人が出てくる。ポンコツは協生を育てる土壌にもなるのである。

このように、ポンコツを愛でる文化は、自律や主体性を育て、協生の契機となる。ポンコツを愛でる文化が広がることで、自律協生が促されることが期待できるのである。

4-4 地元に誇りを持つには

1 ― カメラを向ける

自律協生の地域づくりを阻む大きなものが、実は地域が抱える自己肯定感の低さである。「この地域には何もない」「こんなところに来るなんてモノ好きだね」。至るところで聞かされる言葉である。つまり、シビックプライド（地域に対する誇り）が持てていないのだ。確かに、自然も歴史も文化も人の温かさも、その地域の人にとっては当たり前すぎて、それがどれほど豊かで価値あるものかはわからないのだろう。地元の人が気づかない豊かさの価値に気づくのは、たいていの場合、Iターンや U ターン、嫁いでくる人、転勤で来る人、観光客、通りすがりの人、都市部の大学生など、外の目を持つ人だ。外の目を持つ人がやってきて、「美しい」「豊かだ」「素晴らしい」「素敵だ」と日常の風景や営みを褒めそやす。すると、最初は「何もないよ」と言っていた地元の人々も、褒められ続けているうちに、だんだんその気になってくるのである。外の目で褒めてもらうことで自信が生まれ、シビックプライドが高まる。外の目にはそれだけの力がある。

外の目と同様に人々の認識を変える力を持ちうるのが、レンズを通した目である。カメラ＝写真には、撮ること・撮られることの二面性があるが、そのどちらもシビックプライドを高める上でとても有用である。

カメラを持ち歩き、人と出会うたびその人の写真を撮らせてもらう。写真の魅力は、外の目すなわち他者の視点を通して自分を見直すきっかけを与えてくれることだ。撮られた写真を見返すことで、「こんな笑顔をするんだ」「普段こんなふうに見られているんだ」と、自分を客観視できる。そして、上手に撮られた1枚を見て、「自分も案外素敵だ」と少しずつ誇りを持てるようになる。

また、カメラを持ってまちを歩くと、その地域の見え方が変わる。スマートフォンでも良いけれど、ちゃんとしたカメラを持ち、きちんとレンズを向けて切り取る行為を繰り返していると、そのまちがどんどん魅力的に見えてくるから不思議だ。

新人の写真家に贈られる木村伊兵衛写真賞を2018年に受賞した藤岡亜弥さんは、東広島市の地域おこし協力隊員として過疎の集落に住み始めた。そこで集落の人に写真の撮り方を教えたのだが、その体験から次のような言葉を残している。

実際写真で地域おこしができるなんて考えたこともなかったんですが、去年地域の人を集めて写真教室をやったんですよ。過疎化が進む地域ですが、みんなにこの土地のいいところを撮ってもらって、それをポスターにしようっていう。参加してくれたのはみんな高齢者、写真なんてやったことがない人ばかり。だけどやっていくうちに写真を通して心を開いていく感じが目に見えて伝わってきて。いい写真が撮れると撮った方も撮られた方も嬉しくなるというコミュニケーションが成立する。さらに、これまで何気なく暮らしているのに写真に撮ったとたん「ここにこんなものがあったんだ!」っていう発見があって、見え方が劇的に変化する。私自身が生活と写真についてあらためて考える機会をもらっています。※4

何もないと思っていたまちに、宝物がいっぱい眠っていることに気づく。それが、レンズを向け、写真を撮ることの持つ不思議な力である。カメラを向けていると、自然と愛着が育つ。人であれば、撮られている方にも気持ちの変化が生まれる。カメラにはそういう理屈を越えて、身体に直接作用する力がある。

この写真の力をまちづくりに活かしてきたのが、写真家のMOTOKOさんである。彼女が提唱する「ローカルフォト」は、地域の生活者、特に女性にカメラを持たせ、撮影技術を指導する活動である［図7］。近年はカメラの進化により撮影操作が簡便になったため、撮影技術より建築やデザインを通じたまちづくり事例を学ぶことに比重を移している。この活動では、主にOLYMPUS（現・OMデジタルソリューションズ株式会社）協力のもと、スマートフォンではなく、本格的なミラーレス一眼カメラが使用されている。撮ってきた写真は、皆で評価した上で、SNSやウェブサイトにアップする。撮るものは、観光パンフレットに載るような名所旧跡や見映えのよい風景でなく、毎日の暮らしの風景だ。そこに暮らす人の笑顔や日常の営みにカメラを向けるようMOTOKOさんは指導する。日常の営みに目を凝らせば、当然、良い面ばかりでなく、課題も見えてくる。その課題にもしっかりと向き合いながら、それでもなおポジティブな側面に光を当て、こうあってほしい、こうあり続けてほしいという明るい未来のイメージを抱きながら撮ることを、ローカルフォトは重視する。これが地域を大きく変えていくのである。

まず、写真は人のコミュニケーションを変え、新たなアクションを生み出す契機となる。人の写真を撮らせてもらう時には、当然、一言断ってからカメラを向ける。撮らせてもらった写真は、許可を得てウェブサイトにアップするとともに、後日、現像して、届けにいく。このように、人の写真を撮ることで、撮る前、撮る間、撮った後にコミュニケーションが生まれる。そういう行為の繰り返しの中で、まちのそこかしこに新しい関係が生まれ、共に生きる仲間としての信頼が芽生える。

それは、閉じていたコミュニティに風穴を開け、世代を超えた知恵や知識の交換と交流を促し、地域の課題解決に向けたアクションやまちづくりの取り組み、とりわけ若者や女性による取り組みがボトムアップで湧き上がる下地をつくるのである。

また、日常の営みのポジティブな側面に光を当て、発信をし続けることで、次第にそのイメージが内外に共有されるようになる。写真を撮りながら「好き！」「素敵！」「楽しい！」と言い続けている

図7　ローカルフォトの最初のプロジェクト「小豆島カメラ」
（出典：「小豆島カメラ」のウェブサイト、https://shodoshimacamera.com/about）

と、それが次第に伝播し、何もないと思われていたまちが明るくポジティブな言葉で語られるようになるのである。ウェブサイトにアップされた写真を見た外部の人が、その地に憧れを抱き、実際に訪ねてきて、そこに暮らす人に「素敵なまちですね」と言うようになればしめたものだ。外から賞賛されるようになれば、地域への愛着が一気に高まるからだ。加えて、その土地の日常の風景や人を写真が可視化するすることで「ここなら住めるかもしれない」「こういう暮らしをしてみたい」と思う人が増え、それが移住者の増加につながるという効果も見られるようになる。

事実、2013年に小豆島で「小豆島カメラ」を結成したことから始まったローカルフォトの活動は、そこに暮らす人のシビックプライドを高め、若者や女性による課題解決の取り組みを促し、外部との交流を増やし、移住者を増加させるといった効果を生んでいる。[※5] 小豆島での成功を受け、その後、ローカルフォトは滋賀県長浜市、愛知県岡崎市、青森県藤崎町、神奈川県真鶴町などにも展開されている。写真でまちを元気にするローカルフォトの活動は、静かに、だが着実に広がりを見せている。

2 産物や風景に光を当てる

カメラ以外にもシビックプライドを高める方法はある。その一つが、地元の風景や産物に新しい光を当て、肯定的な評価の文脈をつくりだすことだ。柳宗悦らが提唱した民藝《みんげい》運動はその象徴的な例である。民藝運動は、土地土地の手仕事でつくられてきた器などを民衆的工藝（略して「民藝」）と位置づけ、そこに美を見出そうとした運動だ。1926年に柳宗悦・富本憲吉・河井寛次郎・濱田庄司が連名で「日本民藝美術館設立趣意書」を発表したことが、運動の始まりとされている。それまで下手物《げてもの》と言われた生活雑貨が、突如として芸術品として扱われるようになり、東京の知識人たちがそれこそが本物の美であると盛んに褒めそやすようになったのである。

同じような構造は、柳田國男が創始した民俗学にも言えるだろう。民俗学は、各地に伝わる民話や習俗を収集・記録し、そこに学問的な価値や文学的な価値を見出す営為だった。その象徴的な成功例が、1910年に柳田國男が出版した『遠野物語』である。『遠野物語』は、岩手県遠野の民話、民間信仰、年中行事など聞いた話を書きつづったものだが、民話を文学に高めたものとして、今なお読み継がれ、地域のアイデンティティを形成しているどころか、観光資源にもなっている。『遠野物語』がなければ遠野の名がこんなにも知られることはなかったし、遠野が観光地となることもなかっただろう。

いずれも外の知識人が地元のものに新しい光を与えた事例である。その土地にあったものに新しい光を当て、そこに新しい文脈を生み出すのは、たいていがヨソ者だ。その意味でも地域にはヨソ者＝外の目がどうしても必要になるのである。ヨソ者の目が入ることで、自分たちが当たり前すぎて取るに足りないと思っていたものの価値に気づく。その土地に暮らす人の目線だけではどうしても見過ごしてしまうものに新しい光を当ててきたのが、民藝運動であり民俗学であった。

もっとも、民藝だ民俗学だと殊更に言い立てなくとも、もっとさりげないことからでもシビックプライドを高めることは可能だ。その一つの方法が、デザインやアートの力を使って地元の産物や

図8　中本千晴さんがデザインを手がけるノサリバのチラシ（提供：中本千晴）

風景に新しい光を当てることだ。

たとえば、日本総研が関わっているものに熊本県天草市での取り組みがある。日本総研では、熊本県天草市と協定を結んで持続可能なまちづくりを研究・実践しているが、まちづくり活動の一環として天草市が主催している市民向けの勉強会「ノサリバ」[※6]の運営を武蔵野美術大学と共に手伝っている。「ノサリバ」では、毎回のチラシやポスターやウェブで使うバナーのデザインを、天草出身で東京藝術大学でデザインを学び、今は熊本市に住むグラフィックデザイナー・中本千晴さんにお願いしている。中本さんからは、天草の産物をモチーフにした、本当に見事なデザインが毎回仕上がってくる［図8］。参加者にもとても好評だ。中本さんを起用したのは武蔵野美術大学の若杉教授で、彼と中本さんが何度もやりとりするなかで、今のスタイルができあがった。

ポイントは、天草の産物がモチーフにされている点にある。中本さんが施すデザインは、土地の産物に新しい光を当てる行為になっている。それまで当たり前すぎて取るに足りないと思っていたものにデザインを通じて新しい光を当てることで、その産物がかけがえのない価値を持つものに思えてくるのである。そして、産物の持つ色を基調としたカラフルでＰＯＰなチラシやポスターは、そのまま天草の産物の豊かさと多様性を再認識させるものとなっている。地元の人たちは、いかに天草が豊かな産物に恵まれた土地であるのかを、毎回のチラシで再認識することができ、嬉しい気持ちになるのである。中本さんのデザインには、地域に自信と誇りを取り戻させる力があると言えるだろう。

3 ― ローカルメディアをつくる

地域に自信と誇りを取り戻す上で重要な役割を担うのが、ローカルメディア（地域メディア）である。ローカルメディアに明確な定義はないが、特定の地域のことを深掘りして発信するメディアのことを言う。古くからあるのは地元紙や瓦版、壁新聞、タウン情報誌、クーポン誌などで、これらも地域のことを発信するメディアという意味でローカルメディアと言えるが、ここで言っているのは、もう少し地域の文化や事物や人物、あるいはライフスタイルなどを写真と文章で紹介するものである。そういうローカルメディアが、ここ20年ほどの間に各地で生まれ、静かなブームになっている。２０１０年代後半以後、同時多発的に各地で質の高いローカルメディアが生まれている。

リトルプレスやzineとも呼ばれるそれらローカルメディアの特徴は、地域の日常を取材し、きちんとした編集を行った上で、発信していることだ。バーコードがなく、販売はしていても一般書店には流通していなかったり、フリーペーパーであったりするものが多い。いわば同人誌なので、クオリティもピンキリだが、商業主義に陥らない面白さがあるのが特徴である。

観光案内は地域の名所旧跡やグルメを切り取ったものだが、それは地元の人にとっては意味のない情報ばかりである。ローカルメディアは、何より地元の人に読んでほしい内容になっている。地元にはこんなに素敵なものがある。こんなに面白い人がいる。実はこんな知られざる歴史や背景がある。そこに暮らす人が、暮らしているからこそ見えてくるものに目を凝らし、聞こえてくるものに耳を澄まし、そうして見つけた地元の宝や魅力を地元の人々に向けて発信するのがローカルメディアである。地域のことを深く掘り下げ、思わず手に取りたくなるようなデザインが施され、魅力的な写真やイラストに溢れた小冊子。外に向けてではなく、内に向けて地域の魅力を発信する媒体。それがここで言うローカルメディアである。

そんなローカルメディアの中でも、20年近く続いてきた〝老舗〟とも言える双璧をなすものが、岩手県盛岡市の『てくり』（2005年創刊）と福岡県北九州市の『雲のうえ』（2006年創刊）である。どちらも年に2回の刊行が基本で、2024年11月時点で『てくり』は33号、『雲のうえ』は第39号が発刊されている。『てくり』は盛岡市在住のフリーランスで構成するLLP（有限責任事業組合）「まちの編集室」が編集・発行人となっている。一方の『雲のうえ』は、産官民で構成する「北九州市にぎわいづくり懇話会」が発行人となり、編集委員として埼玉県出身のアートディレクター・

有山達也さんと北九州市出身の画家・牧野伊三夫さんが名を連ねる。

『てくり』の各号には、「奏の街にて。」（33号、2024年7月10日発行）、「盛岡、バーとタクシー。」（32号、2023年7月30日発行）、「Rocal Gathering」[※7]（31号、2022年9月13日発行）、「今日も、地球の片隅で。」（30号、2022年1月29日発行）といったタイトルがつけられている［図9］。

図9　『てくり』（33号）
（出典：「てくり」のウェブサイト、https://tekuri.net/）

一方の『雲のうえ』では、当初は「酒場」（第1号、2006年10月25日発行）、「市場」（第2号、2007年1月25日発行）、「工場」（第3号、2007年4月25日発行）など、特集のテーマがタイトルにされていたが、近年は「北九州市、中華料理店の人々」（第37号、2023年3月1日発行）、「聞かせてください社長さん。北九州市の好きなところ、明日のこと」（第36号、2022年12月26日発行）といった具合に、「北九州」をタイトルで強調する号が続いていた。ただ、最近の2号を見ると、「この街で育てる」（第39号、2024年3月1日発行）、「今日は、やきにくだ！」（第38号、2023年11月1日発行）となっており、北九州をあえて出さない方向に転換したように見える［図10］。

また、この二つほどの歴史はなく、発刊されていた時期も短いが、いまだにローカルメディアの金字塔的存在として語り継がれているのが、秋田県が2012年から4年間にわたって発行していたフリー

図10　『雲のうえ』（第39号）
（出典：「雲のうえ」のウェブサイト、https://kumonoue.lets-city.jp/）

マガジン『のんびり』である。もう休刊されて10年近くになるのに、今も秋田のカフェなどで『のんびり』が置かれているのを見る。心ある秋田人たちに愛され続けてきた雑誌。それが『のんびり』である。

『のんびり』を企画・編集していたのは、兵庫県在住の編集者・藤本智士さんだ。藤本さんは、日本の地方をテーマにした本・雑誌づくりを手がける「有限会社りす」を主宰している。社名の「りす」は、２００６年に創刊した雑誌『Re:S（りす）』の名にもなっている。『Re:S』はRe:Standardの略で、「あたらしいふつうを提案する」という意味が込められている。日本のいろいろな地方を回り、そこにしかない価値を発見して企画化する季刊誌が『Re:S』であった。「見事に売れなかった」と藤本さんは言うが、その経験から生まれたのが『のんびり』である。

『のんびり』というタイトルには、ゆっくりとしているという意味の「のんびり」に「NONビリ」の意味がかけられている。秋田は自殺率が高く、県民所得は低く、人口減少率や高齢化率も全国でもトップランキング。数字だけみれば「ビリ」に近い秋田県だが、そういう指標で地域を見ることに一体どれだけの意味があるのか。秋田の食文化や方言、風土、偉人など、地元の人々が日常的に親しんできた物や人を徹底的に掘り下げ、物語として語り直すことで、古くも新しい〝普通〟の価値を伝えることができるのではないか。「のんびり＝NONビリ」には、そんな思いが込められている。

Vol.1の特集は「寒天」。秋田には何でも寒天で固めてしまう文化があることを知ったことがきっかけになってできた特集だが、寒天を掘り下げるなかで、それが自分を出すことを許されないお嫁さんたちが、嫁いだ家の流儀から自由になって自分を表現できる唯一の手段であったことを知った。寒天を使ったスイーツは、お嫁さんたちの自己表現の場だったのだ。編集チームは、秋田県人にとっては当たり前すぎて取るに足りないと思っていた寒天に、見失われていたストーリーを見出したのである。そういったストーリーを知ると、もはや寒天は単なる寒天でなくなり、何かとても特別なものに思えてこないだろうか。

Vol.3では、にかほ市象潟町出身の版画家・池田修三を取り上げ、「池田修三という、たからもの」という特集を組んだ［図11］。池田修三は、銀行の貯金通帳の扉絵に使われたり、結婚式のお祝いで作品がプレゼントされたりと、地元では愛され続けてきた版画家だ。だが、誰もその名前を知らなかった。一家に1枚ではないが、探せばたいていの家でこの人の版画が出てくるのに、誰もその名を知らなかったのである。かわいらしさと哀愁とを兼ね備えた池田修三の版画に魅せられた藤本さんらは、『のんびり』で特集するだけでなく、展覧会も企画。これが当たった。池田修三は『のんびり』での特集を機に全国的な知名度を得て、「にかほと言えば池田修三」というくらいに知られ

図11　『のんびり』とVol.3の特集「池田修三という、たからもの」（提供：有限会社りす）

るようになり、ＪＲ象潟駅では池田修三の大きな版画が出迎えてくれるまでになっている。『のんびり』が特集を組まなければ、こんなことにはならなかっただろう。ローカルメディアが地元の誇りを創造したのである。

毎号２万部が刷られ、全国２６００カ所に配付された『のんびり』は、このように秋田県民のみならず、よその人が秋田県を見る目を変えることに寄与したメディアである。池田修三しかり、外の人に評価されることでシビックプライドが高まる。そういう構造を狙った点も巧みであった。

『のんびり』で特筆したいのは、その制作体制だ。毎号の編集チームは、藤本さんが連れてきた外部のクリエイターと地元のクリエイターが半々で構成される。藤本さんは、ヨソ者と地元で50：50の対等なチームをつくることにこだわったという。この体制により、超一流のクリエイターたちと仕事をすることで地元のクリエイターが成長することになる。雑誌づくりを通じて人を育てたことが、『のんびり』の最大の功績である。このときのチームは、その後、企画・編集会社として独立し、メディアづくりやイベントづくりなどで秋田を盛り上げる企業に育っている。また、メンバーの中から、家業の豆腐屋を継ぎ、編集のノウハウを活かした新しい豆腐屋のスタイルを実践する人が現れるなど、ユニークな人材を育てることにも貢献しているのである。

4-5 自治体に求められる新たな役割とは

1―レジームを司る自治体

ここまで、自律協生の気運を地域の中でどのように生み、育てていくのかを述べてきたが、これを実際に地域づくりにつなげていくには、自治体の果たす役割が重要になる。東川町のカルチャーを育てた「写真甲子園」は役場が主導してきたし、『のんびり』は秋田県の予算でつくられている。ローカルフォトの活動を自治体が支えている地域もある。自律協生の気運を高める方策を自治体が知っていること、そのための仕組みや仕掛けを自治体がつくることは、自律協生の地域づくりの基礎として決定的に重要だ。

また、MLP理論で見たように、社会変革とはミクロとマクロの中間のメゾ＝レジームが変わることだが、このレジームを象徴する存在が自治体である。自治体が新しいことを積極的に取り入れ、既存の体制に「機会の窓」を開けていく存在になれば、社会変革は促進される。逆に、自治体が既得権益の側につき、新しい動きを潰すことに荷担するならば、社会は変われなくなる。まちの秩序を守ることが自治体の仕事だが、地域が時代に取り残されないよう、積極的に新しいことを試みることも自治体の仕事であろう。

では、自治体や自治体職員には、今後どのような働き方が求められるのだろう。結論から言えば、特に自治体に求められる役割として、以下の四つが重要になると考えている。

①リサーチャー：共通の土台づくりに必要なデータの収集・整備・分析・提供
②ファシリテータ：自律協生の気運を高め、政策を共創するのに必要な対話の促進
③ミディエータ：自律協生の地域づくりの実践に向けた多様な主体の巻き込みと調整
④ガーデナー：自律協生の地域づくりを進めるための環境づくり

以下、それぞれ見ていこう。

2―リサーチャー

自律協生の地域づくりにおいては、地域内外のさまざまな主体、行政・住民・地場企業・教育機関・外部人材などを巻き込んでいくことが重要になる。そこで求められるのが、多様なステークホルダーと関わる力、とりわけ相手の話を聞き、対話する力だ。自治体とステークホルダー間の対話だけでなく、ステークホルダー同士が話し合うなかで、向かうべき方向性の擦り合わせや利害調

整、顕在化している課題の解決方法を見出していくことも重要になる。

地域づくりは一朝一夕にはできない。長い時間がかかる。特にインフラが絡むような場合、それは数十年単位になることもある。インフラが絡まなくとも、利害関係やしがらみ、価値観の相違などから合意形成に多大な労力を要する。合意形成ができないままどうにもならず、塩漬けになっていることも、地域にはたくさんある。

地域の中では、顔が見えるがゆえにできるだけ衝突したくないと、対話を避ける傾向があるのも事実だ。狭い地域の中で人間関係にしこりが残ったら、その後の暮らしに響く。だからあえて話に出すことを避ける。そういう遠慮や配慮が絡み合い、地域の風通しを悪くする。「今、こういうことが問題になっている」「ずっと見ないようにしてきたが、こういう問題がある」と皆で話し合えるような、そんな風通しの良さがなければ、地域の未来は開けない。だが、なかなかそうはなれないのである。

どうすれば対話できるのか。それほどこじれていない場合なら、共通の土台をつくることから始めればいい。共通の土台づくりに役立つのは、地域が直面している現実を知ることだ。とりわけ厳しい現実を前にすると、世代・思想・政党・信条の違いを超えて話し合うことが必要という気運が生まれてくる。人間関係のしがらみの中で話し合えなくなっていた問題も、共通の土台を持ち出すことで、小さなしがらみにこだわっている場合ではないという気分になってくる。地域の現実を知り、危機感を共有することは、共通の土台づくりのわかりやすいきっかけとなりうる。

地域の現実は、「現在（事実）」と「過去（歴史）」、そしてそこから導かれる「未来（予測）」の三本立てで示すとよい。「現在」は、何はともあれデータだ。地域の経済状況や人口動態等の客観的なデータを押さえないまま、主観で自らの主義主張を語る人が多く、そういう人に限って声が大きいから、冷静な話し合いが行われるのを妨げてしまうのである。それを避けるためにも、現状のデータはきちんと開示することが不可欠になる。

そして、その「現在」がどのような経緯で形づくられてきたのか、「過去」の歴史を俯瞰するとともに、このままの状況でいけばどうなるのか、「未来」の予測も示す。歴史も予測も、100％客観的なものは存在しない。現在の状況が生まれてきた過程には複数の説明が可能だろうし、予測にもいろいろなシナリオがありうるから、どういう前提でそういう説明になっているのかも併せて示していくことが重要になる。そこに隠し立てや恣意が入ると、行政への信頼が揺らぐ。そういう意味では、都合の悪いデータもきちんと出していく必要がある。

人口や税収、公共施設やインフラの維持管理費などは、予測も含め、比較的客観的でブレのないデータを見せられるから、共通の土台にしやすい。一昔前の自治体は悲観的なデータを見せることを嫌がったが、2014年に日本創成会議が「消滅可能性都市」の名を公表してから[※8]は、このままでは人口は減る一方だというデータを隠し立てすることなく自治体が公表する風潮が生まれたように思う。

これまではあまり出してこなかった「不都合な真実」も含めて開示することが、これからの行政には求められる。現実に対する解像度が上がらなければ、未来に向けた有効な打ち手を考えようがないからだ。だからこそ、共通の土台として、データを収集・分析し、誰もが使える形にデータベースを整備し、共有することが重要になるのである。地域の情報を誰よりも持っているリサーチャー。それが自律協生の地域づくりに向けて自治体が担うべき第一の役割だ。

3｜ファシリテータ

共通の土台をつくったら、次は対話である。多様なステークホルダーがきちんと対話できるようになるには、対話の場に寄り添い、対話を進める役＝ファシリテータの存在が必要になる。そのファシリテータとして期待されるのが、自治体職員である。

対話・話し合いは、共通の土台さえつくれば生まれるわけではない。それぞれが話したいことを勝手に話すだけでは、発散したり、取っ散らかったり、発話できない人が出てきたりする。そうしてせっかくの対話の場がうまく機能しなかったり、表面的な話し合いに終始してしまったりすると、対話することの意味が感じられず、対話の場に参加しようという人が減って、地域の中から対話の機会や場が失われてゆくことになる。そのような失敗をしないためにも、対話をファシリテートする人間が必要になるのである。

ファシリテータは、単なる議事進行役ではない。もちろん、タイムマネジメントを行い、対話の目的を設定し、その目的に向かって発言を促したりまとめたりするなどの議事進行役を務めることは、ファシリテータの役割の一つである。だが、それよりもずっと大切なのが、1人1人の話をきちんと聞く存在であり続けることだ。誰よりも真剣に目の前の人の話に耳を傾ける存在であること。それがファシリテータの最も重要な役割で、話し手の側にしてみると、自分の話をきちんと受け止めてくれる人がいるという事実が、安心感や信頼感につながり、普段はあまり人にしないような話をしたり、普段は口数の少ない人が話し始めたりということが起きるのである。

それに、聞き役がいた方が、話す側も誰に向けて話すかが明確になるので、話しやすい。ファシリテータに向けて話す話を他の皆も聞いている。そこで触発された人が次に話し出すということが起きる。ファシリテータに向けての話が、次第に皆の話し合いに広がっていくのである。聞き役がいるのにはそんな効果もある。一方で、誰かの話が終わらないうちに他の人が話し出したような場合、今は話している人の話を聞くべきだと思ったら、発言しかけた人には待ってもらうよう制止する。あるいは、話したそうにしている人がいれば、何か話したいことがあるかと声をかけてみる。そうして適時適切に場に介入しながら、場に寄り添い続けることで、対話は広がり、深まっていく。

深い対話の場に参加すると、参加者は対話したメンバーに親近感や仲間意識を感じるようになる。また、話を聞いてもらう経験は、その人のやりたいことに気づかせてくれたり、主体性を芽生えさせたりする。対話の場に自律や協生を育てる効用があることはすでに述べた。

そんな対話の場をファシリテートできるようになるためには、特に何か難しいことを習得しなければならないわけではないし、ファシリテータとして求められるスキルらしいスキルがあるわけでもない。ただ一生懸命に聞き続けるだけだから、その気になれば誰でもできる。しかし、意外とこれができないのである。特に、自治体の中でも出世コースに乗った〝有能な人〟ほど、人の話を聞けない傾向があったりする。〝有能な人〟、頭の回転が速い人は、人の話を待てないからだ。だから、話半分で聞いてわかったような気になって、「わかるわかる、あるよね、そういうこと」と軽く受け流してまとめてしまったり、相手の話が終わらないうちに「私の場合はね」「このケースではね」と話をさらったりしがちだ。それでは話していた側は話すのが馬鹿らしくなって、それ以上話すことをやめてしまう。せっかくの対話の場を〝有能な人〟は壊してしまうのだ。だから、〝有能な人〟よりも、話を聞ける人、人が話し出すのを待てる人の方がファシリテータに向いている。押しが強くないがために職場ではあまり存在感がなかったような人が、ファシリテータとしてはすごく有能かもしれない。つまり、これまであまり評価されてこなかった人が、ファシリテータとして頭角を現すということもありうるのである。自治体職員としてはなかなか本領を発揮できなかった人がファシリテータとして開花することが十分に想定されるし、そうあってほしいと思う。

ファシリテータが働く場は、庁舎内に留まらない。話し合いの場は、現場に近い方が良い。これまでのように市民を庁舎や公民館に呼んで話し合いに参加してもらうのではなく、自治体職員が地域に出向き、人々の中に分け入って、話し合いに参加し、話し合いを積極的にファシリテートすることが求められる。それも、これまでのような業界関係者や有識者と一部の市民代表というような人々だけでなく、子どもや高齢者など、これまで周縁化されやすかった人々も交えた対話の場を開いていくのである。

行政の話し合いに市民にも参加してもらうという従来型の市民参加の意識は捨て、これからは市民の話し合いの場を育て、そこに行政が参加するような「行政参加」が求められているのだと思う。市民参加から行政参加へというのが、自治体職員に求められるこれからの働き方となるだろう。もちろん全員が全員そうなるわけではないが、少なくともファシリテータ役を担う職員は、庁舎で働くのではなく、地域に出ていき、地域と共に政策立案を行う、アウトリーチ型のプレイヤーとなってゆくべきだ。

主義主張が真正面からぶつかっていたり、過去の経緯から完全にこじれてしまったりといった膠着した状況で対話を進めるための取り組みとして参考になるのが、心理学者のケネス・J・ガーゲンが『あなたへの社会構成主義』（2004年、ナカニシヤ出版）の中で紹介している「パブリックカンバセーションプロジェクト」（以下、PCP）という取り組みだ。ガーゲンは、この本の中で、1989年にアメリカ・マサチューセッツ州で行われた、妊娠中絶を巡る対話集会の様子を報告している。アメリカでは、中絶は宗教問題や女性の人権も絡むことからとてもセンシティブなテーマだ。科学的に何が正解とは言えず、どうしても個人の経験や信条に絡む主義主張となるため、対立する陣営の間で話し合いはいつまでも平行線となり、対話が成立しない。この絶対に交じり合わないと思われていた活動家や政治家たちの間で対話を成立させようとした取り組みがPCPである。

PCPでは、対話できる関係をつくるために以下のような工夫がなされた。

・対立した主張を持つ人々が同じテーブルにつき、ビュッフェ形式のディナーをとる。

・食事の間は、中絶「以外」の、自分の暮らしや人生について話すことが求められる。
・その上で、自分が中絶問題に関わるようになった経緯をシェアする。
・さらに、中絶問題に関する個人としての展望や信念、譲れないことは何かをシェアする。
・自分のアプローチや信念に関して感じている矛盾や疑問、ジレンマなどをシェアする。

ポイントは、活動家としての立場を離れた一個人としてテーブルにつき、お互いの話に耳を傾けるという方針を貫いたことだ。互いの主義主張には同意できなくとも、この問題に関わるようになった経緯を知ることを通じて、その人自身への興味や関心が湧く。相容れない意見を持つ人であっても、その人自体の存在は認めることができる。そういう地平に降りていくことで、冷静に話し合える関係をつくる。それがPCPの試みであった。共に食事をすることで、コンヴィヴィアルな関係が生まれやすくしたのも良かったのだろう。PCPにより、それまで話し合えないと思われた人々が、冷静に話し合えるような状況を生み出したという。通常、ここまでの業務はファシリテータには求められない。しかし、対話できないと思っていたステークホルダー間においても、やり方次第では対話を生むことができるということは知っておいていい。

4｜ミディエータ

対話ができる場がつくれたら、次は実行だ。これまでの地域づくりは、計画やコンセプトを策定する段階での市民参加は求めるものの、計画ができてしまえば、あとは行政が業者を使って実行するだけになる。計画と実行が分離していたのである。

しかし、自律協生の地域づくりにおいては、実行段階にも市民や企業が参加することが重要だ。たとえば建物をつくるなら、つくることはプロに任せるにしても、市民が参加できる余地をつくり、できるだけ関わってもらう。そうすることで、その建物に対する当事者意識が芽生え、より自律協生的な関わり方をする人が増えるからだ。

この実行段階においても重要になるのが対話である。たとえば、実際に導入してみた施策やサービスなどに対し、試行・検証のために市民との対話を行うのである。まずはやってみて、その結果を話し合い、意味がありそう、効果がありそうと思ったことは、本格的に実装していけばいい。ＩＴ分野で言うアジャイル開発の方式に近い。アジャイル開発とは、最初から完全な設計図を描くのでなく、試行し、フィードバックをもらいながら、少しずつ完成度を高めていくようなやり方だ。自治体の政策も地域づくりも、試行版として市民に使ってもらい、そのフィードバックをもらいながら、少しずつ完成度を高め、それから本格導入というやり方にすれば、実装のプロセスに市民も参加できる。

施策が実行段階になると、多様なステークホルダー間での力合わせ（協生）が必要になる。前述したとおり、力合わせは仲間意識を高める一方で、さまざまなエゴのぶつかり合い、せめぎ合いを生む。このせめぎ合いが生まれたら、話し合いながら調整するしかない。「話し合い↓力合わせ↓せめぎ合い」のプロセスを繰り返しながら、多様なステークホルダーを巻き込み、実効性の高い施策を企画し、実装していくことが必要だ。

ここでも対話が鍵となるが、この段階になると、対話だけでなく、実務とのさまざまな調整が必要になってくる。許認可手続きを簡素化・ワンストップ化したり、規制を柔軟に運用したりといった、行政側の歩み寄りも必要になろう。これらは明らかにファシリテータの役割を超えている。

このような役割を持つ人のことを、近年、北欧などでは「ミディエータ」と呼ぶようになっている。「調停者」を意味するが、さまざまなステークホルダー間の利害関係を調整しながら施策を企画し、実行に移していくのがミディエータの役割である。単なる調整屋ではないし、企画屋でもない。多様なステークホルダーが当事者意識を持って関われるよう自律と主体性を引き出し、参加を促しながら、施策を共創し、実行に巻き込んでいく。すなわち、共創と協生の媒介となるのがミディエータである。

ミディエータに求められるのは、分断や分立に橋を架け、主体と客体の二項対立を融かして共創・協生の関係を生み出すことだ。逆に言えば、そういう役割を果たす人は、どのような立場の人であれ、ミディエータだと言える。たとえば、業界ごと・部署ごとの縦割りになってしまっている行政サービスに横串を通していく人はミディエータだ。公共事業を発注する自治体とそれを受注する民間企業という一方向的な官民の関係を超えて、官民で共創する新しい官民連携プロジェクトを立ち上げるような人もミディエータだ。

5｜ガーデナー

自律協生の地域づくりにおける自治体の四つ目の役割は、ガーデナー（庭師）である。地域を一つの庭に見立て、そこに豊かな生態系が育つようにと土をつくり、種を撒き、除草し、水をやり、施肥や剪定や受粉などの手入れを行う。そういう役割をガーデナーと言う。

地域を育てるガーデナーのメタファーは、アメリカで生まれた「エコノミックガーデニング」という地域経済活性化の手法に想を得ている。※9 エコノミックガーデニングは、「地元起業が成長するビジネス環境をつくる」政策である。地元の中小企業に着目し、とりわけ起業家精神に富んだ人々を積極的に支援することを通じて、地域全体に波及効果をもたらすことを狙うものだ。ガーデニングと名づけているのは、地域経済を一つの生態系に見立てているからである。地域経済の生態系は、①地域内の変化をつくるキーパーソンのネットワーク、②キーパーソンの出番などをつくる公式・非公式のルール、③地域内の各種資本、から成り立つというのが、エコノミックガーデニングの考えで、※10 それに基づき、キープレイヤーとなる人々を見出し、その人々をネットワークし、同業者や異業者との連携体制や、支援者や専門家たちによる支援体制をつくっていく。また、〝土づくり〟として、企業の情報発信や情報分析への支援、インターネットマーケティングや地理情報システム（GIS）を活かした地理情報と統計情報の提供、ソーシャルメディアの活用などのビジネスインフラを整備する。加えて、必要な資金も用意する。これらを通じて地元の雇用増と就業者の収入増を目指すのが、エコノミックガーデニングである。

自律協生の地域づくりにおいても、ガーデニングのメタファーは有効だ。この場合、育てたいのは地元企業による経済活動ではなく、多様な主体による自律協生の取り組みである。エコノミックガーデニングに倣って「コンヴィヴィアルガーデニング」と呼ぶこととするが、キープレイヤーとなる人々を見出し、つなぎ、その人々が活躍できるよう、必要な支援をする点に変わりはない。インフラ整備と必要な資金が提供できる環境をつくることも同様だ。

ただし、見出すべきキープレイヤーは変わる。経済人ばかりでなくなるから、企業にだけ注目していればよいエコノミックガーデニングよりもハードルは上がる。それでも類は友を呼ぶで、良いプレイヤーとつながれば、そこから芋づる式にキープレイヤーたちとつながってゆけるはずだ。

キープレイヤーたちがつながり合うためには、拠点となる場が必要になる。一緒に飲み食いしたり、作戦会議をしたり、それぞれの活動を紹介したりといったことが主な使い方になるだろうが、拠点となる場があることは自律協生の取り組みを進める上でとても重要だ。自律協生のためのインフラと言っても過言ではない。そのまちのシンボルになるような場だと、なお良い。廃校になった小中学校、古い工場、古民家や古い旅館など、そのまちの誰もが知っていて、記憶に残るような歴史的な建物だと愛着もひとしおだ。

山形県新庄市では、1934年に建てられた旧農林省の蚕業試験場を改装し、新庄市エコロジーガーデン「原蚕《げんさん》の杜《もり》」として一般の利用に供している［図12］。ゲストハウス・ショップ・カフェ・産直施設を備えるとても豊かな集いの空間となっており、定期的にマルシェも開かれ、キープレイヤーたちの溜まり場にもなっている。ここを拠点に、キープレイヤーたちはさまざまな企てを形にしている。自律協生の拠点となる場の好例だと言える。

図12　新庄市のエコロジーガーデン「原蚕の杜」（上）とそこで定期開催されている「kitokitoMARCHE」（下）（提供：吉野敏充デザイン事務所）

古い建物を使えるようにするにはかなりのお金がかかるので、費用だけ見れば新築した方が安い場合もあるが、長くその土地にあり、人々に愛されてきた建物には、お金では買えない価値が宿っている。上手に改装し、皆が使えるようにすれば、その後も長く地域の誇りとなりうるものだ。風雪に耐えてきた古木や巨木は庭に他に真似できない独自の趣を添えるが、長くその土地に合った建物にも似た価値が宿るのである。今、各地で価値ある建物がかなりの勢いで取り壊されているが、コンヴィヴィアルガーデニングではこのような歴史的な建物を活用した場づくりに公的資金を投入することが有用だろう。

その一方で、庭を古びさせず、新しい世代にも面白がってもらえるようにするには、庭に新しい趣を添えてくれる新しい芽、これまでになかった面白い種が育っていることも重要だ。その意味でも、まだ何者かわからない芽に光を当て、育ててみるという姿勢がコンヴィヴィアルガーデニングには求められる。すなわち、実績がなくともモノやサービスとして可能性のあるもの、面白いと思える人や企業には、積極的に光を当てて育てていくのである。

北欧などでは、公共調達がイノベーションの手段に位置づけられている。まだ十分に育っていないものを行政が買い支えることで、新しい製品やサービスの普及を促し、市場を育てていく。それが行政の役割として国が定めるイノベーション戦略に位置づけられているのである。それに対し、日本における公共調達は、価格で選ぶか（入札）、実績で選ぶか（プロポーザル）ばかりで、このような新しい可能性を持つモノやサービスや企業に積極的に投資してイノベーションを促すのだという視点が欠けている。国の機関では致し方ないかもしれないが、自治体ならば地元の人や企業、土着のモノやサービスを優遇することは正当化されうる。土着のイノベーションを促すのも、ガーデナーたる自治体に求められる役割だ。

4-6

多様な主体をエンパワメントするイネーブラーとは

1 ―自治体の限界と別組織の必要性

以上、自律協生の地域づくりにおいて求められる自治体の役割を見てきた。リサーチャー、ファシリテータ、ミディエータ、ガーデナーという役割が意味するところは、自治体は政策の立案・実施を多様な主体と共創するための、器《ウツワ》のような存在たれ、ということだ。政策の立案・実施を牽引することが自治体の役目ではない。必要な情報を揃え、対話し、調整し、水を与えて、民の力を育てていく。民をサポートし、民の自律的な力を引き出すのが自治体の役目で、そのためには自治体はあまり出過ぎない方がよい。また、ここまでが民でここからが官と明確に切り分けるのでなく、政策を立案し、実施する、そのすべての過程において、官民が協生しながら共創する関係をつくりあげていく。それが、自律協生時代の自治体の理想とする姿である。このような自治体の新たな理想像を、フィンランドに倣って「イネーブラー(enabler)」と呼ぶこととしたい。

「可能にする人」を原義とするイネーブラーは、他人の行動に力を貸す人であり、後援者だ。これを自治体に置き換えると、従来の自治体が公共サービスの提供を本義としていたのに対し、イネーブラーとしての自治体では、住民中心の原則の下、住民をエンパワメントし、住民ができることを広げていく役割を担うことが自治体の本義と考える。実際に、フィンランドのエスポー市では、市役所をイネーブラーとして再定義しているという。[※11] 背景にあるのは、専門家が専門サービスの提供を独占するのでなく、非専門家と協力し、共創するために専門知を使うのが専門家の新しい役割だという専門家観の転回がある。だから、たとえばデザイナーは、自身がデザインすることより市民によるデザインを可能にするイネーブラーになるべきだと言われる。フィンランドではそういう考え方が急速に広がっているという。[※12] イネーブラーとしての自治体という考え方もそういう潮流の中で生まれてきているのだろうが、自律協生の地域づくりにおいて自治体が担うべき役割として、とてもしっくりくるので、横文字の多用と批判されるのを承知で、本書でも使っていきたい。

とはいえ、今の自治体がイネーブラーへ変われるかと言えば、それは心許ない。官民ともに人もいないし時間もない。やらなければならないことは山積みだから、対話し、調整し、水をやりながら育てていくなんて悠長なことは言っていられないというのが正直なところだろう。民の意見は聞きたいが、どんどん決めて、実行に移していかなければ、動きが遅いと批判される。民の側にしても、関われることはよいが、いちいち意見を聞かれても面倒だし、そんな時間もないから、任せられるところは任せてしまいたい。かくして、役割分担はどうしても生まれてしまう。結果、互いの意思疎通は十分になされず、自治体の側は実態がよくわからないまま、本当に必要かどうかも不明なままに政策をつくり、実施に移すことになる。

国や都道府県から降ってくる仕事も多い。新しい制度や補助事業などを国がつくるたびに、それに対応した新しい動きが必要になる。計画をつくり、事業者を募って、国が意図した政策が市町村で実現するようにする。国は良かれと思って制度や事業をつくるのだろうが、自治体の現場からするとズレていると思うものも多い。それでも無視はできないから、本当に必要なことは何かを考える前に目先の事業をこなすことに忙殺される。すでにこの時点で、自治体の自律は奪われている。

これら上から降ってくる仕事をリストラするには、自治体にとって真に何が必要なのかを見極めなければならないが、自治体職員の多くは驚くほど現場を知らない。現場に行く時間がないし、現場に行っても、何を見るべきか、何を聞くべきかがわからないから、本当のことは見えておらず、聞けてもいない。もちろん、現場を熟知し、何をやらなければならないかを知り、情熱を持って仕事に取り組む素晴らしい職員もいるが、そういう職員はたいていの場合、本流にはいない。本流に乗れるのは、役所の外にある現実と向き合うことより、役所の中の人間関係や政治ゲームに時間を使う人たちだからだ。外の世界を知る人は傍流で、本流に乗るのは中の世界に精通している人ばかり。そういういびつな構造が生まれてしまっている。この構造は、残念ながら一朝一夕には変わらないだろう。そもそも外部との共創が不要な業務も多いため、そういう人々にイネーブラーだと言ってもまったく実感が持てないはずだ。

理想を言えば、リサーチャー、ファシリテータ、ミディエータ、ガーデナーの役割を持つ人が自治体の各部署にいて、その人たちが外部との接点になりつつ、政策の立案・実施に関わる体制を築けるといい。そうなれば、自治体の業務はかなり対話的・共創的になり、イネーブラーに近づいてゆくはずだ。しかし、現実的には難しい。そもそも役所では2～3年に一度は異動があるので、人も定着しない。ならば、どうするか。

リサーチャー、ファシリテータ、ミディエータ、ガーデナーに向いた人々を選別し、専門部隊をつくればよいと思う。その専門部隊が、対話や共創が求められる場にどんどんと出ていき、自治体職員と市民・産業界との間に立って、議論の共通の土台をつくり、対話を促し、調整し、育ててゆくのである。対話や共創が求められる場にはどこにでも出ていく部門横断的なチームとして、この専門部隊を組織すれば、自治体もイネーブラーとしての動きができるようになるだろう。

2 ― 機動力のある別働隊としての第三セクター

イネーブラーとしての専門部隊は、ゆくゆくは自治体と別組織にするのが望ましい。というのも、先に述べたように、これからの地域づくりにおいては、新しい施策をいきなり実装するのでなく、試行し、検証し、修正しながら、より効果的な施策を練り上げるアジャイルなスタイルが重要になるが、それを自治体でやるのは難しいからだ。

その理由の第一に、自治体には予算の柔軟性がないことが挙げられる。前年度に決めた予算に従って動くことを要求される自治体では、アジャイル開発のような、やりながら考える機動的な動きは想定されていない。その成り立ちからして試行錯誤が難しい組織なのだ。

第二に、自治体は失敗をしにくく、失敗を極度に恐れる組織だという点が挙げられる。貴重な税金を無駄遣いすると市民から文句を言われるからというのもあるが、それ以上に減点主義の組織風土が大きい。企業における売上のような、わかりやすい業績指標がない行政組織では、人事評価は実はとても難しい。その人の実績が何かがわかりにくいからだ。そもそも個人プレーを嫌う風潮が強いから、特定の誰かを取り出して評価することにも慣れていない。だから加点評価はなかなかに困難で、結局、一番確実な人事評価は減点方式となる。「あいつはやらかした」という理由で評価を下げるならば、周囲の人も当人も納得しやすい。

減点方式の問題は、一度ついた「×」が一生つきまとうということだ。以前、ある省庁で、人間的にも魅力的で仕事もできる人がいたが、その人は出世コースから完全に外れていると聞かされたことがある。その理由を尋ねると、若い頃に公用車で自動車事故を起こしたからだと言われて、心底、驚いてしまった。若い頃の失敗がその後何年もつきまとうのが官僚組織なのである。そんな組織で試行錯誤を許容しろというのはたやすいことではない。だから、試行錯誤や実験のためのチームは、自治体から切り離してしまった方がいい。その場合、組織形態としては、官民で共同出資する組織とするのが自然だろう。いわゆる第三セクターである。

試行錯誤や実験のための官民共同出資の組織として参考になるのが、フィンランドのForum Virium Helsinki（FVH）である。FVHはヘルシンキ市が所有する第三セクターであり、市のイノベーションカンパニー＝実験企業と位置づけられている。フィンランドでも官僚組織は保守的で動きが遅いと思われており、役所に欠ける機動性を補完するために、FVHはヘルシンキ市役所とは別の組織として発足したのである。

FVHは、自らを地元住民・地元企業・行政を巻き込みながらプロジェクトを取りまとめるミディエータと定義している。市内6地区を「テストベッド」や「リビングラボ」に指定し、パイロットプロジェクトをまちなかで実施できる環境を整え、約6カ月を一つの単位としてパイロットプロジェクトを行っている。2016年から2019年の間に50以上のパイロットプロジェクトを実施し、そこで生まれたモデルはフィンランド国内の他の地域に横展開されている。年間予算約870万ユーロ（約14億円）のうち、3分の2をEUから取得し、ヘルシンキ市が約200万ユーロ（約3億2千万円）を負担している。

FVHへのインタビューによると、スタッフを採用する際にはオープンマインドであることとファシリテータとしての能力を備えていることを重視しているという。FVHは、行政、地域住民、スタートアップ、地元企業などの多様な関係者を巻き込み、「同じテーブルに座ってもらう」ことで共創を促進する役割を担っているからだ。スタッフにもファシリテータやミディエータとして振る舞えることが期待されている。

ヘルシンキ市当局とは適度な距離を置いており、実験を推進する企業としての位置づけを確保して失敗への寛容さを保っている一方、行政内の人々とも迅速にやりとりできる信頼関係を構築しているようだ。

第2章で述べたように、自治体出資の第三セクターと聞くと、眉をひそめる人は多い。かつてバブルの頃、多くの自治体が第三セクター方式によるリゾート開発を行い、そのほとんどが失敗に終わったからだ。確かに経営感覚を持たない自治体に、リゾート開発のような大きなリスクを伴う実業を任せるのは危険である。しかし、実験的な施策を推進する試行錯誤機関としてであれば、大きなリスクは想定されないので、必要以上にアレルギー反応を起こす必要はない。機動的に動ける公益的な組織として、第三セクターは再び見直されるべきだろう。

実際、国内でもユニークな第三セクターが活躍し始めている。地域づくりを担う第三セクターの成功例として知られるようになったのが、徳島県神山町が設立した「一般社団法人神山つなぐ公社」(以下、つなぐ公社)である。つなぐ公社は、2015年12月に策定された神山町の創生戦略「まちを将来世代につなぐプロジェクト」(以下、つなプロ)をスピード感と柔軟性をもって実現していくために設立されたものだ。構成団体は町と地元のNPO法人グリーンバレーで、95%を町が出資しており、役場の別働隊としての位置づけを明確にしている。職員は役場からの出向者のほか、公募で採用された若者たちからなる。つなぐ公社で働く若手職員のほとんどは町外出身者で、移住・Uターンの受け皿となっている。

つなぐ公社の設立・運営には、ワークショップやファシリテーションの経験が豊富で、働き方研究家としても知られるプランニングディレクターの西村佳哲さん(有限会社リビングワールド代表)が深く関わってきた。そのことが多分に影響しているのだろう。つなぐ公社は、FVHと同様、ファシリテータ、ミディエータとして大きな役割を果たしてきた。具体的な業務は、つなプロに計画されたすまいづくり、ひとづくり、しごとづくり、PR・関係づくりの推進だが、すまいづくりとして取り組んだ大埜地《おのじ》の集合住宅は2022年度にグッドデザイン賞を受賞、ひとづくりの目玉施策として実現した神山まるごと高専も2023年度にグッドデザイン金賞を受賞するなど、対外的に高く評価される成果を挙げている。

このほか産官学による第三セクターとしては、東京大学柏の葉キャンパスがある柏の葉で2006年に設立され、2024年4月時点で全国26地域にまで広がった「アーバンデザインセンター（UDC）」の例がある。UDCは、東京大学の提唱により設立された自治体・民間企業・大学が連携してつくるまちづくりのためのプラットフォームである（たとえば、柏の葉アーバンデザインセンターでは東京大学・柏市・三井不動産が中心的な構成メンバーとなっている）。UDCでは、対象とする都市エリアについて、調査・研究や計画策定、実証事業、人材育成などを行っている。地域発のシンクタンク・ドゥタンクとして、そのエリアに継続的に関わり続けることが期待されているのがUDCだ。

3 ― 独立性を保ちながら政策に深く関与するポニポニ

第三セクターではないが、他に類を見ないユニークな取り組みをしている団体が、福岡県大牟田市で2019年に設立された「一般社団法人大牟田未来共創センター（ポニポニ）」である［図13］。ポニポニは、現在代表理事を務めている原口悠さんが、当時「安心して徘徊できるまち」を掲げてユニークなまちづくりを実践していた大牟田市の職員と出会い、地域の人々と共に事業を共創するリビングラボのパートナーを探していた木村篤信さん（NTT研究所）や、大牟田内外でさまざまな活動をしてきたメンバーを巻き込むことで生まれたものだ。ポニポニの思想と実践の支柱となってきたのは、NPO法人ドットファイブトーキョー代表理事としてビジネスと社会活動の統合を目指した活動をしてきた原口さんと、福岡でまちづくりの活動を行ってきたNPO法人ドネルモ代表理事で芸術工学博士の山内泰さん（ポニポニ理事）である。

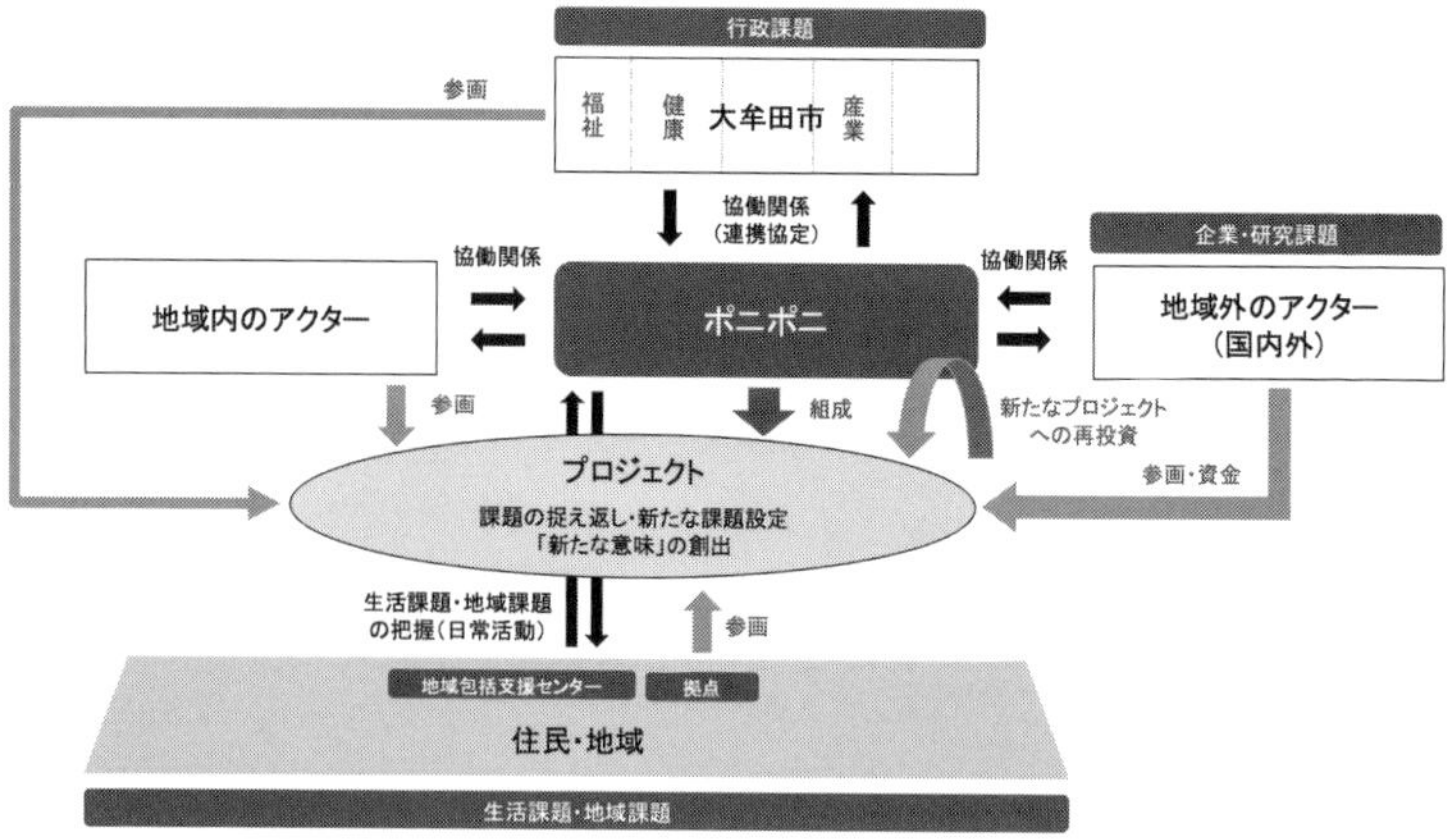

図13　大牟田未来共創センター（ポニポニ）の事業モデル（提供：ポニポニ）

それまでの地域での実践経験を踏まえ、原口さんたちは、ポニポニを「既存の社会システムから独立しながら埋め込まれる主体」として立ち上げた。大牟田に根を下ろしつつ、外部者としての目線や立ち位置を保持する存在であり続けることが、大牟田を起点に社会システムの変革につながる実践を展開するには必要と考えたからだ。そんなポニポニが社会変革の理念として掲げるのが、「パーソンセンタード（人が真ん中）」な人間観である。そこにあるのは、「誰もが潜在能力を持ち、それは人とのつながりによってはじめて発露するものである」という信念で、だからこそ実践における対話を重視する。対話により自らの存在が肯定されることを「温まる」とポニポニでは表現するが、「安心できる環境での対話を通じ、思いもよらない言葉が自分の口から飛び出すと、温まり、自ら動き出し、他者や社会に開かれていく」ことを実感するのだという。[※13] 存在が肯定されることで人が自ら動き出し、他者や社会に開かれていくというのは、自律協生に通じる考え方である。

対話を重視するポニポニでは、問いを立て、対話を通して新たな理念を見出すために、有識者たちと対話する場を主催している。また、地域包括支援センターの運営を受託するとともに、市営住宅のリロケーションプロジェクトに関わり、相談支援・生活支援・アウトリーチ・居場所づくりが一体となった場を運営するなど地域に根ざした活動を行う一方で、大牟田市の政策形成にも深く関わっている。

政策形成に関する大きな仕事が、大牟田市の健康福祉総合計画の策定支援だ。この計画は、福祉と健康増進に関わる九つの計画を統合したもので、福祉関係の計画を一本化した上、健康増進や食育までも含めたユニークな計画になっている。※14 縦割り行政の中で必然的に生まれる「狭間の問題」が生じないよう、パーソンセンタードの視点で、横串を通すものとなっているのである。

政策形成に深く関与するポニポニの本当のユニークさは、この計画策定後の取り組みにある。ポニポニは、健康福祉総合計画の策定過程で明らかとなった地域課題の解決や、出会った人々への責任から、「行政ではない民間の立ち位置で『公』を担うこと」を追求するべく、2021年10月に大牟田市との間で「地域共生社会の実現に向けた連携協定」を締結。この協定に基づき、健康福祉総合計画に掲げた目標を実現するために民間資金や国の資金の確保に取り組み、民間主導で公益的なプロジェクトを立ち上げ、主体的に計画を推進していったのである。

健康福祉総合計画の策定までは市からの受託業務として行っているが、推進段階では市と受委託の関係を結んでいない。受託してしまうと役所の下請け業者になり、対等の立場で推進にコミットできなくなってしまうからだ。独立性・自律性を維持するため、ポニポニは自治体のお金には頼らない。代わりにリビングラボの運営を通じた企業との案件で活動資金を得て、あくまでも民間の立ち位置で「公」を担おうとしているのである。

このような姿勢に対し、大牟田市はポニポニのことを「押しかけ女房っぽい」と表現しているが、[※15]これは確かに言い得て妙だ。勝手にやってきて、外部者でありながら勝手に地域に根を広げ、その一方で当事者として地域の諸々を引き受け、でも引き受けきらずに余白を残し、そこにいろいろな主体を巻き込んで、仲間の輪を広げていく。そういうポニポニの動き方は実にユニークだ。自律協生やイネーブラーという言葉こそ使ってはいないが、ポニポニの思想と実践は自律協生の地域づくりそのものだし、動き方もイネーブラー的だ。自律協生の地域づくりを考える上で、実に示唆に富む存在。それがポニポニである。

4―自己効力感の高い人を増やす

自律協生の地域づくりを進める上で最も重要なのは、自らが直面している状況は自分たちの手で変えることができると考える人々が地域に十分にいることだ。地域をつくるのは、他の誰でもない。自分たちのまちは自分たちで守る。地域の未来は自分たちがつくる。そういう当事者意識を多くの人が持ち、かつ日々実践をすること。その実践が自律協生の地域を形づくっていくのである。

このような当事者意識は、心理学で言うところの「自己効力感（Self-efficacy）」とほぼ同義だ。自己効力感とは、自分には自分の人生の出来事をコントロールする力がある、降りかかってくる難題や課題に対処する力がある、と自分の力を信じられることを言う。それはまさに自律の感覚である。

自己効力感はどのように育まれるのか。自己効力感の概念を提唱した心理学者のアルバート・バンデューラは、自己効力感を育むものとして「体得体験（mastery experiences）」「代理体験（vicarious experiences）」「人による説得（social persuasion）」「生理的・感情的状態（physiological and emotional states）」の四つを挙げている。※16「体得体験」とは、自分が設定した目標を達成したり、困難を乗り越えたりした体験のことで、自己効力感の一番の源泉になるものである。これに対し、「代理体験」とは、誰かの体験や言動を見聞きして、自分にもできそうだと思ったり、こういうスキルなり能力なりを身につければよいのだと感じたりすることで自信をつけることを言う。自分の経験からだけでなく、他者をモデルにすることでも自己効力感は高められるのだ。「人による説得」は、他人に褒めてもらったり背中を押してもらったりするなかで「できる」と思うようになることを言う。他人からのポジティブなフィードバックが自己効力感を高めるということだ。最後の「生理的・感情的状態」は、心身の状態が自己効力感に影響を与えることに関係する。心身が健全な状態でなければ前向きな気持ちは起きないことを認識し、自分の心身の状態に自覚的になること。その上で、心身のストレス解消法を持つなど、自分なりに対処できるようになること。そういうことができるという自信が、自己効力感を形づくるのである。

自己効力感の高い人は、他の人に良い影響をもたらす。「あの人ができるなら自分も」と思う人を増やすだろうし（代理体験）、そういう人に「あなたには私にはないこんな力がある」とか「あなたにもできるわよ」と勇気づけられることで自信もつくだろう（人による説得）。何より、自己効力感の高い人が増えれば前向きなムードができる。それは周囲の人にもポジティブな影響を与えるだろう（生理的・感情的状態）。ファシリテータ、ミディエータ、ガーデナーも、代理体験、人による説得、生理的・感情的状態に関しては側方支援ができる。

だから、体得体験を積む機会を増やして、自己効力感を育てることが、人づくりにおける最優先のテーマとなるのである。バンデューラは、体得体験を積む確実でてっとり早い方法として、導き手の下で段階的に体得体験を積む方法を提案している。「ガイドつきの体得（Guided Mastery）」と名づけられたそれは、鯖江のモデルで出てきた「足場架け（Scaffolding）」にも通じる方法だ。

前述した秋田県のフリーマガジン『のんびり』の制作プロセスは、まさにこのガイドつきの体得の体験だったと言える。藤本さんは県外の専門家と地元のクリエイターとが半々になるように編集チームをつくることにこだわったが、それが地元のクリエイターには最良の体得体験となった。すでに述べたように、当時の編集チームは、今では会社を立ち上げ、企画や編集の仕事を手がける集団に育っている。藤本さんは、事前に構成やテーマを決めず、取材しながら企画を練り、誌面をつくっていく取材・編集スタイルを重視したが、それは相当なカオスであったに違いない。だが、そのカオスを体験した人々には、どんな状況でも何かを形にできるという自信がつく。圧倒的な自己効力感が育つのである。だから、『のんびり』を発刊していた4年間は、地域の人材を育てた4年間でもあったのだ。藤本さんは、まさに「可能にする人」、イネーブラーだった。

自律協生の地域づくりには、地域に根を張り地域の未来を引き受ける担い手、未来のつくり手が必要だ。自分たちの地域は自分たちで守る、地域の未来は自分たちがつくるという当事者意識を持ち、実践する人々だ。そういう人々を育てるには、ガイドつきの体得体験が効果的だが、そのガイド役（イネーブラー）を担えるのは誰かと言えば、やはり自身がつくり手としての力量のある人々だろう。口で言うだけではなく、自らがつくることのできる人。藤本さんがそうであったように、だ。

第3章で見たように、コンヴィヴィアル・シティでは、エネルギーやモビリティなど暮らしを成り立たせるのに必要となるインフラは、〝みんなのコモンズ（共有財産）〟としてみんなで力を合わせて維持管理する。地域で生産されるものを食べることで一次産業を守り育て、持続可能な観光のスタイルを築いて、地域が持続的に発展するための経済基盤を確立する。もちろん、ケアや教育、はてはアートのような、健康で文化的な暮らしを営むために必要な事々にも力を入れる。これらを企業や行政に任せきりにせず、前例や常識に囚われずに新しい仕組みを共につくることができる人。産官学民が連携する和気藹々とした手づくりの公共の実現に寄与できる人。そういうプレイヤーたちを育てることが必要になる。

それぞれの専門分野に通じた専門家がいるに越したことはないが、素人に対して尊大に振る舞う専門家ならばむしろいない方がいい。専門知識を持つが、分野横断的に新しい価値を生み出すことのできる人。専門を超えて人々をつなぎながら、これまでになかった新たな創造を行うことのできる人。そういう越境的な人の存在が鍵になる。

そういう意味では、何かの専門家であるというより、プロジェクトや事業や場やイベントをゼロからつくりあげた経験のある人。あるいは、つくり、届けることを生業にしているデザイナーや編集者やアーティストや舞台演出家や空間プロデューサーのような人々、いわゆるクリエイターたち、なかでも1人で黙々とやる職人気質の人でなく、大勢の人を巻き込みながら共につくりあげていくようなスタイルを得意としているクリエイターたちがガイド役には向いている。求められているのはイネーブラーだ。つくる力を持つ人が、地域の人のつくる力を引き出し、自己効力感を高めて、地域づくりに向かわせる。そういうイネーブリングな流れが生まれることが理想となる。

5 — 表現活動としてまちづくりを支えるローカルコレクティブ

その意味で、つくる人が集う場が地域にあるといい。つくる人に感化されて、つくる人が増え、つくる人同士が互いの力を合わせることで、地域を盛り立てるためのさまざまな活動が生まれる。そんなイネーブリングな活動の中心になる拠点である。

集まる人の専門は問われない。あらゆるジャンルの人に開放された場だ。絵を描いたり、デザインしたりといった可視化のスキルに優れた人。文章を書いたり、写真や映像を撮ることに長けた人。人々が共に過ごす居心地のいい場をつくることができる人。集まってきた人たちが本領を発揮できるような舞台や場づくりに優れた人。場を温めるおいしい食べ物や飲み物や音楽をつくることのできる人。いろいろな国の人をもてなすことができる人。職業で言えば、アーティストやデザイナー、建築家、編集者、ライター、小説家、詩人、写真家、映像作家、音楽家、舞台演出家、シェフ、翻訳家などになろうか。挙げ始めたらきりがない。あらゆるジャンルの人々である。ただ一点、つくる側に回るという意志と覚悟を持っている人であることが条件になる。

つくる人が集まれば、何かをつくるためのプロジェクトが必ず生まれる。つくる人たちはつくらないといられない人たちだからだ。そのうち、仕事としてお金をもらえるようなプロジェクトも生まれてくるだろう。そうなると、クリエイターばかりでなく、プロジェクトマネジメントや段取りができる人も必要になるし、経理・法務・総務などを担う事務方も必要になる。往々にしてクリエイティブな人々は事務仕事が苦手なので（できてもそこに時間を割かれたくないので）、クリエイティブな人々が集うところには実務家の居場所が生まれるのである。実務家のサポートを得ることで、クリエイティブな人々は余計な雑事に煩わされずにクリエイティブな仕事に集中できるようになるから、実務家の存在は実はとても重要だ。

ここまでくると、これはもうコレクティブと呼ぶべき集団になる。コレクティブは、近年アートや建築などの分野で広がりを見せているクリエイティブな集団のことを言う（アートコレクティブやアーティストコレクティブとも言われる）。コレクティブを特徴づけるのは、メンバーが多彩なことだ。いろいろなジャンルのクリエイターからなるし、クリエイターだけでなく法律家など実務家がメンバーになっていることも多い。活動の内容も多彩で、クリエイティブワークだけでなく、場や宿、飲食店の運営など、実ビジネスを行っているケースも普通に見られる。地域や社会が抱える課題の解決を目指した活動を行っていることが多い点もコレクティブの特徴である。表現活動としてまちづくりや社会活動にコミットする集団。それがコレクティブだと言える。

自律協生の地域づくりにもそんなコレクティブがいると心強い。地域に根ざし、自律協生の地域づくりを進めるコレクティブ。それをここでは「ローカルコレクティブ」と呼ぶことにしよう。

ローカルコレクティブはそこに住む人々だけで構成される必要はない。藤本さんがそうであったように、普段は地域外に住む人がいてもいい。全員がフリーランスである必要もない。普段は都市部などの企業に勤めていて、副業としてローカルコレクティブに関わるメンバーがいてもいい。また、オンライン上で力を貸すメンバーもいる。地域に根ざしつつも、多種多様なスキルを持つ人材からなる集団。ジャンルも、業種も、参加の形態も幅広く、出入り自由で、開放的な集団。それがローカルコレクティブである。

出入り自由で開放的だから、集団としての凝集力は強くない。もちろんコアなメンバーはいるが、ユルいメンバーもいる。思想も信条もバラバラでいい。わかりあえなくとも、仲が良くなくとも構わない。自律協生の地域づくりのために協生する自律的な個人の集まり。ローカルコレクティブ自体が自律協生のネットワークなのである。

ローカルコレクティブは、今後、地域にとってとても重要な存在になるだろう。なぜなら、地域にはクリエイティブな人々が圧倒的に不足しているからだ。

図14を見てほしい。これは、産業大分類における業種ごとに、その業種で働く人のうち、東京、神奈川、愛知、大阪（すなわち、三大都市圏の中心都府県）で働く人がどれだけの割合かを示すものだ。

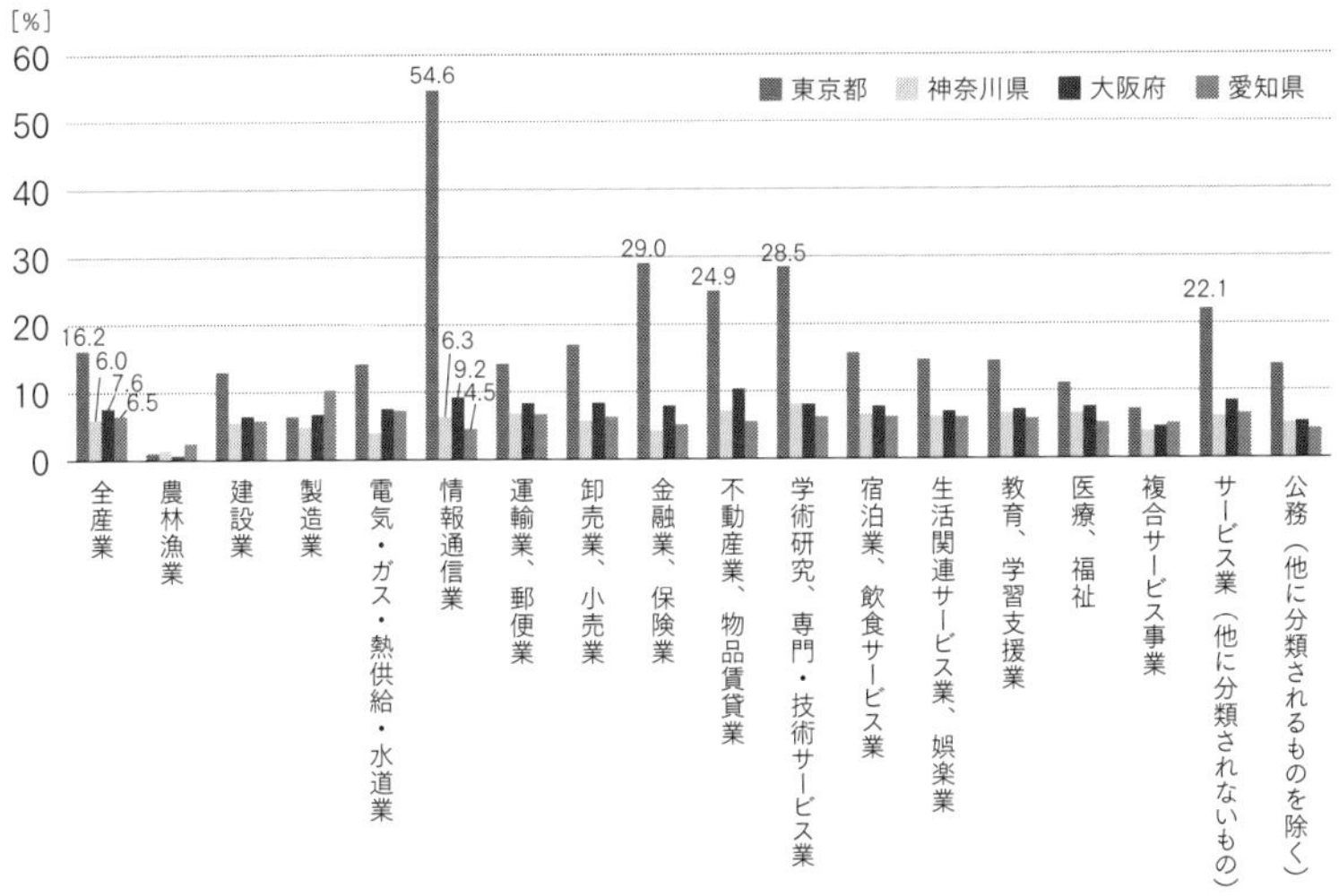

図14　産業別の集中度（東京・神奈川・愛知・大阪の従業者数が全国の従業者数に占める割合）
（出典：大正大学地域構想研究所のウェブサイト内、中島ゆき「地方創生10年目の問い直し：人口ではなくIT産業の東京一極集中是正に向けて」の図をもとに筆者作成）

「情報通信業」には、通信・放送・IT（ソフトウェア・インターネット）・映像・音声・出版・広告が含まれる。この情報通信業で東京が54・6％となっているのは、情報通信業に従事する人の54・6％が東京で働いているという意味だ。すなわち、極端に東京一極集中しているのが情報通信業なのである。他に「金融、保険業」「不動産業」「学術研究、専門・技術サービス業」も東京一極集中の度合が強い。コンサルティングやデザインなどは「学術研究、専門・技術サービス業」に含まれるが、**図14**を見ると、若者たちが格好いいと思うクリエイティブな仕事、給与が高く人気の仕事は東京圏に一極集中していることがわかる。いずれも情報や知識の力で付加価値を生み出す仕事だ。これら若者に人気のある知識産業が東京に一極集中している限り、若者は東京を目指し続けるだろう。だから、知識産業・クリエイティブな仕事を地方に分散させていくことが、東京一極集中を是正するためには是が非でも必要になるのである。

　ローカルコレクティブは、地域における知識産業の橋頭堡《きょうとうほ》となるべきものだ。ここでフルタイムで食べられる人を増やすことができれば、クリエイティブな仕事をしたい若者たちが地方に分散して住めるようになる。それは自律協生の地域づくりを進め、ひいては日本全体を自律協生の社会にシフトさせていく。だからこそローカルコレクティブを育てていくことが重要になるのである。

　ローカルコレクティブは、つくる人を育てる拠点にもなる。つくる人がつくる人を増やす。つくる人になった大人たちは、地域の子どもたちにつくることを教える。小さな頃からつくることを経験した子どもたちは自己効力感の高い人物に育つだろう。自己効力感の高い人が増えれば自律協生の地域づくりが進む。こうしてローカルコレクティブは、自律協生の地域づくりを担う人材輩出機関として機能するようになるのである。

　ローカルコレクティブは、つくる人を増やすことで、地域にできることを増やす。人と地域に「可能」をもたらし、本領発揮を実現するイネーブラー集団が、ローカルコレクティブの目指す姿である。


　本章では、自律協生化のために必要になることを見てきた。社会変革の理論を参照しながら、自律と協生を促すために必要な場や組織やメディアのあり方を検討し、地域づくりにおいて重要なプレイヤーである自治体に求められる新たな役割と、自治体にはできないことを可能にする主体としてのイネーブラーのあり方を見てきた。本章は、いわばボトムアップのアプローチからの自律協生《コンヴィヴィアリ》化《ゼーション》のプロセスをスケッチしたものであった。次章では、トップダウンでのアプローチを検討することとする。

※1 森一貴「産業観光イベント『RENEW』と自律的な地域変容のためのデザイン 内発的発展論およびEzio Manziniの理論をもとに」『ふくい地域経済研究』第34号、2022年

※2 Scaffolding（足場づくり）は、大人の支援のあり方として、教育学においてしばしば取り上げられる概念である。そのポイントは、①子ども・学習者がさらに上のステップへ進めるようにするようなサポートであること、②一時的に行うものであること、にあるとされる。

※3 Ezio Manzini, "Small, Local, Open and Connected: design for social innovation and sustainability", The Journal of Design Strategies, 4 (1), 2010, p.8-11

※4 HONTOOBOYSのnoteの投稿記事「#14写真家・藤岡亜弥『写真で食えるか?:』(2020.2.28 & 3.06)」（2020年3月30日付）より引用。

※5 小豆島では2016年以後、毎年400名以上（2017年度には500名を突破）がIターンやUターンの形で移住している。小豆島・豊島を対象に移住定住促進活動を行っているNPO法人トティエの事務局長・大塚一歩氏は、小豆島カメラを「移住促進に一番大きな貢献をしているメディア」と絶賛する。大塚氏は、小豆島カメラの撮る「暮らしの写真」は「人を中心とした」地域が持つ本来の魅力や文化を映し出すもので、それは見る人に「島暮らしを疑似体験しているような感覚を与えるものだ」と言う。また、「まちづくりが始まったばかりの島において、世代や知識のあるなしに関係なく誰でも地域に参加できる仕組みをつくってくれた」ことも、小豆島カメラの功績だと評価する。

※6 ノサリは、天草の言葉で「やってくるもの」を意味する。天草の人は、良いことも悪いことも引っくるめて、天からの恵みという意味で「ノサリ」という言葉を使う。「ノサリバ」は、「ノサリの場」という意味の造語である。

※7 Rocalは、誤記でなく、「てくり」の造語である。

※8 日本創成会議・人口減少問題検討分科会が2014年5月8日に公表したレポート「成長を続ける21世紀のために『ストップ少子化・地方元気戦略』」は、「人口減少の深刻な状況について国民の基本認識の共有を図る」ために、「不都合な真実」を公表するとの基本姿勢の下、2040年までに「20〜39歳の女性人口」が5割以上減少する可能性のある自治体を「消滅可能性都市」と名づけ、896の市町村名を実名公表した。座長を務めていた元総務大臣・増田寛也氏の名をとって「増田レポート」と名づけられたこのレポートは大きな話題となり、その年の6月の「骨太方針」での「ローカル・アベノミクス＝地方創生」の宣言、9月の地方創生の司令塔としての「まち・ひと・しごと創生本部」の創設に結実した。2014年以後の「地方創生」の流れを決定づけたレポートである。

※9 エコノミックガーデニングについては、山本尚史『地方経済を救うエコノミックガーデニング 地域主体のビジネス環境整備手法』新建新聞社、2010年を参照のこと。

※10　山本、前掲書

※11　Mori, K.,and Iwasaki, H., "How do PSI Labs establish legitimacy?: Dynamics, approaches, and knowledge creation ", De Sainz Molestina, D., Galluzzo, L., Rizzo, F., Spallazzo, D. (eds.), I *ASDR 2023: Life-Changing Design*, 9-13 October, Milan, Italy, 2023　https://doi.org/10.21606/iasdr.2023.160

※12　一般社団法人公共とデザイン『クリエイティブデモクラシー』ＢＮＮ、２０２３年

※13　ポニポニのウェブサイト「わたしたちが考えていること」(https://poniponi.or.jp/thoughts/202205) より引用。

※14　①地域福祉計画、②自殺対策計画、③障害者計画、④障害福祉計画、⑤障害児福祉計画、⑥高齢者保健福祉計画、⑦介護保険事業計画、⑧健康増進計画、⑨食育推進計画の九つの法定計画を一つに統合した。役所の縦割りに横串を通した例である。

※15　PUBLIC DESIGN LAB.のnoteの投稿記事「大牟田未来共創センター：『匂い』を呼びさます地域経営〈後編〉」(https://note.com/pub_lab/n/ne9ef-a05c8f74) より引用。

※16　アルバート・バンデューラ編『激動社会の中の自己効力』(金子書房、１９９７年) では、mastery experiencesは「制御体験」と訳されている。masteryは通常、「熟達」「習熟」「統制」「支配」と訳され、「制御」でも間違いではないが、成功体験を積み重ねながら身につけるという意味を含めるために「体得」と訳すこととした。また、social persuasionは「社会的説得」と訳されているが、より意味をとりやすいよう「人による説得」とした。

CHAPTER

第 5 章

自律分散型へのシフト

ビジョン、制度の再設計

自律協生社会は、自律分散を旨とする。自治体への分権化が進み、自主性と個性を発揮する、多様性に満ちたコンヴィヴィアル・シティが至るところで成立している社会が、自律協生社会だ。

今、日本がそうした方向に進んでいないのにはさまざまな背景と要因があるが、大きかったのは長く地域側に権限が与えられてこなかったことだ。地方自治法（1947年制定）は、国と地方公共団体（以下、自治体）との関係を対等ではなく、主従・上下の関係で見ていた。それは、たとえば第150条の「普通地方公共団体の長が国の機関として処理する行政事務については、普通地方公共団体の長は、都道府県にあつては主務大臣、市町村にあつては都道府県知事及び主務大臣の指揮監督を受ける」という規定に表れている。本来は国が行うべき事務を都道府県や市町村に代わりにやってもらうことを想定した規定である。これを機関委任事務と言う。機関委任事務とそれに基づく国の包括的指揮監督権は1999年の地方自治法の改正（2000年4月施行）により廃止されたが、自治体は戦後半世紀にわたって、国の指揮監督下で国の事務を実施する機関であり続けた。このような国との関係が、地域の自主性や個性を発揮することの妨げになってきた。

もう一つが税財源である。多くの自治体、とりわけ小規模自治体や、条件不利地域を抱える自治体は、自らが徴収する税収だけでは必要な経費を賄えない。そのため、国からの支援に頼らざるをえないのが実情だ。国からの支援に頼っている限り、どうしたって国の思惑に引っ張られ、自主性や個性は殺がれてゆく。

権限と税財源。この二つが自主性や個性を奪ってきたものだとすれば、自律協生化《コンヴィヴィアリゼーション》を進めるには、この二つにメスを入れなければならない。どこから手をつけるべきか。

5-1

不完全な自治体への権限委譲

地方分権改革とその後も続いた国の統制

「地方分権改革」の名で、国と地方の権限と税財源のあり方を見直そうという動きが1990年代になって始まった。1993年の国会決議に端を発し、現在まで引き継がれている取り組みである。この最初にして最大の成果が、1999年に成立し、2000年に施行された「地方分権の推進を図るための関係法律の整備等に関する法律」（以下、地方分権一括法）である。

地方分権一括法において、前述の機関委任事務とそれに基づく国の包括的指揮監督権が廃止されるとともに、国の関与のルールも明文化された。国の関与は必要最小限とされ、標準処理期間の設定などの手続きが明文化され、国と地方の紛争処理の仕組みを設ける等のルールが導入された。

地方自治制度の創設以来[※1]の大改革であったが、半世紀にわたって続いてきた上意下達の関係は

	～1959	1960～1969	1970～1979	1980～1989	1990～1999	2000～2009	2010～2019	2020～2021
総規	2	2	1	0	5	5	20	4
人事	0	0	0	0	0	2	0	0
財務	0	1	0	0	0	10	2	0
福祉	0	0	0	0	3	6	11	1
労働	0	0	0	0	1	0	3	0
衛生	0	0	2	0	1	4	4	0
経済	1	3	2	2	8	8	33	3
都市計画	2	15	11	7	5	8	6	2
環境保全	0	0	2	0	2	8	7	1
住宅	0	0	0	0	1	1	3	1
建設	6	4	2	1	6	7	18	1
交通	0	0	2	0	1	6	4	3
水道・下水道	2	0	0	0	0	0	0	0
教育	4	0	0	0	0	12	8	0
消防	0	0	0	0	0	1	1	0

表1　国法で策定が要請されている市町村計画（分野別・年代別）

（出典：今井照「『分権改革』の高次化に向けて─国法による自治体への計画策定要請から考える」『都市問題』第113巻第5号、2022年をもとに筆者作成）

容易には変わらなかった。地方分権一括法の施行後も、国はさまざまな形態で自治体に影響力を行使し続けたのである。

その象徴的な例が、各種の行政計画による統制である。行政計画は、都市計画・建設・教育・経済などの幅広い分野で行政執行の目標や方法や手順を定めるために、法律に基づき策定されるものを言う。実はこの行政計画の策定要請件数が、1999年の地方分権一括法の成立以後、大幅に増加しているのである［表1］。地方自治総合研究所の今井照によれば、1990年代に33件だった策定件数が、2000年代には78件、2010年代には120件と激増している。※2

この行政計画の激増により、大きく三つの問題が生じている。

①行政計画を策定させることを通じて、結

果として国が自治体の行政執行を統制する形になってしまっていること。

②計画策定を外部のシンクタンクやコンサルティング会社等に丸投げする自治体が多く、それゆえ地域の現実にそぐわない、実効性に乏しい計画になりがちなこと。

③計画策定が大都市に拠点を持つコンサルティング会社などに委託されることで、本来はその地域のために使われるべき予算が都市部に流出してしまっていること。

行政計画の策定は、明らかに自治体をスポイルするものになってしまっている。機関委任事務は廃止されたが、それによって目指された自治体の個性や自主性・自律の発揮は未だ実現からは程遠い状態にあるのである。

5-2 地方税財源の見直しスキーム

地方財政の現状

自治体が行政サービスを提供するには、財源が必要だ。その財源には、自治体の権限で調達できる地方税や寄付金等の自主財源と、国から交付される地方交付税や国庫支出金等の依存財源がある。自律協生社会においては、自主財源の充実が望まれる。同時に、自律協生社会においても、国民の生存権や教育等の機会の均等は保障されなければならず、そのために最低限必要な財源を、国が地方交付税等で保障することの必要性は変わらない。

では、自主財源を充実するために、地方の税財源をどのように見直すべきか。以下、まずは地方財政の仕組みを概観した上で、自律協生に向けた地方の税財源のあり方を提言したい。

1―税収と歳出の乖離と格差

日本では、外交や防衛、年金については国が担う一方で、教育、福祉、保健・衛生、警察・消防といった住民に身近な分野の多くを自治体が担っている。歳出純計額約208・4兆円のうち、約56%が地方（自治体）の歳出である［表2］。これに対し、税収を見ると、国税と地方税（自治体が徴収する税）の総額約120・4兆円のうち、地方税の割合は約37%しかない。このように、自治体の担う役割と、自主財源である地方税の税収総額に占める割合は乖離している。この乖離は、主に地方交付税や国庫支出金といった国から地方に交付される財源によって埋められる仕組みになっている。

地方歳出（自治体の歳出）と地方税収（自治体の税収）を都道府県別に見ると、税収の多い上位6都府県（東京、神奈川、大阪、愛知、埼玉、千葉）の歳出の合計が地方歳出の総額に占める割合が36%であるのに対し、地方税収総額に占めるこれら6都府県の割合は半分にのぼる。地方税収は都市部に偏重しており、都市部の自治体は財源を確保しやすく、行政サービスを充実させやすい状況にある。特に

[兆円]

	国		地方		国・地方
	金額	構成比	金額	構成比	合計額
税収	76.3	63%	44.1	37%	120.4
歳出総額	91.9	44%	116.6	56%	208.4
機関費	6.3	26%	17.8	74%	24.1
一般行政費	2.9	20%	11.4	80%	14.3
司法・警察・消防費	1.6	23%	5.3	77%	6.9
外交費	1.1	100%	0.0	0%	1.1
防衛費	5.5	100%	0.0	0%	5.5
国土保全及び開発費	5.0	27%	13.3	73%	18.4
産業経済費	13.5	54%	11.6	46%	25.1
教育費	4.8	21%	17.8	79%	22.5
学校教育費	2.4	15%	13.5	85%	15.9
社会保障関係費	30.3	41%	43.7	59%	74.0
民生費のうち年金関係費	12.1	100%	0.0	0%	12.1
福祉関係費（年金関係以外の民生費）	13.8	31%	30.5	69%	44.3
衛生費	1.6	12%	12.2	88%	13.9
恩給費	0.1	95%	0.0	5%	0.1
公債費	24.1	66%	12.4	34%	36.5
その他	2.2	100%	0.0	0%	2.2

表2　国・地方の歳出と税収（2022年度、純計額）（出典：総務省「令和6年版 地方財政白書」をもとに筆者作成）

東京都への集中度合は著しく、地方税収総額に占める東京都の割合は19%で、2位の神奈川県と3位の大阪府の税収を合計したものよりも大きい。これは、企業からの税収が東京都に集中しているためである。東京都の突出した税収は企業の集積によるものだ。

2 — 地方交付税と国庫支出金による財源確保

自治体が提供する行政サービスは、大きく分けて、①国民の生存権や機会均等のために必ず実施しなければならない行政サービスと、②地域のニーズ等に応じて自治体が独自に実施する行政サービスの2種類がある。現状、自治体が提供している行政サービスの多くは前者であり、国の法令等の規定に則って一定の水準を維持しつつ全国の自治体で実施されている。ここでは、こうした行政サービスを「標準的な行政サービス」、後者の自治体独自の行政サービスを「独自の行政サービス」と呼ぶこととする。

前述した地方税収の偏りにより、多くの自治体においては、自ら徴収する地方税では標準的な行政サービスの経費すら賄うことができない状態にある。全自治体があまねく標準的な行政サービスを実施するには、自治体間の財源の不均衡を均し、必要な財源を保障する仕組みが必要となる。この仕組みとして生まれたのが、「地方交付税」である。

地方交付税は、国税の一定割合を主な財源とし、自治体に対して使途が特定されていない財源（一般財源）として交付される。各自治体への配分額は、標準的な行政サービスに必要な経費（基準財政需要額）を算出し、そこから地方税収の75%相当額等（基準財政収入額）を差し引くことによって決められる。基準財政需要額が基準財政収入額を上回る自治体（交付団体）に対して、その不足額が交付されるのが地方交付税である。

このほか、標準的な行政サービスに対しては、補助金等の「国庫支出金」が支出されるケースが多い。国庫支出金も国からの支出金だが、使途の特定された財源（特定財源）である点が、一般財源として交付される地方交付税とは異なっている。

地方交付税と国庫支出金は、地方歳入において大きな割合を占めており、2024年度の地方財政計画では、全自治体における歳入総額の19・9％を地方交付税が、16・9％を国庫支出金が占めている。

3—自治体による独自の財源の確保

地方税は、地方税法に定められた全国一律の税目や課税標準、標準税率等に基づいて課税される。一方で、自治体には、自らの裁量で独自に課税を行うことが認められている。

独自の課税には、「超過課税」と「法定外税」がある。[※3] 超過課税は、地方税法で定められた標準税率を超える税率を自治体が独自に設定する課税方式である。法人住民税や法人事業税、固定資産税等での導入事例が全国各地で見られ、総額で8232億円（2022年度決算）の税収が得られている。一方、法定外税は、地方税法に定められた税目以外を自治体が条例で定めて新設する課税のことである。その導入事例は67件で、税収は731億円（2022年度決算）に留まっている。[※4]

超過課税と法定外税は、歳出と歳入の両面で自治体の裁量を働かせることができることから、自律協生の地域づくりを支える有力な財源と言える。[※5] ただし、法定外税の導入例が少ないことから明らかなように、課税自主権を行使しているとは言いがたい。また、超過課税は多くの自治体が導入しているものの、そのほとんどが選挙権のない企業に対する税金（法人住民税・法人事業税）への税率の上乗せで賄われており、個人住民税等の税率はあまりいじっていない。ほとんどの自治体が、有権者である住民の反対を恐れ、住民の税負担が増加するような超過課税はしていない実態がうかがわれる。

自律協生に向けた地方税財源見直しの方向性

以上を踏まえ、地方税財源の見直しの方向性を考えてみたい。その際、財政収支や経済活動への影響を最小限に留めるために、地方税の税収中立（制度変更前後の税収が不変）、国税の税収中立、個人と企業からの税収が変わらないことを前提とすると、**図1**に示す①〜④の見直しをセットで行うことが考えられる。この一連の見直しによって、以下の効果が期待される。

第一に、受益と負担の関係の改善・明確化である。これは、「見直し②」によって有権者が直接負担する個人住民税が増加する一方で、「見直し①」[※6] によって企業が負担する地方法人課税が減少するためである。また、個人住民税の方が地方法人課税よりも都市への偏在の度合いが小さいことから、多くの自治体で個人住民税の増加額が地方法人課税の減少額を上回る（ネット増収となる）こ

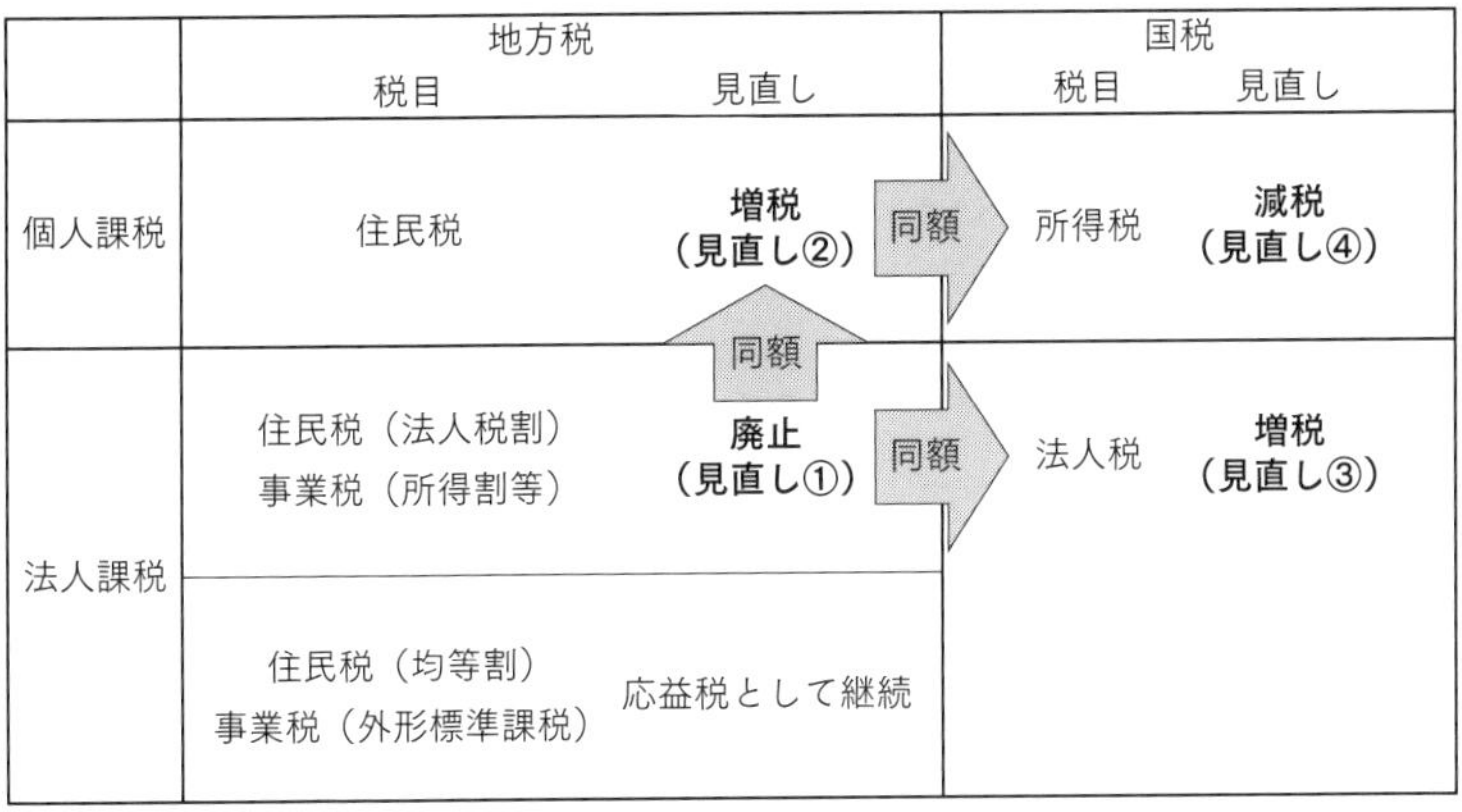

図1　自律協生社会にふさわしい地方税財源に向けた見直しスキーム

ととなり、その結果、地方交付税が減るために、自主財源が増え、依存財源が減ることとなる。

第二に、課税自主権を活用する余地の拡大である。これは、「見直し②」によって、超過課税に制限税率が設けられていない個人住民税が増加するためである。有権者個人の税負担増は、選挙権のない企業の税負担増よりもハードルが高いが、その対価として独自の行政サービスが充実するメリットを有権者に説いて、納得してもらうほかない。最低限の税負担による最低限のサービスで満足するか、税負担は増えるが行政サービスが充実する道を選ぶか。どちらが自分たちの暮らし、子や孫の未来として望ましいのかを有権者に直接問うことは、自律協生の地域づくりにとって不可欠な作業となろう。[※7]

自律協生社会の大前提は、国任せ、企業任せにしないことだ。国民の生存権や機会均等のための標準的な行政サービスを提供するのに必要な最低限の財源は、引き続き国が保障するとしても、それ以外の独自の行政サービスについては住民自身も応分の負担をすることが求められよう。

5-3
依存体質を生んできた過疎対策

半世紀以上継続している過疎対策

地方分権改革以前の地方の問題と言えば、過疎であった。高度経済成長期（1955年頃から1973年頃）に入り、地方から三大都市圏への大規模な人口移動が生じ、都市では過密、地方では過疎が顕在化した。国は、地方の人口流出に歯止めをかけようと、1970年に過疎地域対策緊急措置法（以下、過疎法）を制定して以来、半世紀以上にわたり過疎対策を続けてきた。だが、この長期間にわたる過疎地への支援は、過疎自治体の国への依存体質を生み、それを固着化させたという側面も有していた。前節で自前の税収のみでは標準的な行政サービスに要する経費を賄えない自治体が、地方交付税や国庫支出金に依存する構造を見てきたが、それが最も先鋭的に現れているのが過疎自治体である。本節では、これまでの過疎対策などを振り返ることにより、自律協生社会における過疎自治体の位置づけや、過疎問題を今後どのように捉えるべきかを考えてみたい。

1 ― 当たり前になっている過疎

2022年4月1日現在、過疎の指定を受けている市町村は全国で885団体を数える。[※8] これは、全国1718市町村のうちの過半数（51・5％）が過疎状態にあることを意味する。過疎法が制定された1970年当時、過疎市町村の数は全国3340市町村のうち776団体、割合にして23・2％と、まだ少数派であった。しかし、その後、過疎市町村数は増加の一途を辿る。そして、2000年代初頭に推進された全国的な市町村再編（いわゆる「平成の大合併」）により市町村数が半減したこともあって、ついに過疎市町村の割合が半数を超えるまでになったのである。島根県では県内19市町村のすべてが過疎市町村であり、鹿児島県・秋田県では9割超、高知県・北海道・大分県では8割超にのぼる。地方圏では、過疎であることがもはや当たり前になっている。

2—過疎法と過疎対策

1970年に制定された過疎法は、もともと10年の時限法だったが、少しずつ形を変えながら延長を繰り返し、現行の「過疎地域の持続的発展の支援に関する特別措置法」に至っている。[※9]

過疎地域の要件については、時代とともに複雑化してきているものの、大枠で見ると、①人口減少率が高いこと（人口要件）、②財政基盤（財政力指数）が弱いこと（財政力要件）の二つである。[※10]

過疎市町村に対する支援策には、財政・行政・金融・税制といった幅広いジャンルのものが用意されているが、中核を占めるのが過疎対策事業債（以下、過疎債）である。これは、市町村が策定する「過疎地域持続的発展市町村計画」に基づき実施される事業の財源に充当するために、特別に発行が認められた地方債のことで、道路・学校・観光・電気通信・診療等の施設の建設に加えてソフト事業にも活用でき、極めて自由度が高い。その上、償還の際、元利償還金の7割が地方交付税で手当てされる交付税措置を受けられる。自治体としては実質的に3割の自己負担でハード・ソフトを問わずさまざまな事業を実施できるという優遇措置が、過疎市町村には認められているのである。

総務省「過疎対策の現況」によれば、過疎法のもとで実施されてきた過疎対策の事業費は、2022年までの53年間の累計で125兆円にのぼっている。均してみると毎年2兆円超、国内総生産（名目GDP）の約0・4％に相当するお金が投じられてきた。

また、2022年度の過疎対策の事業費を見ると、都道府県が約2・1兆円、市町村が約1・7兆円となっている。分野別に見ると、都道府県では「産業の振興」「交通施設の整備等」の二つが主要項目で、全体の7割強を占める。これに対して、市町村では「生活環境の整備」「産業の振興」「交通施設の整備等」「子育て環境の確保／高齢者等の福祉の向上等」などに分散している。近年、ソフト事業のシェアが伸びてきているが、市町村に関して言えば、依然としてハード事業が全体の6割以上を占めている。

3｜過疎法の弊害・問題点

このように、過疎法に基づき、国は50年以上にわたり過疎自治体を支援し続けてきた。その甲斐もあって、過疎自治体では、道路をはじめとするインフラがかなりの程度整備されることになった。しかし、それが地域振興という所期の目的の実現に寄与したかどうかは定かではない。かつて過疎指定されていたが、指定が外れた（過疎を〝卒業〟した）市町村は、2022年4月1日時点で

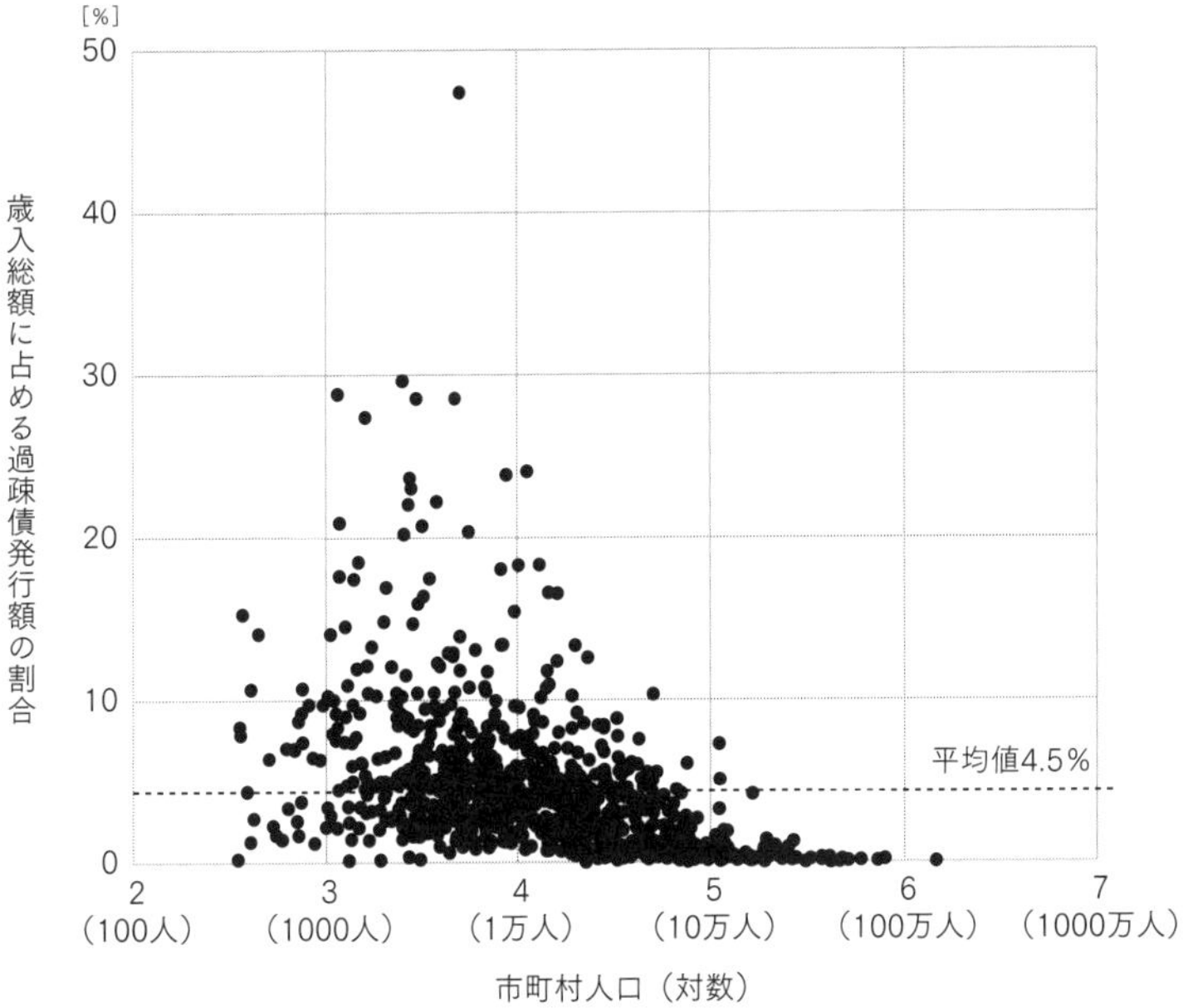

注：人口は2020年、過疎債発行額の割合は2023年度のデータ。
対象市町村は2023年度に過疎債発行実績のある919団体。

図2　過疎市町村における人口と歳入に占める過疎債の割合
(出典：総務省「国勢調査」「地方財政状況調査」をもとに筆者作成)

41団体。過疎市町村885に対し41だから、全体の5%にも満たない。50年以上支援し続けても過疎は解消していない。

一方で、過疎法を通じた過疎対策については、以下のような弊害や問題も生まれている。

①過疎債への依存

一つ目が、過疎債に対する過疎市町村の依存体質である。**図2**は、過疎市町村について、人口(横軸)と歳入総額に占める過疎債発行額の割合(縦軸)の関係を見たグラフである。その傾向は必ずしもはっきりしないが、人口5万人に一つの境界があるようで、人口5万人以下になると割合が高くなる。一般に5万人以上が市として認定されるための要件であり、5万人以上は市、それ以下は大半が町村と考えていいだろう。市では過疎債への依存比率が低く、町村だと高いというのが、このグラフから読みとれることだ。歳入に占める過疎債発行額の割合の全体平均は4・5%だが、10%を超える自治体も少なくなく、なかには50%に届こうというケースもある。

こうした実態からは、過疎町村では総じて過疎債への依存度が高く、過疎債がないと財政運営が厳しい町村も少なくないのではないかということがうかがえる。過疎債は、それ自体は確かに自治体の過疎対策における裁量性を高めることに寄与したが、その一方で、本来は税収等で賄うべき歳出についても過疎債で賄うような事態が起きている。さらに、一過性の観光イベントやプレミアム商品券に過疎債の財源が充てられているケースもある。市町村にしてみれば、自己負担が少なくて使いやすい財源というのが過疎債に対する認識で、それが過疎債への依存を高めてきたのだろう。

②受益と負担の乖離

二つ目が、前節でも述べた受益と負担の乖離である。

過疎債を財源とする事業は、交付税措置がなされるため、自治体の負担は実質3割となる。このような受益と負担の乖離は、財政支出に対する住民のチェックを甘くし、過大な事業への支出を招く危険性がある。山奥の過疎地に、忽然と立派な公共施設が建っているのをよく目にするが、過疎債を財源にしたものだろう。実質負担が3割で済むという安心感が感覚を狂わせ、身の丈に合ったお金の使い方をできなくしてしまうのである。

また、ある自治体で、道の駅の建設候補地を決める議論をしていたとき、担当者から「過疎指定されている区域に建設したい」と言われたことがある。「過疎債を使えるから」というのがその理由だった。集客に都合がよいかなどの事業性の精査をする前に、過疎債が使えることを条件に、場所の選定が行われたのである。

このようにして事業に関わる判断を歪めてしまうのが、過疎債の怖さである。

③時代とのミスマッチ

三つ目が、過疎法の理念や枠組み自体がもはや今の時代に適合していないことだ。最初の過疎法が制定された1970年当時は、都市と地方の間で人口や経済面での格差が拡大していた時期だったが、今や国全体が人口減少・成熟成長の局面に入っている。それにもかかわらず、依然として過疎地域における人口減少や財政基盤の弱さを問題と捉え、それに対処しようとする過疎法の発想を適用している現状には無理がある。

今求められているのは、人口減少や低成長、財政難を所与のものと受け止め、そこを出発点にどうすべきかを考えるスタンスだろう。その際のプレイヤーは自治体に限らない。むしろ、企業やまちづくり団体や住民や地域外から関わってくれるさまざまな人々と共に考え、形にしていく姿勢が重要になる。自律協生の地域づくりでは、さまざまな主体が業界や専門や地域や立場の垣根を越えて力を合わせることが前提になるからだ。それに対して、過疎法では、計画を策定し事業を実施する主体として想定されているのは、あくまでも市町村である。

このように10年間という当初の期限を大幅に超えて半世紀以上存続してきた過疎法は、もはや時代にそぐわなくなっている。根本的に見直すべき時期を迎えていると言えよう。

5-4 分散か、集約か

分散型社会は高コストなのか?

前節で見たように、この半世紀以上の間、年平均で2兆円超の予算が過疎対策費として投じられてきた。過疎地域を支えるにはお金がかかる。

事実、1人あたりの行政コストを見ると、過疎地を抱える地方圏の方が高くなっている。都道府県別に見ると、島根県が最も高く、高知県、秋田県、鳥取県の順で続く[図3]。いずれも過疎市町村を多く抱える道県である。

そのコストを自前で賄えればよいが、過疎市町村は税収が少なく、財政基盤が脆弱だ。必要な経費は、どうしても地方交付税や国庫支出金など、国からのお金に頼ることになる。この傾向はます

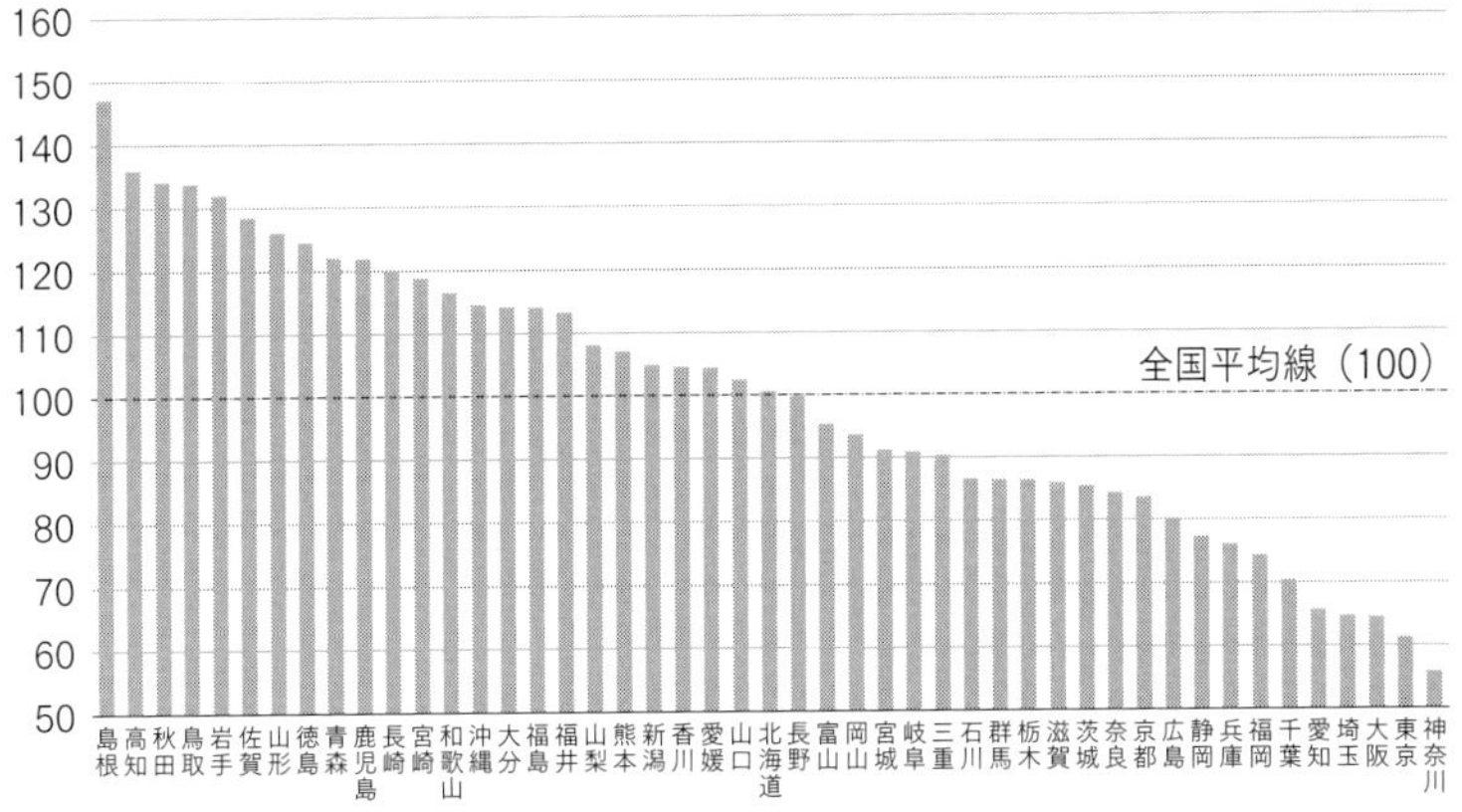

図3　1人あたりの行政コストの都道府県比較（2019年度）
（出典：内閣府「令和4年度 年次経済財政報告」のデータをもとに筆者作成）

ます強まり、内閣府では２０３０年度には地方交付税の総額が２０１３年度比で１・５倍になると試算している。[※11]

自律協生社会は、自律分散を旨とする。しかし、自律分散型の社会があまりに高コストになると、自律協生社会のもう一つの条件である持続可能性が覚束なくなる。

そもそも、急速な人口減少の時代に自律分散型の社会を目指すことを是とする根拠は何か。是とするならば、いかにそれを持続可能な形にするか。それを以下で考えてみたい。

人口が増えている時代には、住む場所や働く場所を広げることに合理性があった。自律分散型の社会を目指すことは、人口増の時代には正しい戦略だった。だが、人口が減少する今、果たして分散を目指すことは正しいことなのか。住む場所や働く場所をいたずらに広げるより、集中・集約した方が効率的で、コストも安上がりで済み、結果として幸せな国になれるのではないか。そういう問いに対して私たちはどう答えるべきか。

実は、分散か集中かについては1990年代に議論され、集中を優先するとの結論が出された経緯がある。その後、第二次安倍政権が2014年から「地方創生」を掲げたことで、分散を良しとするような風潮が生まれ、それを2021年に成立した岸田政権の「デジタル田園都市国家構想」が後押しした。2024年に成立した石破政権は、「地方創生2.0」を掲げ、「令和の日本列島改造」と称して多極分散型の経済社会をつくることを宣言しているが、具体策はこれからだ。

時代は再び分散に向き始めたようだが、本当に分散を是とするならば分散はお金がかかりすぎるという指摘に対してどう答えるのか。分散より集中が選ばれた当時の議論を振り返りながら、なぜこの時代に再び分散を掲げるのかを考えてみたい。

分散よりも集中が目指された背景

1―都市化抑制から、都市への集積誘導へ

分散よりも集中が目指されるようになった背景には、バブルの崩壊がある。最初のきっかけは、バブルの崩壊による都心地価の下落だった。地価の下落により、都心回帰の傾向が生まれ、1997年には、それまで転出超過が続いていた東京23区が30年ぶりに転入超過となった。

都心回帰現象は、最初は地価の下落から生まれた自然発生的なものだった。しかし、すぐに政策

的な後押しが始まる。今世紀に入ってからの都心回帰とその結果としての東京一極集中は、明らかに政策の産物である。その政策の狙いとは、第一に都心の土地の有効利用、とりわけバブル崩壊後に塩漬けとなり不良債権化していた土地の流動化促進、第二にシンガポールや上海に比べて地盤沈下が目立っていた東京や大阪の国際都市としての復権、そして第三に産業再生・イノベーション促進のための大都市への企業集積であった。

これらを束ねる政策を「都市再生」と名づけたのは、小渕政権下の1999年2月に出された経済戦略会議[※12]の答申「日本経済再生への戦略」(以下、経済戦略会議答申)である。この答申の中で、バブル崩壊の痛手から立ち直る政策として「都市再生」が提案され、小泉政権での「都市再生本部」の設置(2001年5月)を経て、2002年3月に都市再生特別措置法が成立したのである。

都市再生は、都市化を抑制すべきものから、積極的に進めるべきものへと政策の方向性を捉え直す契機となった。経済戦略会議答申には「都市政策のベクトルを『都市化抑制』から『都市への集積誘導』に転換」との記述があるが、これがその後の都市政策・都市再生戦略の基調となってゆく。

「都市化抑制」とは、東京圏と近畿圏への集中を抑制し、都市と地方の均衡を図ろうとしてきた政策のことを言う。それは、1962年の全国総合開発計画(一全総)以来掲げられてきた「国土の均衡ある発展[※13]」という国土政策の大目標と符合する。太平洋側の大都市だけが発展するのではなく、各地方がバランスよく発展するような、分散的な国土開発をしようというのが、全国総合開発計画のモットーだった。だが、それを追求した結果、大都市も企業も国際的な競争力を失い、国の財政も破綻寸前になってしまった。この構造にメスを入れない限り、日本は変われない。それが1990年代後半の支配的な空気だった。

そのような空気の中で、「『都市化抑制』から『都市への集積誘導』へ」を旗印に都市再生の政策が生まれ、それを政府と産業界が一体となって強力に推し進めるようになったのである。

2 集中・集積の利益を目指した都市再生

都市再生は、土地政策であり、住宅政策であり、産業政策であり、都市政策であり、そして何より経済政策であり、金融政策であった。このように多岐にわたる政策目的を持った都市再生だが、その底流に流れている考え方は一貫している。分散より集中を、低密度より高密度を、という考え方である。

実は、経済戦略会議答申に先立つ1997年にも、建築基準法と都市計画法が改正されている。この改正により都市計画制度に高層住宅誘導地区が導入され、当該地区に都市計画決定された場合には、最大600%までの容積率の引き上げ、高さ制限や前面道路幅員容積率制限などの緩和、日影規制の適用除外などの特例が受けられるようになった。タワーマンションの建設は、この1997年の法改正と2002年の都市再生特別措置法の成立という二段階の規制緩和を経て、急増するのである［図4］。

この規制緩和に至る思想を知る上で参考になるのが、経済審議会行動計画委員会が1996年10月9日に公表した「土地・住宅ワーキング・グループ報告書」である。ここでは、中高層住宅の

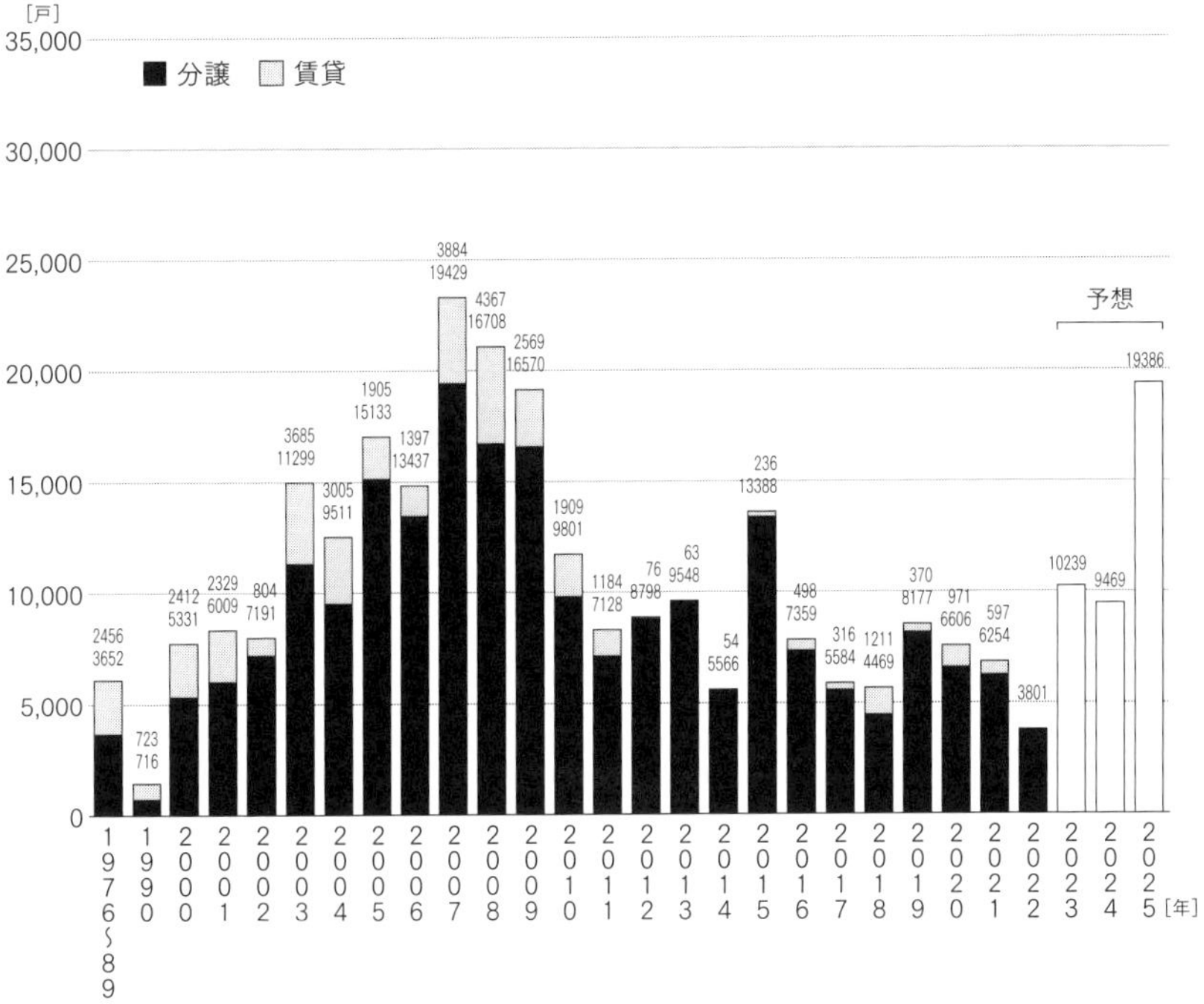

図4　超高層マンションの竣工・計画戸数（首都圏）の推移
（出典：不動産経済研究所「不動産経済マンションデータ・ニュース―超高層マンション動向2019―」をもとに筆者作成）

意義が、「地価そのものを低下」させずに「床面積当たりの地価を十分に低下させること」として語られている。「都心の土地の高度利用」である中高層化は1人あたりの地価負担を下げるが、地価そのものは下げないから、市民にとっても不動産を売りたい企業にとっても歓迎すべきものとなる。まるで錬金術のような話だが、その錬金術に皆が飛びついた結果、タワー型のマンションやオフィスが急増したのである。

経済学者が3名、社会学者が1名で構成されたワーキンググループ[※14]だけに、徹頭徹尾、経済学的な効率性から首都圏の土地利用のあり方が構想されており、「集積の利益」や「集中の利益」という言葉が多用されているのが報告書の特徴である。容積率を緩和し高層建築を高密度で建てられるようにして集中の利益を最大限追求しつつ、過密による混雑はインフラを高度化して対処する。これこそが「経済政策の原理」であり「問題への対処の基本」であるというのである。バブル崩壊で塩漬けになった土地が流動化され、資産価値が目減りしていた土地の価値が高まり、おまけにインフラ投資も行われるとなれば、確かに経済の活性化は期待できる。このような経済効果を最優先にした都市政策を歓迎しない企業はないだろう。

集中・集積の利益の追求を基本理念とする都市再生が始まったことは、「均衡ある発展」をモットーとしてきた産業立地政策や国土政策にも転換を迫るものとなった。

2001年に小泉政権が公表した「今後の経済財政運営及び経済社会の構造改革に関する基本方針」（6月26日閣議決定）は、小泉政権の思想と運営方針を定めた「骨太の方針」と称されたものである。この「骨太の方針」では、社会資本整備について、以下のように述べている。

「国土の均衡ある発展」は、本来、地域の個性を活かした考え方であるが、現実には、これまでややもすれば、全国どこに行っても同じような特色のない地域が形成されがちであった。個性と活力のある「地方」の構築を目指して、国の関与する事業は限定し、地方の主体性を生かした社会資本整備に転換していく。

「国土の均衡ある発展」が、ここでは名指しで批判されている。この「骨太の方針」以後、「国土の均衡ある発展」が政策の表舞台に上がることはなくなった。小泉政権は、半世紀近くにわたって掲げられてきた「国土の均衡ある発展」の呪縛を断ち切り、都市における「集中・集積の利益」を追求する方向へと思いきり舵を切ったのである。

小泉政権によって、国と地方の関係は大きく変わった。経済の力強さを取り戻すために、地方へのバラマキをやめ、都市再生に注力したことで、地方にお金が回らなくなった。小泉政権が依拠した新自由主義的な経済政策は、地方に再分配せずとも、伸び代のある東京を伸ばせば、全体が豊かになり、地方もその利益を享受できるようになると考える。これを「トリクルダウン」(「滴り落ち」の意)と言うが、トリクルダウンのロジックにより地方への再分配の停止が正当化されたのである。

3 ― 都市再生は成功したのか

公共経済学・都市経済学を専門とし、2001年度から内閣府の規制改革関係の委員会の常連となるなど、政府のご意見番として活躍した八田達夫氏は、その著書『都心回帰の経済学　集積の利益の実証分析』(2006年、日本経済新聞社)の中で「『国土の均衡ある発展』と並んで日本を衰退に追い込んだもう一つの政治スローガンがあった。それが『都心分散策』である」と述べ、「均衡ある発展」や「分散策」を真っ向から否定している。そこでは、「『都心分散策』によって真の都心におけるビルの床面積供給が抑えられてきたため、日本は第2次産業から第3次産業への転換をうまく進められなかった。この政策によって、日本の経済成長は鈍化し、東アジアの諸都市に比べて、東京は国際競争力を落とした」とまで言い、「過去にこういうことが起きた根本的な理由は、『集積の利益こそが都市の命だ』という認識を、都市計画に関わる学者・行政官・ジャーナリストが持っていなかったことにあると言えよう」と断罪する。

2002年に成立した都市再生特別措置法は、「集積の利益こそが都市の命だ」という八田氏の信念を形にした都市政策を推進するための法律である。その要諦は、都市再生のための特区制度の創設にあった。国（内閣府）が指定した特定の地区（都市再生特別地区）において土地の高度利用を進めるための規制緩和と金融支援を行い、企業と人を集めて都市を再生させ、ひいては日本経済を再生させるための法律。それが都市再生特別措置法だった。[※15]

特区の母体となる都市再生緊急整備地域については、法成立直後の2002年7月に第一次指定がなされたが、指定された17地域のうち15地域を東京都と大阪府の地域が占めていた。この事実からも、いかにこの法律が大都市圏を意識してつくられたものだったかがわかる。

では、「集中・集積の利益」の追求はどのような成果を残したのか。政府が「国土の均衡ある発展」から「集中・集積の利益の追求」に舵を切ってから、すでに20年以上の月日が経っている。この間、確かに東京の再開発は進み、オリンピック・パラリンピックや万博の誘致の成功など、首都圏と近畿圏の二大都市圏が国際都市としての輝きを取り戻しつつあるように見える。福岡も勢いのある都市に育った。東京・大阪・福岡への集中・集積を進めたという意味では、都市再生政策は成功したと見るべきだろう。

では、経済に与えた影響はどうか。東京都が発表している都民経済計算年報によれば、小泉政権

	都内総生産 ［億円］ （実質：連鎖方式）	国内総生産 ［億円］ （実質：連鎖方式）	東京都の人口 ［人］ （住民基本台帳人口）	日本の人口 ［人］ （10月1日人口推計）
2001年度	930,513	4,746,854	11,823,029	127,291,000
2011年度	969,470	5,137,421	12646745	127,834,000
2011年度/2001年度（*）	104.2%	108.2%	108.2%	100.4%
2011年度	1,022,919	5,146,867	12,646,745	127,834,000
2021年度	1,097,968	5,407,961	14,823,525	125,502,000
2021年度/2011年度（**）	107.3%	105.1%	117.2%	98.2%
2021年度/2001年度の成長率	111.8%	113.7%	125.4%	98.6%

注：都民経済計算年報には各年10年間の時系列データしか掲載されていない。基準年の違いにより、年報ごとに掲載されている数値が微妙に異なるため、10年間を超える期間での数値比較は困難である。このため、2021年度/2001年度の都内総生産・国内総生産の成長率は、2011年度/2001年度（*）×2021年度/2011年度（**）によって求めた。

表3　2001年から2021年の20年間の東京の経済成長率

（出典：都内総生産および国内総生産は都民経済計算年報（平成24年度および令和3年度）、東京都の人口は「東京都の統計」、日本の人口は総務省統計局のデータをもとに筆者作成）

発足時の2001年度の都内総生産（実質）は93兆513億円で、その10年後の2011年度の都内総生産（実質）は96兆9470億円なので、この間の成長率は104・2％である［表3］。同じ期間での日本の国内総生産（実質）は474兆6854億円から513兆7421億円へと108・2％の伸びを示している。少なくとも2000年代の10年間は、東京都の経済成長率は日本全体の経済成長率を牽引するものにはなり得ていなかったことがわかる。

2010年代はどうか。2011年度から2021年度の10年間、都内総生産（実質）が107・3％の成長だったのに対し、国内総生産（実質）は105・1％だから、2010年代は東京都の成長率が日本全体のそれを上回っている。

これを2001年度から2021年度の20年間で見るとどうなるか。この間、都内総生産は111・8％の伸びであったのに対し、国内総生産は113・7％

と、日本全体の成長率の方が高くなっている。同じ20年間で、日本全体の人口は98・6%へと減少しているが、東京都の人口は125・4%と大幅に増加している。明らかに東京への人口集中が進んでいるのに、肝心の経済に関しては思ったほど成長していないのである。都市再生の名の下、なりふり構わずに東京を成長させようとしてきたのにもかかわらず、だ。こうなると、集中・集積の利益とは一体何だったのかと、首をかしげざるをえない。

やはりこの国は分散型を目指すべきである

1―大都市集中から地方創生への転換

2012年12月に発足した第二次安倍内閣は当初より地方を重視し、2014年には「ローカル・アベノミクス」と称して「地方創生」を宣言した。[※16]

第二次安倍政権が、小渕政権以後の大都市集中策から一転、地方創生を宣言した背景には、第一次安倍政権(2006年9月~2007年9月)の退陣につながった2007年参議院選挙における地方圏での与党大敗の経験があったと考えられる。[※17] 地方の支持基盤を固めなければ安定政権がつくれないことを身をもって経験した安倍首相は、二度と同じ過ちは繰り返すまいと、地方の票がとれる政策へと舵を切ったのだろう。

安倍政権は、2014年11月に「まち・ひと・しごと創生法」を成立させる。「まち・ひと・し

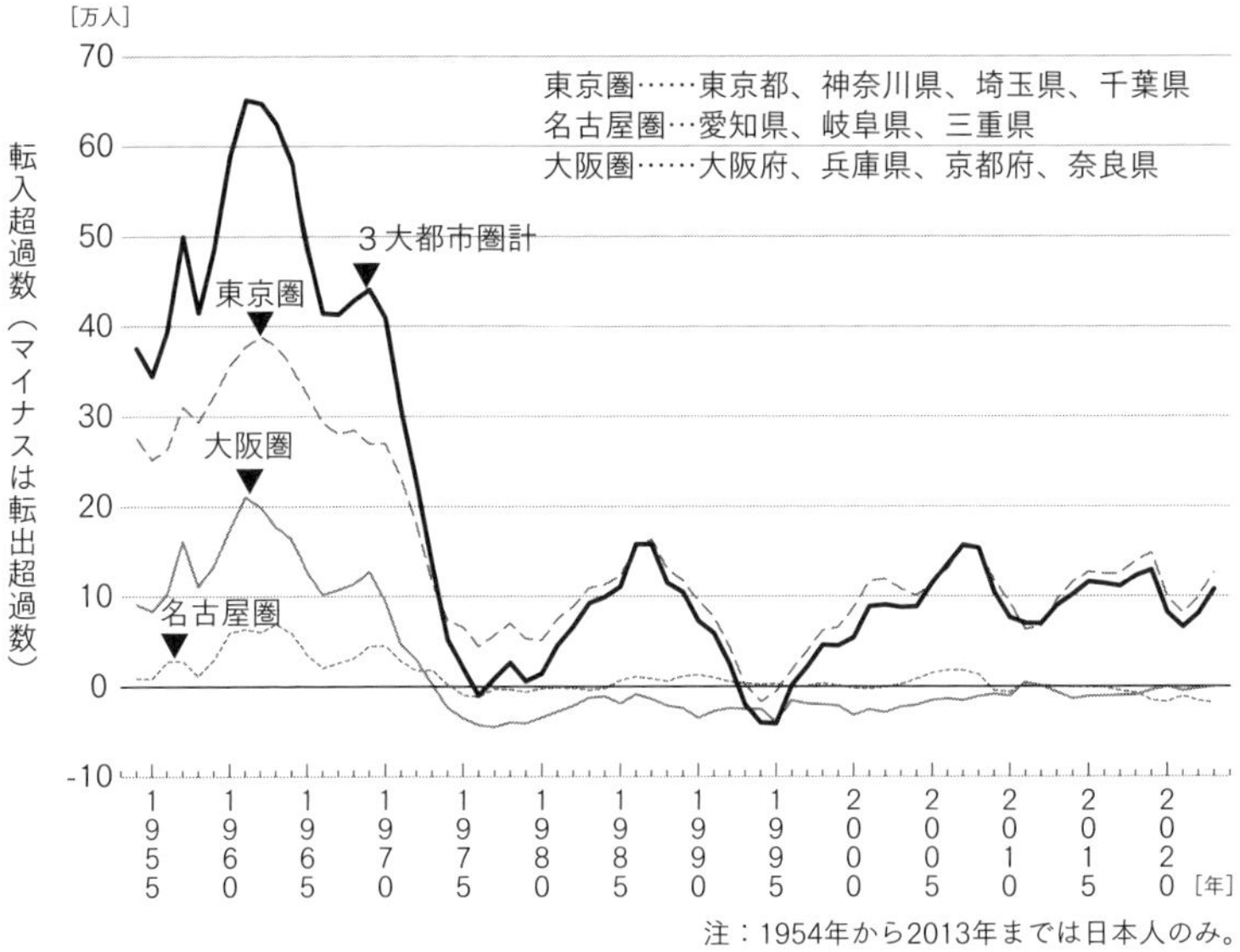

注：1954年から2013年までは日本人のみ。

図5　3大都市圏の転入超過数の推移（1954〜2023年）
（出典：総務省統計局「住民基本台帳人口移動報告 2023年（令和5年）結果」）

ごと創生法」は、その第1条（目的）に「東京圏への人口の過度の集中を是正し、それぞれの地域で住みよい環境を確保して、将来にわたって活力ある日本社会を維持していくため」とあるとおり、一極集中を是正し、分散的な社会を目指すことを宣言した法律である。

それから10年が経った。この間、地方に対する企業や個人の関心は間違いなく高まったし、地方に移住する若者も増え、個別に見ればそこここに希望の持てる事例は生まれている。しかし、全体として見たとき、「東京圏への人口の過度の集中を是正し、それぞれの地域で住みよい環境を確保して、将来にわたって活力ある日本社会を維持していく」という「まち・ひと・しごと創生法」の目的が達成されたとは言えない状況である。

事実、東京一極集中の傾向は変わらずに続いている。コロナ禍でいったん弱まったかに見えたが、2023年の東京圏（東京都、神奈川県、埼玉県、千葉県）の転入超過数は12万6515人で、コロナ禍前の2019年の85％の水準だ。このうち東京都の転入超過数は6万8285人で、2022年と比べて3万262人増加した（増加率は180％）。東京一極集中はコロナ禍の収束とともに再び勢いを増し始めているのである［図5］。

2 ― それでも分散型国家を目指すべき理由

こうして歴史を振り返ってみると、東京圏への流入はずっと続いてきたことが改めてわかる。コロナ禍は人々のライフスタイルや働き方を変えるかと期待されたが、結局そうはならなかった。社会の趨勢は、マクロで見れば分散より集中に向かっているように思える。

だが、それでもなお私たちは、集中型ではなく、分散型の社会を目指すべきだ。

なぜ、そう言い切れるのか。

第一に、集中政策の不能がある。すでに述べたように、東京と大阪を磨き上げることで日本経済全体を浮揚させるという目論見は外れ、集中・集積の利益を享受するはずだった東京の経済は思ったほど成長しなかった。逆に、自民党は政権を失い、地方創生の宣言を余儀なくされた。地方を切り捨てようとする政策を地方に暮らす人々は許さないということを、自民党は身に染みて理解している。分散を否定し、集中を目指す方向に舵を切ることは、少なくとも現時点では政治的に現実的ではない。

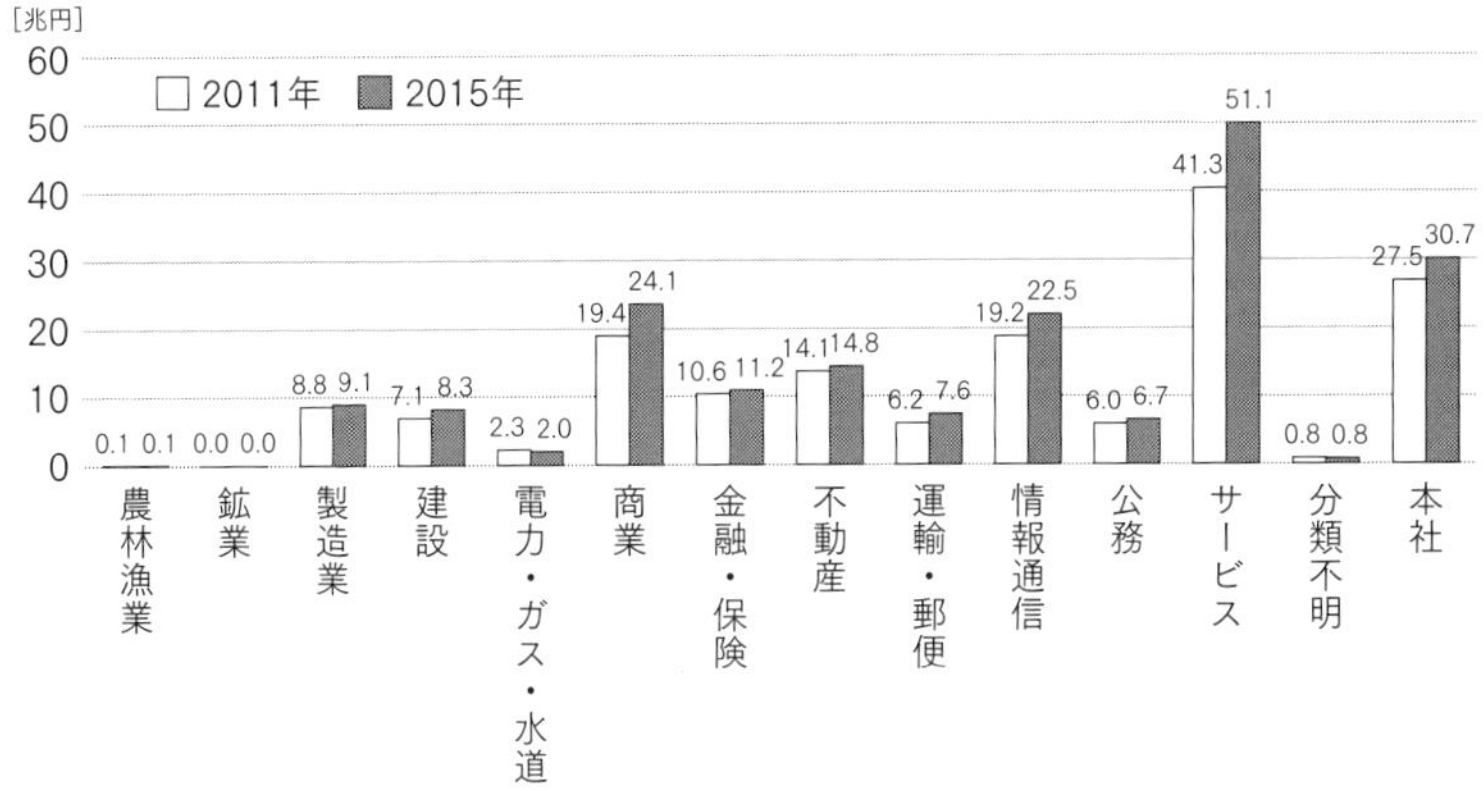

図6　東京都の産業部門別都内生産額（出典：「平成27年（2015年）東京都産業関連表報告書」をもとに筆者作成）

第二に、東京一極集中のリスクがある。それを私たちはコロナ禍で痛感した。東京は、人が流入してくるからこそ成り立つ職業、企業が集積しているからこそ成立する仕事に頼りすぎている。たとえば、東京都産業連関表報告書を見ると、生産額の大きい産業部門とその構成比は、サービス業（51・1兆円、27・0％）、本社（30・7兆円、16・2％）、商業（24・1兆円、12・8％）、情報通信（22・5兆円、11・9％）だ。これらで東京都の生産額の実に67・9％を占めている。2011年との比較で見ても、伸びているのはこれらの産業部門である［図6］。

だが、これらの産業部門は、人と企業の集積に依拠するものばかりだ。人が出歩かなくなった外出制限下の都内では、サービス業や商業の多くが経営危機に瀕し、社員が通勤しなくなった本社ビルはまるで墓標のようだった。今後も定期的にパンデミックは発生するだろうし、テロや戦争などで外出や移動に制限がかかることはありうる。そのような事態を考えたとき、東京都の産業構造はあまりに脆弱だ。

それはそのまま東京都民の暮らしの脆弱さにつながる。東京都の農林漁業の生産額は1017億円、構成比は都民総生産の0・1%に過ぎない。東京都は農林水産物のほとんどを外部からの移入・輸入に頼っているから、物流がストップした途端に、都民は食料が手に入らなくなり、生命の危機に瀕してしまう。東京一極集中は、有事を想定すると、あまりにリスクが高い。首都直下型地震発生のリスクを考えても、この状態を放置することは危険すぎる。

テロはともあれ、災害やパンデミックは自然界にもある。生態学的には、これらは「攪乱《かくらん》」と呼ばれる。攪乱に対する生物の生存戦略は極めて単純だ。多様性を維持すること。これに尽きる。生きる場所、食べる物を多様にすることがその一つだ。特定の場所、特定の食べ物に依存すること、全者が同じような行動をすることは危険すぎる。だから、いろいろな場所に住む。いろいろなものを食べる。そうしていくうちに、場所や食べ物の違いに応じて種が分化する。そうやって生物は種を増やし、種や生活様式の多様性を手に入れてきたのである。

そういう目で見ると、今世紀初頭に推し進められた都心への集中・集積は、生態学的には完全に間違った戦略だったことがわかる。日本列島は南北に長く、亜熱帯から亜寒帯までの気候区分に属している。漁村から山村まで、集落・生業の形態も多様だ。そもそも、多くの島々が連なる列島からなるこの国の根本にあるのは多様性の原理であり、それは生態学的に見れば非常なメリットである一方、統治の視点からは困難をはらむ。あまりに多様すぎて、統治の目を行き渡らせることができないからだ。

これは、中央集権的な国家をつくろうにも、現実的にとても難しいということを意味する。織田信長と豊臣秀吉は天下統一を果たして、中央集権的な統治体制を築こうとしたが、それも長くは続かなかった。その反省を踏まえた徳川の治世では、将軍家を頂点とするヒエラルキー構造で大名を支配する集権性と、領地内では大名に独立した権限を与える分権性を兼ね備えた自律分散的な統治体制（幕藩体制）を敷くことで、300年近く続く安定的な国を築いたのである。

こうして日本の歴史を見渡してみると、明治以後の中央集権的な体制が、いかに特殊で異形なものかがわかる。日本にとって自然なのは自律分散的なあり方であり、それが生態学的にも理に適っている。「国土の均衡ある発展」というビジョンは、決して間違ってはいなかったのだ。ただし、その正しいはずのビジョンを掲げ、政策を講じ続けても、東京一極集中の流れを押しとどめることはできなかった。むしろ公共事業依存・中央依存の経済構造を生み、地方の主体性を奪う結果になったからこそ、今世紀になって、「国土の均衡ある発展」というビジョンは間違いであったと否定され、葬り去られることとなったのだ。

3 国土形成計画に見る国土のビジョン

「国土の均衡ある発展」というビジョンとそれを旗印としてきた全国総合開発計画は終焉したが、国土のビジョン自体がなくなったわけではない。2005年、全国総合開発計画の根拠法となってきた国土総合開発法（1950年制定）が改正・改称され、国土形成計画法となり、それに基づき「国土形成計画」が策定されることとなった。この国土形成計画が、21世紀における国土のビジョンという位置づけとなっている。

最初の国土形成計画は、2008年7月に閣議決定された。そこで「新しい国土像」として示されたのは、「多様な広域ブロックが自立的に発展する国土を構築するとともに、美しく、暮らしやすい国土」というものである。地域力（地域の総合力）の結集と、地域間の交流・連携を進め、集約型都市構造への転換を図ることで、人口減少下でも持続可能な地域を広域ブロックを単位に形成すると宣言されている。いわば多極集中的な国土像と言ってよい。

2015年8月には、第二次国土形成計画が閣議決定された。このときに掲げられた国土のビジョンは「コンパクト＋ネットワーク」である。都市部はコンパクトシティに誘導し、農山漁村は暮らしに必要な機能を特定の場所に集約する（これを「小さな拠点」と名づけた）。そして、これらを交通網と情報通信網でネットワークし、人と情報の行き来を活発にすることを通じて、多様性と経済性の双方を国土の全域で両立させようというビジョンである。多極集中であることに変わりはないが、「コンパクト」を全面に出したことで、集中・集約の印象が強まり、分散と集中のどちらに本旨があるのかがぼやけてしまった感が否めない。

その反省も踏まえて2023年7月28日に閣議決定されたのが、第三次となる国土形成計画である。スローガンは「新時代に地域力をつなぐ国土〜列島を支える新たな地域マネジメントの構築〜」で、国土の基本構想として「シームレスな拠点連結型国土」が提案されている。以下、該当部分を引用する。

多様な地域の拠点への諸機能の集約化を図りつつ、周辺との水平的、階層間の垂直的、デジタルを活用した場所や時間の制約を克服する多面的なネットワーク化により、人と人、人と地域、地域と地域が、質の高い交通やデジタルのネットワークでさまざまな制約を乗り越えてシームレスにつながり合う拠点連結型国土の形成を通じて、全国どこでも誰もが便利で快適に暮らせる社会の実現につなげる。

すなわち、全国各地で多様な地域の拠点の機能性を高め、これらを核とした重層的な生活・経済圏域の自立的・内発的な発展を図るとともに、こうした地域がシームレスにつながり合うことにより、国土全体にわたって、人々の多様な暮らし方・働き方の選択肢が広がり、個人や社会全体のWell-beingの向上、国土全体の持続的な発展につなげていく必要がある。

拠点連結のイメージとして、広域では中枢中核都市がネットワークされ、地域では地方の中心都市を核に、市町村の境界に囚われない地域生活圏を形成する。要は、高次の都市機能は中枢中核都市に集約し、それ以外の生活に必要な機能は中心的な地方都市に集約、そしてコミュニティ機能は「小さな拠点」に集約するという構想である。結果として描くのは、集落生活圏があり、地域生活圏があり、その上に中枢中核都市を核とする、より広域の生活圏ができるという絵姿だ。集約できるものは集約し、補完し合えるものは補完し合う。それらを通じて行政界に囚われない地域づくりを行い、自律的な生活圏を形成する、というのが第三次の国土形成計画が描く国土・社会像である。

こうして振り返ってみると、第一次、第二次、第三次のいずれも、分散か集中かのどちらかではなく、分散しつつもそれぞれの拠点に集約・集中することで、分散と集中の良いとこどりをしようとしている点で共通していることがわかる。

自律的な生活圏が全国津々浦々に分散し、ネットワークされたそれらが互いに補完し合うことで生まれる有機的な社会という絵姿は、本書で見てきた自律協生社会とも重なる社会像である。全国総合開発計画の終焉により「国土の均衡ある発展」というビジョンは否定され、都市再生の名の下、都市への集中・集積を図る施策がとられてきたが、21世紀の国土のビジョンである国土形成計画の中では、自律分散的な国土・社会像が志向され続けてきたのである。

ただし、官邸主導で集中的に進められた都市再生と異なり、閣議決定はされているものの、その実効性については何ら担保されていないのが国土形成計画の弱さである。すなわち、お金をかけてでも分散的な社会にしていくのかという問いには、国は明確には答えを出していないことになる。では、どうするべきか。それを次章で考えてみたい。

※1　戦後の地方自治制度は、日本国憲法第92条の規定と1947年の地方自治法の施行によって始まった。
※2　今井照「『分権改革』の高次化に向けて—国法による自治体への計画策定要請から考える」『都市問題』第113巻第5号、2022年
※3　課税自主権を発揮できる制度としては、これらの他に、課税標準の特例措置等について自治体が条例で定めることができる「わがまち特例（地域決定型地方税制特例措置）」が2012年度から導入されている。
※4　なお、地方交付税の計算に用いられる基準財政収入額を算定する際には、実際の地方税収ではなく、全国一律の規定に則って計算した仮想の地方税収が用いられるため、自治体が独自の課税を導入して税収を高めても、それによって地方交付税の配分が減らされることはない。つまり、自治体では、独自

課税による税収の増額分の全額を独自の行政サービスの経費に充てることができる。

※5　これらの他の自主財源に「留保財源」と「財源超過額」がある。留保財源とは、地方税収のうち、基準財政収入額として算入される75％相当分を差し引いた残りの25％相当分を言う。一方、「財源超過額」は、基準財政収入額が基準財政需要額を上回る自治体（地方交付税の対象とならないため「不交付団体」と呼ばれる）において発生するもので、地方税収の75％相当分のうち、標準的な行政サービスに使われない超過額のことを言う。留保財源と財源超過額は、自治体の判断で独自の行政サービスの提供に使うことが認められている。

※6　地方法人課税のうち、法人税額に課される「法人住民税の法人税割」と所得額や収入額に課される「法人事業税の所得割と収入割」、国税ではあるが税収の全額が地方に配分される「特別法人事業税」を廃止する。一方で、企業も地方の道路や用水等のインフラ等を利用することから、「法人住民税の均等割」と付加価値額や資本金等の額に課される「法人事業税の付加価値割と資本割」（外形標準課税）は応益税として継続する。企業所得からの地方税収はなくなるものの、起業や誘致によって地域に立地する事業所数が増えれば、法人均等割や法人事業税の外形標準課税からの税収が増加し、さらに地域の人口増加や賃金等の個人所得の増加につながれば、個人住民税や固定資産税、地方消費税等の増加も期待される。

※7　このほか、第三の効果として、住民の選択によらない行政サービスの地域差の縮小が挙げられる。「見直し①」と「見直し②」の結果、地方法人課税の減少額が個人住民税の増加額を上回る自治体では留保財源が減少する。また、このうち財政力指数（基準財政収入額÷基準財政需要額）が1を超える自治体では、財源超過額も減少する。地方法人課税からの税収が比較的多い自治体では、財政力指数が高い傾向にあることから、独自の行政サービスに使える一般財源の差が縮まることになる。

※8　過疎には、「全部過疎」「みなし過疎」「一部過疎」を有する市町村（一部過疎）の三つの種類があるが、ここでは、特に言及しない限り、これら三つに関係する市町村を「過疎市町村」と一括りに呼ぶこととする。三つのうち、最も一般的なものが「全部過疎」（７１３団体）である。「みなし過疎」（14団体）と「一部過疎」（１５８団体）は、平成の大合併に対する政策的対応として追加された過疎の枠組みであり、いずれも、過疎市町村が合併に参加して新市町村が誕生するケースに適用されるものである。「みなし過疎」は、全部過疎ほど深刻な状況ではないが、新市町村の全域を特別に過疎と見なすもの、「一部過疎」は、みなし過疎の要件を満たさない場合に、合併前の旧過疎市町村地域のみを過疎と見なすものである。

※9　期限を迎えた過疎法は、１９８０年「過疎地域振興特別措置法」、１９９０年「過疎地域活性化特別措置法」、２０００年「過疎地域自立促進特別措置法」（当初9年間の期限を最終的に20年間に延長）、２０２１年「過疎地域の持続的発展の支援に関する特別措置法」と移り変わってきた。

※10　具体的には、人口減少率が長期（１９７５年から２０１５年の40年間）で28％以上か中期（１９９０年から２０１５年の25年間）で21％以上進んでいて、財政力指数が0・51以下の場合、その自治体は過疎市町村として指定される。

※11　内閣府「地域の経済２０１６」

※12　堺屋太一経済企画庁長官（当時）が招集し、6人の財界人（樋口廣太郎アサヒビール会長、井手正敬ＪＲ西日本会長、奥田碩トヨタ自動車社長、鈴木敏文イトーヨーカ堂社長、寺田千代乃アートコーポレーション社長、森稔森ビル社長）と4人の経済学者（中谷巌一橋大学教授、伊藤元重東京大学教授、竹中平蔵慶應大学教授、竹内佐和子東京大学助教授）を委員とする会議体。

※13　１９６２年の全国総合計画（一全総）では「地域間の均衡ある発展」という表現が使われたが、国土庁が設置された１９７４年には「国土の均衡ある発展」を基本理念とする国土利用計画法が制定され、以降「国土の均衡ある発展」という表現が多用されるようになった。

※14　座長は岩田規久男上智大学経済学部教授（当時）。

※15　都市再生特別措置法の内容は、以下の3点に要約される。①国および地方公共団体が集中して都市再生施策を実施する地域として「都市再生緊急整備地域」を定める。②都市再生緊急整備地域では、容積率や高さ規制、日影規制などの土地利用規制を大幅に緩和する「都市再生特別地区（特区）」を都市計画決定する。③都市再生緊急整備地域においては、民間事業者の提案を活かし、手続きを迅速化するとともに、国による金融支援措置を重点的に実施する。

※16　このときに国務大臣として地方創生担当が置かれ、その初代を務めたのが、2024年10月1日に首相となった石破茂氏である。

※17　2007年の参議院選挙で、地方1人区において野党が大勝し、参議院第一党の座を民主党が獲得。この選挙結果により、参議院では野党が過半数を占めるというねじれ状態が発生し、第一次安倍政権の退陣とその後の民主党政権の成立につながった。

CHAPTER

第6章

コンヴィヴィアル・シティを実現するために

6-1

自律分散型社会に移行するために何が必要か

意志を持って分散型社会を選ぶ

前章で見たように、国家のビジョンである国土形成計画では、自律分散的な国家像を掲げ、石破首相は地方創生2.0を宣言している。これをお題目で終わらせないためには、本気で自立分散型の社会に移行しようとしているのだという覚悟を示す必要がある。

京都大学の広井良典教授（当時）は、日立製作所との共同研究部門「日立京大ラボ」の研究成果を『人口減少社会のデザイン』（東洋経済新報社、2019年）にまとめている。この研究はAI（人工知能）を用いて、2050年に向けた2万通りの未来シナリオをシミュレーションしたものだ。このシミュレーションによると、日本の未来は主に都市集中型と地方分散型の大きく二つに分かれる。あえてその両極を特徴的に描くと、以下のようになる。

都市集中型では、さらなる都市一極集中が進行し、地方は衰退する。出生率の低下と格差の拡大がさらに進行し、健康寿命や幸福感は低下する一方で、都市への集中により政府の財政は持ち直す。CO_2排出量も低減できる。一方の地方分散型では、出生率が持ち直し格差が縮小、健康寿命や幸福感も増大する。しかし、政府の財政やCO_2排出量を悪化させる可能性があり、そうならないためには細心のデザインが必要になる。

心に留めるべきは、都市集中型か地方分散型かの分岐が8〜10年後にやってくるという結論だ。研究実施時点（2017年）から換算すると、2025年から2027年までに分岐が発生するということを意味する。そして、この分岐は、一度分かれてしまうと、以後、交わることはない。このまま都市集中型に傾いていくと、地方分散型にはもう一生戻らないということだ。だから、地方分散型を目指すなら、今から明確な意志を持ってそちらに舵を切る必要がある。

ただし、地方分散型の難しさは、政府の財政やCO_2排出量が悪化する可能性が高い点にある。だから、そうならないよう細心のデザインと継続的な努力が必要になるという。広井教授らは、持続可能な地方分散型シナリオの実現には17〜20年の継続的な政策実行が必要になると結論づけている。今からそちらに舵を切り、全力で櫓《ろ》を漕いでも、持続可能な分散型社会が実現するのは2050年頃になるということだ。

あくまでもビジョンという位置づけの国土形成計画からは、何としても地方分散型の国土・社会をつくっていくのだという覚悟や意気込みは伝わってこない。広井教授らが言うように2027年までに都市集中型か地方分散型かの分岐が来るならば、それまでに地方分散型の国家になることを明確に意思表示し、行動に移していく必要がある。2024年10月に発足した石破政権は、「地方創生2.0」を掲げ、「『基本的な考え方』のポイント」の一つに「東京一極集中のリスクに対応した人や企業の地方分散」を掲げた。[※1] これがどれだけ実効性のある政策に結びつくかはこれからだが、一度は否定された「地方分散」が再び国政のテーマとして位置づけられたことは大きな変化である。

道半ばの改革に着手する

今後、本気で地方分散型社会に移行するには、1990年代に行われた地方分権改革において積み残しの課題となった、地方を支えるお金の問題、すなわち国から地方への税財源の移譲に手をつけることが何より重要だ。

このお金の問題に本格的に取り組もうとしたのは、実は小泉政権であった。前章で述べたように、小泉政権は「国土の均衡ある発展」を否定し、都市再生の名の下に大都市への集中・集積を進めた政権である。地方分散型から都市集中型への実質的な舵切りをした政権のはずなのに、国から地方への税財源の移譲に手をつけたとはどういうことだろうか。

前述した「骨太の方針」(「今後の経済財政運営及び経済社会の構造改革に関する基本方針」、2001年6月26日閣議決定)にその考えを見ることができる。「骨太の方針」の第4章は「個性ある地方の競争―自立した国・地方関係の確立」と題されている。その冒頭に以下の記述がある。

1．地方の潜在力の発揮

(1)国の過度の関与と地方の個性の喪失

国・地方の間では、地方自治と言いつつ、ローカルな公共事業にまで国が実態的には関与している。また、教育や社会保障についても、国が仕組みや基準を決めて、地方自治体は苦労しながらその実施にあたっている。国は、こうした関与に応じて、補助金や地方交付税によりその財源を手当てし、全国的に一律の行政サービスが提供されてきた。

しかし、こうした仕組みは、一方で、地方自治体が独自に地域の発展に取り組む意欲を弱め、地方は中央に陳情することが合理的な行動ということになりがちである。また、国の非効率が地方の非効率につながる仕組みである。その結果、全国で同じような街並みや公民館ができ、個性が失われ、効果の乏しい事業までが実施されるという弊害も見受けられる。

(2)国・地方の財政規模の拡大と財政赤字の膨張

さらに、こうした仕組みの下では、歳出の抑止力が働きにくく、結果として、国も地方も、政府の規模がふくらみ、財政赤字に苦しむという悩みをかかえている。

(3)地方が潜在力を自由に発揮できる仕組みに

自立した地方が、それぞれの多様な個性と創造性を十分に発揮し、互いに競争していく中で経済社会の活力を引き出す新たな国と地方の姿を描き、その実現に向けて、国と地方にかかる制度の抜本的な改革が必要である。

これは正鵠を得た問題認識だ。このような問題認識を前提に、「個性ある地域の発展」「知恵と工夫の競争による活性化」を謳い、「自助と自律の精神」、すなわち自らの判断と財源で地域づくりを行うことを通じて、自治体として自立することを目指す。そのためには市町村の再編（合併）が不可欠で、地方が自律的に判断できるようになるためには、権限を住民に近い場に下ろし、受益と負担の関係を明確にするよう税制や地方交付税の制度を改める。

これが「骨太の方針」で示された方針であり、国と地方のあり方である。市町村の合併（＝集約）を前提としているあたりに「集中・集積の利益」の追求を善とした当時の支配的な空気を感じ、違和感を抱かざるをえないが、現場に近いところに権限を移し、受益と負担の関係を明確にするよう税制や地方交付税の制度を改めるとしているところは完全に同意できる。

「聖域なき構造改革」を謳った小泉政権は、この方針に基づき改革を推し進めてゆく。国庫補助負担金の削減、地方交付税の削減、税財源の地方への移譲を柱とする、国庫補助負担金、地方交付税、税財源の一体的な見直しは、「三位一体改革」と呼ばれた。これにより、使途が限定された紐付きの補助金が減り、使途が限定されない交付金が増え、国への依存体質を生んでいた地方交付税が減額され、国税から地方税に移管されたものもあって、受益と負担の関係は多少なりとも改善された。だが、地方に移譲された税財源はほんの一部で、財政基盤の弱い自治体への措置も不明確なままだったから、地方からすると、補助金と交付税を削減されただけの単なる地方切り捨て策に映った。方向性は間違っていなかったが、中途半端にしか実現できなかったため、意図した結果を生むだけの本格的な改革にならず、むしろ弊害の方が目立つこととなったのである。事実、小泉改革により地方ではお金が回らなくなり、稼げなくなった地方からは人が出ていき、疲弊が進む結果となってしまった。

小泉政権は、地方への税財源移譲の序章として三位一体改革を位置づけていたが、以後の政権では税財源の移譲が真剣に検討されることはなかった。小泉政権が目指した地方の自律・自立は、結局、道半ばのまま今に至っているのである。

6-2

社会の仕組みを変えるクリエイティブな生き方

国による誘導政策の廃止

このような経緯を見れば、やるべきことは一目瞭然で、三位一体改革を嚆矢として始まるはずだった国から地方への税財源の移譲を、もっと突き詰めて実施することをまずやるべきだ。国税から地方税への移譲の方策については、すでに大枠の考え方を前章で提案しているので、ここでは繰り返さない。

徹底すべきは補助負担金の削減だ。2001年の「骨太の方針」でも、「国庫補助負担金を、全国的、広域的に便益が及ぶものや、国が国民に最低限保障すべき行政サービス水準の維持達成など国の負担が特に必要なものに限定する。」と国庫補助負担金の削減が主張されている。これを徹底するのである。

補助金を削減する際の基本的な方針として、国が政策誘導の手段として用いてきた奨励的な補助金は原則廃止とすべきだ。国の補助負担金は、使途の限定された補助金（特定補助金）とそうでないものに分かれる。特定補助金は、さらに「義務的な特定補助金」（ナショナルミニマムを達成するために、本来は国でやるべきことを地方にお願いしている事務・事業に関わる補助金）と「奨励的な特定補助金」（国が奨励する事業を地方が行うように誘導するための補助金）とに分けられるが、後者を原則廃止するのである。

その理由は、奨励的な補助金を使った政策がこれまでほとんど機能してこなかったからだ。もちろん、役に立ったものもある。だが、現場の状況を熟知していない国の役人が考える施策は的外れなことが多かったり、補助金が続く間の一過性のものだったりになりがちだ。さらに悪いことに、誘導的な政策を実施しても、そのお金は思ったほど地方に落ちないという問題もある。前述したように、東京のコンサルティング会社やゼネコンやIT会社がその大半を使ってしまうからだ。

奨励的な補助金を廃止した分は、医療、教育、交通など、地域での暮らしを成立させるのに必要な公共サービスを支えるために使う。こうすることで、分散的な社会を維持するために必要なお金を捻出するのである。過疎地への支援も、現行の過疎債への交付税措置という方法でなく、必要な公共サービスを維持するための費用を国が負担する形式にした方がよい。お金がかかるという理由で分散をやめるのでなく、分散的な社会を維持するのに必要なお金を捻出できるよう無駄・無益を徹底して排するという方向に発想を転換するのである。

前提を見直す

発想の転換という意味では、前提を見直すことも重要だ。たとえば、人口が減る状況下では、上下水道のインフラを維持することは難しいと言われる。だが、これも今の上下水道のシステムを前提とするから難しいのであって、たとえば東京大学発のスタートアップWOTA株式会社が開発している水処理技術を用いて、各家庭で汚水を浄化処理する自律分散方式にすれば、大規模なインフラは不要になる。過去の技術を前提にせず、最新の技術への切り替えを考えることで、インフラの概念は変わるのである。電気については、再生可能エネルギーを活用した分散型の発電施設がすでに一定程度広まっているが、上下水道についても、人口密度の低い地域では集中一括方式から自律分散方式に切り替えた方が安上がりで、持続可能だ。

防災インフラについても、第3章で述べたように、災害を完全に防ぐのでなく、災害が起きることを前提に、それをうまくいなすような発想に切り替えていけば、大きな構造物は不要になり、その分安上がりになる。

インフラの中でも道路の維持更新は頭の痛い問題だ。舗装が剥がれる程度なら何とか我慢できても、老朽化した橋梁やトンネルは、命に関わるから放置はできない。道路ばかりはお金をかけざるをえないだろう。しかし、ここでも発想の転換が必要だ。道路を地域の暮らしのインフラだけではなく、外から人を呼び込むためのインフラだとも考えれば、そこへの投資も十分に見合う。お金をかけても十分なお釣りがくるように、人を呼び込む方策を考えればよいのだ。

このように、「分散社会はお金がかかるから、人口減少時代にはそぐわない」と考えるのでなく、多様なコンヴィヴィアル・シティが各地で繁栄する分散型の社会＝自律協生社会こそが私たちが実現すべきものと決め、それを持続可能にするにはどういうやり方があるかを考え、最新のテクノロジーの力も借りながら実現する。そういう発想の転換、前提の見直しをすることが重要になるのである。それは人口が増えることを前提に構築してきた社会の仕組みをつくり直す作業だから、ある意味、とてもクリエイティブだ。コンヴィヴィアル・シティ、自律協生社会の建設は、未来に開かれた創造的な行為なのである。

ローカルに根ざす生き方を再評価する

未来に開かれた創造が行われている場所には、自然と若い人たちが集まってくる。実際、産業や地域の再生に取り組むクリエイティブな実践が行われている場所に行くと、必ずと言ってよいほど、都会から移住してきた若者がいる。聞けば名の知られた大企業の出身者、有名大学の出身者が多い。大企業では見出すことができなかった創造性や社会性、やりがいを地域での実践に感じ、身を投じている。そして、身を投じた先で、土地に根ざして生きる人々と出会い、その生き方に大きな影響を受けるとともに、特定の土地に根ざし、そこで諸々を引き受けて生きる生き方を心から尊敬するようになっている。

まだ本当に小さな潮目の変化だが、これはとても大きなことだと思う。というのも、これまでは土地に根ざすことより、土地から離れ、土地から自由になることの方を若者は求めてきたからだ。そもそも学校教育が、特定の土地に根ざすことより、どこでも生きられて、世のため人のためになる人の育成を目指してきた面がある。郷里よりも都市、都市の中でも東京、そして、東京より世界。そうやってより広い世界で通用する人材を育てることを学校教育は目指し、子どもたちもそれを内面化してきたのだった。結果、ローカルに根ざして生きる人より、グローバルに生きる人の方が優秀で有能で裕福で高級という価値観が個人にも社会にも根づいている。そして、そういう価値観の中で育った若者たちは、都市を、その象徴である東京を目指した。東京一極集中を支えてきたのは、このような「郷里よりも東京、東京よりも世界」という世界観である。

だが、そうやって東京での暮らし、グローバルに名の知られた大企業でのポストを勝ち取った若者たちの中から、ローカルを目指す人々が出てきているのである。せっかく手に入れたグローバルな大企業での仕事、東京での生き方に満足を見出せない若者たちが相当数存在し、その中から、ローカルに根ざして生きることに自己の成長の機会と精神的満足を見出す人が出現し始めている。今までは選択肢になりえなかったローカルな生き方が、ここにきて急速に浮上してきている。

グローバルな生き方とローカルな生き方とが、ようやく肩を並べる時代が来たのだと思える。どちらの生き方が優れているということはなく、両方ともが選択肢になる時代になったと捉えるべきだろう。そして、そうやって並べてみると、今はむしろ課題が山積みで困難が多く、成功の方程式も存在しないローカルな生き方の方に、よりクリエイティブなものを感じる。実際、ローカルに根ざして生きる人々の中には、驚くほどクリエイティブで有能な人たちがいる。そういう人たちがいて、そういう生き方があるのだということを学校で教え、社会にも啓発してゆけば、ローカルに根ざして生きることを選択する人が増えるはずだ。すなわち、ローカルに根ざす生き方を積極的に再評価してゆくことは、自律協生社会の実現を後押しするのである。

憲法第13条を実現する

日本国憲法に「すべて国民は、個人として尊重される。生命、自由及び幸福追求に対する国民の権利については、公共の福祉に反しない限り、立法その他の国政の上で、最大の尊重を必要とする」という条項があるのをご存知だろうか。第13条である。

第13条は、憲法が宣言する基本的人権の大前提という位置づけの条項である。[※2]だが、「尊重される」という状態はどうすれば実現できるのかと考えると、なかなかに難しい。制度や事業をつくれば実現できるというものでもないから、制度や事業をつくることが仕事の政策立案者にしてみると、非常に扱いにくい条項であろう。

第13条をどのように解釈し、扱うべきかについて示唆を与えてくれるのが、社会保障を専門とする法学者の菊池馨実《よしみ》氏の論考である。[※3]菊池氏は、その著書『社会保障再考 〈地域〉で支える』(岩波新書、2019年)の中で、個人が尊重され、生命・自由・幸福追求の権利が尊重されていると個人が実感するためには、協同的意思決定(cooperative decision-making)が担保されていることが重要だと述べる。要は、自分のことについては何も強要されず、何にも脅かされずに自分で選択し、自分で決められること。そういう選択と参加の権利があるという安心感と実感があること。そして、選択と参加に必要な情報にアクセスできていること。これらを制度的に保障することが、これからの行政に求められることだと述べている。福祉の現場であれば、それは相談支援の制度をつくり、質と量の両面で十分な相談員を配置すること、となる。一律の措置を保障するのでなく、個人が自律・自立できるよう個別に支援する体制をつくるのが、これからの行政の役割だと説く。

同時に、菊池氏は、行政の制度を補完する上で、「人と人のつながりの束」としての地域社会、お互いの顔が見える距離で気遣い合い、何かあった際には自然に手を差し伸べられる地域社会を構築することの重要性にも触れる。ただし、ここで言う地域社会は、従来の地縁型の、時に排除や断絶につながることもある強固な地域コミュニティのことではなく、地域の暮らしを共につくる「ワクワク感」「楽しさ」「明るさ」に溢れ、「共にある（在る）こと」を実感できるような、もっと「緩やかでフワッとした手ざわり」のある地域コミュニティである。そういう緩やかでフワッとした手ざわりのあるコミュニティは、地縁型コミュニティと、趣味や遊びでつながるテーマ型コミュニティとが編み物のように、重層的に折り重なることから再構築されていくのではないか、と菊池氏は述べる。

自律を支える制度として、選択、参加、情報アクセスが保障され、相談支援の体制があること。そして、それだけでなく地域内外の者からなる緩やかなコミュニティ（本書の言葉で言えば「協生のネットワーク」）を育て、制度から零れ落ちる部分や制度以前の部分をサポートできるようにすること。菊池氏の言う社会保障の体制、地域社会のあり方は、我々の考える自律協生の地域づくりとほとんど重なる。

菊池氏の論考から導かれるのは、自律協生の地域をつくるには大きな社会より小さな社会の方が良いという結論だ。協同的意思決定が可能な顔の見える社会、小さな集団でも、閉鎖的で因習に満ちたムラ的な共同体でなく、開放的で自由闊達なマチ的なコミュニティこそが、自律協生の最小単位となってゆくのである。集中型でなく分散型の社会を志向すべき理由もここにある。無数の小さな社会こそが、自律協生の舞台となるのだ。表現があり、対話があり、居場所と出番があって、個人が本領発揮できる社会。そのような社会を実現するには、集約・集中によって大きな社会をつくろうとするより、多様な地域に小さな社会が分散して暮らす、自律分散型の方が良い。コンヴィヴィアル・シティも、それら小社会の集合体、ネットワークと捉えるべきだ。一定の文化やアイデンティティを共有する、ひとまとまりの小社会のネットワークをコンヴィヴィアル・シティと呼びたいと思う。

小さな社会では、個人がないがしろにされにくい。個人の尊重という意味では、小さな社会の方が良いが、当然ながら人と人には相性もある。どうしても合わないという場合、小さな社会では逃げ場がなくなる危険性がある。だから憲法には、居住・移転・職業選択の自由が規定されているのであろう（第22条）。[※4] 人は誰でも自分が所属するコミュニティを自らの意思で選択できるし、選択肢がいつでも与えられている必要がある。その意味でも、小さな無数のコミュニティが各地に分散して存在している方が良い。こちらがダメならあちらと逃げ場がつくれるからだ。

無数のコミュニティが各地に分散して存在し、それぞれはその地域に閉じず、他のコミュニティと相互に乗り入れ可能になっている。出入り自由で風通しが良いコミュニティ。多孔質なコミュニティとでも呼ぼうか。サイバー空間も活用しながら、そういう開かれた風通しの良いコミュニティを育んでゆくことが、これからの私たちが挑戦すべきテーマとなる。

自律分散は高コストになりがちで、効率が悪い。確かにそういう面はあるだろう。だが、自律分散をベースに自律協生社会をつくっていかない限り、基本的人権の大前提となる個人の尊重は保障されない。コストのことを言っている場合ではないのだ。ずっとないがしろにしてきてしまった個人が尊重される社会を、私たちはつくっていく必要がある。それが、21世紀を迎えたこの国の最大のテーマだと思う。

簡単に実現できるものではないということはわかっている。でも、だからこそ私たちはこれからの社会のビジョンとして自律協生を夢見たいし、自律協生社会へのシフトに向けて努力したい。

もっとも、「社会」という言葉は大きすぎるかもしれない。私たち1人1人にできるのは、せいぜい自律協生の組織や地域やまちをつくることだ。いや、それも大きすぎるかもしれない。親と子、上司と部下、教師と生徒、先輩と後輩、夫と妻。どうしても上意下達で一方通行になりがちだった関係を身近なところから変えてみる。そこから私たちの自律協生は始まるのだと思う。どうすれば私たちは自律協生な生き方ができるのか。身近な人とコンヴィヴィアルな関係を築けるのか。1人1人がそう自らに問い直し、振る舞いを変えることから、この国の未来は開けるのだと思う。

※1　内閣官房「新しい地方経済・生活環境創生本部（第1回）」資料1（2024年11月8日）

※2　日本国憲法（1946年11月3日公布）は、第1章「天皇（第1条～第8条）」、第2章「戦争の放棄（第9条）」、第3章「国民の権利及び義務（第10条～第40条）」の順で構成されている。第13条は、基本的人権として最初に宣言される内容で、憲法を最初から通して読むとその位置づけの重要性が理解される。

※3　菊池氏の主張の重要性に気づかせてくれたのは、福祉の分野でユニークな取り組みを行っているポニポニ（大牟田未来共創センター）の原口悠さんである。

※4　第22条の第1項には、「何人も、公共の福祉に反しない限り、居住、移転及び職業選択の自由を有する。」とある。

おわりに

本書は、自律協生社会の考え方、あり方、そして、その社会をコンヴィヴィアル・シティとして具体的に形にしていく道筋をお示ししたものである。生成ＡＩに原稿をデータとして読ませれば、コンピュータがすぐにでも書き出してくれるのだろうが、本書については、日本総研の社長として、自分の言葉で仕上げなければとの思いから、この文章を書いている。

株式会社日本総合研究所は、シンクタンク・コンサルティング部門として「創発戦略センター」「リサーチ・コンサルティング部門」「調査部」を擁している。この3部門に所属する研究員が、初めて、連携して仕上げたのが本書である。研究員にとって、書物を発行するのは、名刺代わり。したがって、これまでも研究員は数多くの書物を著してきたが、本書のように、部門をまたいで、一つの書物をつくりあげるというのは珍しく、当社のこれからの大きな飛躍に向け、とても意義深いものになった。

今回、なぜ当社が、この「自律協生社会」をテーマに取り上げたのか、私なりの説明をしたい。複数の要因が混ざり合っている。

まず、世の中で「失われた30年」と言われるこの30年間は、シンクタンク・コンサルティングの機能が当社に集結されて活動が開始されてからの30年間にほぼ等しい。日本の現状を鑑みると、当社のような有識者が集まっているシンクタンク・コンサルティングの会社が何を果たしてきたのか、と自省をせざるをえなかった。折しも、当社のリサーチ・コンサルティング部門が作成した「日本の30年前の経営課題・社会課題が現在でもほとんど変わらない」という内容のレポートを読んだ。30年前の有識者にも同じ課題意識があったにもかかわらず、変わっていかない日本の社会。データに基づき調査をし、分析をし、提言にまとめてきた有識者たちは、それで世の中にどれだけの影響を、インパクトを与えてきたのか。私にとっては、当社が「言いっぱなし」になっている有識者の集合なのではないか、というイメージを払拭するために、実際に行動に結びつけられる一つの大きなテーマが必要であった。それこそが、自律協生社会の実現であった。

そして、社会の構成要素となるステークホルダーのあり方・枠組みの変化・進化のスピード感が上がってこない現状。明治政府以降の「強い日本」を目指してきた枠組み、第二次世界大戦敗戦後に目指してきた「豊かな日本」の枠組み、これらが変わらずに現存したまま。これでは、制度疲労を起こさないわけがない。国と地方自治体、地方自治体と住民、国と民間企業、民間企業と消費者、さまざまなレベルで仕組みが変わっていなくてはならないのに、古い構造が温存されている。上位レイヤーから一方的に指示を出す構造、下位レイヤーからは補助金を求め続ける構造、それゆえ、下位レイヤーが上位レイヤーへ過度に依存する構造、これらが変わっていかなくては、現代社会ではうまくワークするわけがない、という思いが強くなってきた。そこで、出会ったのが「自律協生社会」というコンセプトだった。

「自律協生社会」のコンセプトはグローバルに通じるものだ。日本でこの自律協生のコンセプトを語ると、どうしても地方創生と結びつけられる向きがあるし、本書で取り上げている事例も地方の事例が多くなっているが、自律協生は地方創生のためのコンセプトではない。東京一極集中のみならず、現在の都市が抱えている諸問題の解決にもつながりうるものと信じているからこそ、本書のタイトルを『コンヴィヴィアル・シティ』としたのである。自律協生のムーブメントが、複数の地域社会・コミュニティに広がり、人々が生き生きと豊かに暮らしているコンヴィヴィアルなまちの実態が共有されていくようになれば、この情報化社会では瞬く間に伝播していき、一段と大きなムーブメントに変わっていくことを期待している。自律協生社会と、それが現実のまちの姿として体現されたコンヴィヴィアル・シティは、日本に留まらず、大きくグローバルに共有されるコンセプトになりうる、と思っている。

金融業界のデジタル領域で将来を見据えながら業務をしてきた私にとっては、新しい驚きもあった。十数年前に、ブロックチェーン技術が想定する「分散型自律組織（DAO：Decentralized Autonomous Organization）」というコンセプトに出会っていたが、自律協生社会がまったく同じような構想ではないかと新鮮な気づきがあった。加えて、それが、ブロックチェーン技術が出てくるよりはるか前に、イヴァン・イリイチにより提唱されていたことにさらなる驚きがあった。中央集権的な組織構造とは異なり、参加者が主体的に協力し合いながら組織運営を行うという基本コンセプトがほとんど同じであった。ブロックチェーン技術が世の中に出てきたときには、将来はこの技術が世界を席巻するのではないかとの期待感があったが、今はまだ暗号資産での利用が中心で、私としてはWeb3.0に期待を残しているところである。このような技術的見地からも、自律協生社会の実現を成し遂げたい、と思うところである。

当社では「社会的価値の創出」を、2023年度から始まった「中期経営計画」の1丁目1番地に置いた。その際にイメージしておく必要があったのは、どんな社会にしたいのか、そのために必要な価値は何なのかということを会社で共有することであった。そこにピタッと当てはまったのが、この「自律協生社会」のコンセプトであった。

最後に、この自律協生社会の実現に向けての動きは、単発で終わらせるわけにはいかない。当社には、30年前から、環境という一つのテーマに取り組んできた研究員がおり、世の中に警鐘を鳴らし続けてきた。当初は誰も振り向いてくれない専門領域から、未来の大きな課題を提言し続けている。私たちの自律協生社会、コンヴィヴィアル・シティの実現に向けた活動も終わることはない。

本書の執筆に携わってくれた当社の研究員、出版に尽力してくださった学芸出版社、そして何より本書を手に取ってくださった読者の皆様に対し、心からの感謝を申し上げるとともに、将来の自律協生社会の実現を心から祈って、「おわりに」に代えたい。

株式会社日本総合研究所
代表取締役社長　谷崎勝教

［編著者］

井上岳一（いのうえ・たけかず）

株式会社日本総合研究所創発戦略センター チーフスペシャリスト。1969年生まれ。東京大学農学部林学科卒業。米国イェール大学大学院修了（経済学修士）。農林水産省林野庁、Cassina IXCを経て、2003年日本総合研究所に入社。豊かな山水の恵みと、人の知恵・技術を生かした多様で持続可能な地域社会の建設をミッションに研究・実践活動に従事。著書に『日本列島回復論』（2019年）、共著書に『Beyond MaaS』（2020年）、『MaaS』（2018年）など。
執筆担当：はじめに、第1章、第3章1・2・4節、第4章、第5章4節、第6章

石田直美（いしだ・なおみ）

株式会社日本総合研究所リサーチ・コンサルティング部門本部長代行。1972年生まれ。東京工業大学大学院総合理工学研究科修了（理学修士）。1997年日本総合研究所入社、内閣府成果連動型事業推進室参事官を経て現職。専門は上下水道や廃棄物処理等インフラ分野のPPP／PFI、公営企業経営、成果連動型事業等。
執筆担当：第2章

［著者］

高坂晶子（こうさか・あきこ）

株式会社日本総合研究所調査部主任研究員。慶應義塾大学法学研究科後期博士課程修了。1990年日本総合研究所入社。主な問題関心は観光政策（特にオーバーツーリズム、地域社会との関係）、地方創生、地方分権。著書に『オーバーツーリズム増補改訂版　観光に消費されないまちのつくり方』（2024年）。
執筆担当：第5章1節

齊木大（さいき・だい）

株式会社日本総合研究所創発戦略センター部長（新事業開発担当）／エグゼクティブマネジャー。1981年生まれ。京都大学大学院工学研究科都市環境工学専攻博士前期課程修了（工学修士）。2005年日本総合研究所入社。時間とともに変わりゆく高齢者のニーズに基づく新事業開発や制度設計の構築のため異業種横断的なプロジェクト創出・推進に取り組む。近年は、対話AI等の先進技術によるケアや倫理の視点も踏まえた活用にも注力。
執筆担当：第3章7節

立岡健二郎（たつおか・けんじろう）

株式会社日本総合研究所調査部副主任研究員。1982年生まれ。東京大学教養学部地域文化研究学科卒業。2007年日本総合研究所入社。マクロ経済（日本・欧州）、その後、税制・財政、公共政策などを担当。2017年に内閣府に出向し、経済財政諮問会議の関連業務、政策立案に従事。専門は地方財政。
執筆担当：第5章3節

段野孝一郎（だんの・こういちろう）

株式会社日本総合研究所創発戦略センター／リサーチ・コンサルティング部門戦略企画部長／プリンシパル。1981年生まれ。京都大学大学院工学研究科博士前期課程修了（工学修士）。2007年日本総合研究所入社。環境・エネルギー、資源・水ビジネス、環境インフラ領域を専門とし、官民双方に対する政策立案、事業戦略策定、新規事業開発等のコンサルティングに従事。2024年度より戦略企画部長として創発戦略センターおよびリサーチ・コンサルティング部門の企画・渉外を担当。

執筆担当：第3章5節

蜂屋勝弘（はちや・かつひろ）

株式会社日本総合研究所調査部上席主任研究員。1970年生まれ。大阪大学経済学部経済学科卒業。1992年日本総合研究所に入社。マクロ経済、金利為替予測、関西経済を担当し、1999年から税制・財政・政策調査を担当。公益社団法人日本経済研究センターと三井住友銀行企業調査部にて経済・産業調査に従事。内閣府に複数回出向し、経済財政諮問会議関連業務、政策立案に参画。専門は公共経済。

執筆担当：第5章2節

藤波匠（ふじなみ・たくみ）

株式会社日本総合研究所調査部上席主任研究員。1965年生まれ。東京農工大学農学研究科修了。1992年に株式会社東芝に入社。1999年現在の日本総合研究所となるさくら総合研究所入社。以後、環境・エネルギー分野、地方活性化、少子化問題などを担当。2003年から5年間、山梨総合研究所へ出向。専門は地方活性化、少子化問題。著書に『人口減が地方を強くする』（2016年）、『なぜ少子化は止められないのか』（2023年）など。

執筆担当：第1章補論

前田直之（まえだ・なおゆき）

株式会社日本総合研究所リサーチ・コンサルティング部門・都市地域イノベーションユニット・ユニット長／プリンシパル。1978年生まれ。早稲田大学大学院理工学研究科建設工学専攻修了（工学修士）。パシフィックコンサルタンツ株式会社を経て、2007年日本総合研究所入社。エネルギー、スポーツ、文化芸術を核としたまちづくり、PPP／PFIのコンサルティングを専門とする。

執筆担当：第3章3・9節

山崎新太（やまさき・あらた）

株式会社日本総合研究所リサーチ・コンサルティング部門・地域共創デザイングループ・部長／シニアマネジャー。1983年生まれ。東京工業大学理工学研究科建築学専攻修了。株式会社日本設計を経て、2013年日本総合研究所入社。文化芸術を核としたまちづくり、公共サービスのDX、PPP／PFIを専門とする。

執筆担当：第3章6・8節、第4章5・6節

コンヴィヴィアル・シティ
生き生きした自律協生の地域をつくる

2025 年 4 月 10 日　初版第 1 刷発行

編著者　井上岳一・石田直美
著者　高坂晶子・齊木大・立岡健二郎
段野孝一郎・蜂屋勝弘・藤波匠
前田直之・山崎新太

発行所　株式会社 学芸出版社
〒600-8216　京都市下京区木津屋橋通西洞院東入
電話 075-343-0811　info@gakugei-pub.jp
発行者　井口夏実

編集　宮本裕美・森國洋行
校正　鷗来堂
装丁　美馬智
DTP　梁川智子
印刷・製本　モリモト印刷

ISBN978-4-7615-2926-0

パーパスモデル　人を巻き込む共創のつくりかた

吉備友理恵・近藤哲朗 著　定価2300円+税

プロジェクトの現場で、多様な人を巻き込みたい／みんなを動機づける目的を立てたい／活動を成長させたい時に使えるツール「パーパスモデル」。国内外の共創事例をこのモデルで分析し、利益拡大の競争から、社会的な価値の共創への転換を解説。共創とは何か？どのように共創するか？共創で何ができるか？に答える待望の書。

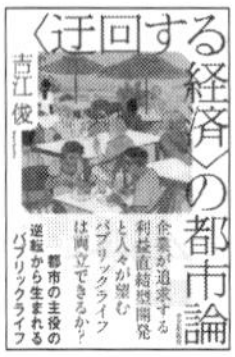

〈迂回する経済〉の都市論
都市の主役の逆転から生まれるパブリックライフ

吉江俊 著　定価2400円+税

企業が利益直結型の開発を追求する一方で、私たちは余白的共用空間に日常の豊かさを求める。経済と公共のジレンマに揺れる都市に、儲けに価値をおかない空間やサービスが最終的に利益をもたらすという逆説的思考＝迂回する経済を実装しよう。再開発地、盛り場、郊外住宅地、学生街のフィールドサーベイから切りひらく新境地。

東京の創発的アーバニズム
横丁・雑居ビル・高架下建築・暗渠ストリート・低層密集地域

ホルヘ・アルマザン+Studiolab 著　定価2400円+税

世界のどこにもない東京の最大の魅力は、再開発ラッシュで危機に晒されるヒューマンスケールの商いや居住の集積にある。横丁、雑居ビル、高架下、暗渠等で営まれるパブリックライフを現地調査とデータ解析により図解。大企業主導の再開発から、ボトムアップでレジリエント＝創発的な都市設計へのシフトを説く画期的都市論。

オーバーツーリズム 増補改訂版
観光に消費されないまちのつくり方

高坂晶子 著　定価2400円+税

観光市場はコロナ禍後、急激に回復し、インバウンド消費は自動車に次ぐ輸出産業へと成長した。旅行者と住民がwin-winになり、地域にダメージでなくメリットをもたらす取り組み、コミュニティベースでリジェネラティブなツーリズムなど国内外の新たな動向を解説。初版から4年を経て、大幅な加筆、新章を追加した最新決定版！

神山進化論　人口減少を可能性に変えるまちづくり

神田誠司 著　定価2000円+税

徳島県神山町。人口5300人、志の高い移住者が集まる地方再生の先進地。町は今、基幹産業の活性化、移住者と地元住民の融合、行政と民間企業の連携、担い手の世代交代などの課題解決のため、農業、林業、建設業、教育の未来をつくるプロジェクトに取り組む。100人以上のプレイヤーたちに取材した現在進行形のドキュメント。